Research on The System of
Public University
Corporation

公立大学法人制度研究

李昕 著

中国出版集团
中国民主法制出版社
全国百佳图书出版单位

图书在版编目（CIP）数据

公立大学法人制度研究 / 李昕著 .—北京：中国民主法制出版社，2017.1

ISBN 978-7-5162-1420-6

Ⅰ. ①公… Ⅱ. ①李… Ⅲ. ①高等学校–法人制度–研究 Ⅳ. ① G647.1

中国版本图书馆 CIP 数据核字（2016）第 307732 号

图书出品人：刘海涛
文案统筹：赵卜慧
责任编辑：张立明

书名 / 公立大学法人制度研究
GONGLIDAXUEFARENZHIDUYANJIU
作者 / 李 昕 著

出版·发行 / 中国民主法制出版社
地址 / 北京市丰台区右安门外玉林里 7 号（100069）
电话 /（010）63055259（总编室） 63057714（发行部）
传真 /（010）63056975 63056983
http：//www.npcpub.com
E-mail：mzfz@npcpub.com
经销 / 新华书店
开本 /16 开 787 毫米 ×960 毫米
印张 /16.25 **字数** /256 千字
版本 /2017 年 1 月第 1 版 2017 年 1 月第 1 次印刷
印刷 / 永清县金鑫印刷有限公司

书号 /ISBN 978-7-5162-1420-6
定价 /39.00 元

目 录

CONTENTS

引 言

法人治理是现代大学的制度核心，就治理目标而言，历经了从学术自治到绩效管理的变迁；在治理方式上则实现了从合法性监督到结果导向的目标规制的调整。这种调整标志着大学从学术共同体向知识经营体的变迁。在我国，高度行政化成为制约高等教育发展的制度障碍，借鉴各国公立大学法人制度改革的经验，通过完善法人治理结构，构建现代大学制度是我国高等教育改革的必然选择。本书从现代大学法人化改革的世界背景入手，结合我国高等教育改革的现实需要论证了制度借鉴的价值和意义，并且对章程建设这一当前我国大学改革的焦点进行研究，目的在于探讨不同背景下大学章程所承担的作用，分析研究当前我国大学章程建设的困境，以及形成这种困境的原因。

作为一种组织形态，大学法人制度从缘起至今，几经演变。从以学术自由、团体自治为基础的洪堡大学的设立，到新自由主义的主导下日本国立大学的法人化改革，尽管改革、发展的具体背景有所差异，但通过组织制度的变革回应社会发展的需求，无疑是公立大学制度变迁的共性趋势，因此，大学之变乃制度之变也！具体到我国，高度行政化成为制约高等教育发展的制度障碍，无论是归结于内生的需求，还是外在的压力,改革已是当务之急。在风起云涌的世界性高等教育改革的浪潮中，我国公立大学改革既具有同其他各国改革的共性之处，也具有特有的属性和需求。制度的借鉴需要从本土化的角度审视制度借鉴的成本与合理性问题，因此，完善我国大学法人制度建设，必须考虑到我国大学管理的历史传统、文化氛围和现阶段我国大学法人制度所面临的困境，并借鉴各国公立大学法人制度改革的经验，通过法人治理结构的完善，构建现代大学。

大学治理的实质是大学内外利益相关者参与大学重大事务决策的结构和过程，是各种决策权力在各个主体（利益相关者）之间的配置与行使，包括权力分配结构和权力行使过程两个互相匹配的方面。而大学治理结构形式上体现为一种对大学进行管理和控制的体系，其实质则是大学决策权力的制度安排问题，既表现为大学内部权力的分配、协调与行使的制度，也表现为大学与外部环境、如政府和社会等其他利益相关群体相互作用的规则。大学治理结构的具体形式和作用机制取决于大学各种事务的决策权力在不同主体间的配置情况，但这种权力的来源绝不是独立存在于大学内部、绝不是大学自身的自我赋予，而是来源于各个大学所在国家不同历史时期高等教育制度的整体环境，包括各种正式化制度（如法律法规、大学章程、资金分配体系等）和非正式化制度（如高等教育教育传统和大学文化等）。这是我国高等教育发展的必然选择，亦是高校去行政化改革之需。

1985 年以前，中国的公立大学都是政府的下属事业机构，大学参照国家行政机构的等级权力模式建立了严格的科层式治理结构，大学层级拨付的资源分配模式，使得每一个层次都完全依赖于上一级层次，资源的获得渠道单一。1985 年的《中共中央关于教育体制改革的决定》提出了以扩大大学办学自主权为核心的一系列政策，1993 年的《中国教育改革与发展纲要》明确指出：“在政府与学校的关系上，按照政事分开的原则，通过立法，明确高等学校的权利与义务，使高等学校真正成为面向社会自主办学的法人实体”，1995 年的《中华人民共和国教育法》重申了学校的法人地位，1998 年的《中华人民共和国高等教育法》又进一步明确了大学办学自主权的主要内容。这些法律法规虽然明确了大学的法人地位，但因为大学的所有权仍归属于政府，使得政府作为当然的所有者对大学行使管理权、分配权和处置权等，大学依然主要依赖政府资本而运行。与美国大学行政权力主导的权力结构模式不同，美国大学行政权力的强势是与其在市场竞争中获取资源的能力相对应的，而我国大学行政权力强势的原因则是政府资源调控模式的结果。同时，因为我国高等教育资源配置中社会资本参与大学资源配置机制的落后，大学资源的来源渠道还主要集中于政府，这点与德国大学的资源主要来自于政府有相似之处，不同的是，德国大学基层的教授可以直接从政府那里获得所需资源，而中国政府对大学的资源配置主要是通过行政系统委托配置进行的，这也就决定了大学的行政官员在资源争取中处于优势位置，造成了学术权力对行政权力在一定程度上的依附。

作为大学的制度载体，章程是大学设立的基本要件，是大学组织、运营规则的凝聚。对外，章程彰显大学的法律人格特质；对内，章程凝结大学的团体组织机制。因此，章程是现代大学治理的基础，它不仅承载着大学的历史，而且构筑着大学的未来，是制度理性的体现，引领着大学的制度文明，发挥着明确大学目标、凝聚组织力量的功能，对于大学治理而言，章程既是目的又是手段。作为一种目的，章程是现代大学的制度载体，秉承着大学的传统，蕴含着大学的精神和本质，无章程则无现代大学；作为一种手段，章程是建构现代大学制度的必要条件，发挥着确立大学法律地位、整合大学组织的作用，是界分大学自治权与实现内部组织化的手段。在我国，20 世纪 80 年代以来，分权、放权成为我国高等教育体制改革的核心，并通过法律确立了高等学校的法人地位，逐步归还大学应有的办学自主权，进而着力于现代大学法人制度的建构。在这一背景下，建立和完善大学章程逐步提上日程。但观察我国大学章程建设的现状，一方面，大部分大学还尚未制定章程，存在章程缺失的现象；另一方面，已经颁布的章程大多采用统一、雷同的范本，存在效力不明、内容粗陋，表述过于抽象、空洞，缺乏客观、细致的操作规程的现状，造成章程泛形式化、千章一面的弊端，难以发现自主的制度安排与创新，出现了“无章可依、有章难循”并存的现象。究其原因在于章程的内生性特质与制度环境。内生性特质决定了章程建设的功效必须依赖于大学内部共同价值观的形成，以及外界环境对这种价值观的认同度，决定了章程建设难以通过外部嵌入产生实质的制度创新。从制度层级而言，章程的功能和内容必然受制于框架性制度，也决定了孤立的章程建设在现代大学制度建构中作用的局限性。从立法现状而言，章程仅仅只是我国高等教育制度的子制度，其功能和内容必然受制于框架性制度，受制于我国更高位阶的高等教育法律制度（如：我国的高等教育法)。明确章程的外围制度的多层次性及相互关系的复杂性是我们分析制度转轨和演进的内在逻辑起点，也是促进大学改革取得实质进展和成效的前提条件。在我国，虽经多次改革，大学行政化、官僚化的现象依然十分严重，政府包揽了高等学校从举办到管理、监督的一系列权力，行使着管理权、分配权和处置权。从目前教育主管部门和资源分配部门的政策指向看，这种自上而下按照行政意志设计分配方案和规则的模式并未改观。在我国，高等教育的弊端是现有框架性制度的必然产物，而不是利益相关者或权力拥有者主观设计和选择的结果。如果不改革框架性制度，仅仅按照主管部门预设的大学章程模板，简单地将高校治理结构改革等同于高校内部治理结构的改革，脱离对我国高等教育整体制度的理解与审视，章程建设的成效将十分有限。因此，在这种行政主导之下所进行的章程建设面临的最大问题在于如何培育大学内部制度创新的原动力，确定大学制度发展的方向，探索有效的发展路径。高度行政化成为制约高等教育发展的制度障碍，无论是归结于内生的需求，还是外在的压力，改革已是当务之急。

在风起云涌的世界性高等教育改革的浪潮中，我国公立大学改革既具有同其他各国改革的共性之处，也具有特有的属性和需求。制度的借鉴需要从本土化的角度审视制度借鉴的成本与合理性问题，因此，完善我国大学法人制度建设，必须考虑到我国大学管理的历史传统、文化氛围和现阶段我国大学法人制度所面临的困境，并借鉴各国公立大学法人制度改革的经验，通过法人治理结构的完善，构建现代大学制度。这是我国高等教育发展的必然选择，亦是高校去行政化改革之需。

第一章

法人化是公共事业改革的组织手段

第一节　公法人制度在行政改革中的意义

法人制度是一项重要法律制度。1798 年，德国法学家胡果在《实定法哲学之自然法》一书中，第一次明确地提出了“法人”的概念，此后，1896 年颁布的《德国民法典》首次以法律形式规定了系统、完整的法人制度。因其在社会生活中不可替代的作用，法人制度为当代各国法律所广泛继受。从其本源而言，法人制度的出现是经济发展推动法律技术进步的结果，是经济生活的客观现实与法律技术相结合的产物。“对任何法律制度的理解都不能完全脱离该法律制度所为之服务并且对之加以调整的社会的历史”[①]，基于法人制度产生的特定历史阶段，萨维尼曾经指出：“法人的概念只指向财产关系。……法人就是一个认为拟制具有财产能力的主体。但是因为法人的本质存在于财产能力的属性之中，所以即使不能断言财产能力是法人被发现具有的唯一属性，但是至少可

① ［英］巴里·尼古拉斯：《罗马法概论》，黄风译，法律出版社 2000 年版，第 2 页。

以说是法人非常重要的属性”。[①] 因此，最初，法人概念主要适用于私法领域，并以明确交易中的财产责任为核心。然而，现今就法人制度的价值与功能而言，已远非私法与经济领域所能局限。特别当行政分权成为公共行政的一种必要手段时，建立于分权、自治基础上的公法人机制成为一项重要的公法制度。耶林说：“目的是全部法律的创造者”[②]，公法人制度无疑也是法秩序的目的性产物。因此，面对当前我国理论界对公法人制度存在的诸多误解与分歧，以及对公法人作为一种组织手段价值的忽视，从探究公法人的制度功能本身出发，明确法律赋予特定组织公法人格的目的，追溯制度的本源，澄清理论的价值，消除存在的误解，是公法人研究的起点，也是完善我国法人制度的关键，亦为我国行政组织体制改革的理论需要。

一、公法人：一种制度与组织手段

将法人分为公法人与私法人一直是大陆法系法人理论的传统，但这一传统在现今学界一直备受争议。这一分类是否有意义以及公法人的存在价值遭到一些学者的质疑。有学者认为法人区分为公私法人原来不甚妥当，也无必要[③]。苏联学者 A.B. 维涅吉克托夫指出法人只有作为民事法律的概念，才具有理论和实践的价值。并认定区分公法人和私法人，从民事法律后果来看，并无任何实际意义[④]。我国民法学者也认为公私法人的分类更多的是具有理论上的意义，但对于实践似乎无关紧要，尤其在民事活动中，无论何种法人均适用同样的法律规则，故也无须作此

① Friedrich Carl von Savigny, Jural Relations or the Roman Law of Persons as Subject of Jural Relations: being a Translation of the Second Book of Savigny's System of Modern Roman Law, translated by William Henry Rattigan, London, 1884, p. 179。转引自蒋学跃：《法人制度法理研究》，法律出版社 2007 年版，第 1 页。

② 转引自［美］博登海默：《法理学—法哲学及其方法》，邓正来、姬敬武译，华夏出版社 1987 年版，第 104 页。

③ 史尚宽：《民法总论》，中国政法大学出版社 2000 年版，第 140 页。

④ ［苏］A.B. 维涅吉克托夫：《管理国家社会主义财产的机关》，载《苏维埃国家与法》1940 年第 5—6 期，第 46—51 页。转引自《外国民法资料选》，法律出版社 1983 年版，第 214 页。

种划分。[1]这种局限抑或误解反映出学界将法人制度的意义限定于私法领域，忽略了法人制度在公法体系的价值的现状。然而，随着社会发展的需求以及公法体系的成熟，以公法人作为一种行政组织手段，进而上升为法律制度成为各国行政改革的共识。因此，就法人制度的价值与功能而言，已远非私法与经济领域所能局限，对于法人制度研究的立足点也应超越民法的范围。

公共机构是达成行政任务的手段，因此，公共机构的建构与规制必须以公共任务与目的的达成为出发点。基于此等理解，现代行政组织法所要致力的是：法律上如何去形塑、支撑乃至影响公共机构的内在规制结构，借此以有助于运用组织手段来实现行政任务。澄清组织形态与行政任务之间的这一关联性，有助于公法对法人的正确定位和公法人结构的合理设计，明确不同时期公法人制度所承载的个性化价值。在现代公法中，公法人作为一种组织形态，其法律意义体现为它是实现特定公共任务的组织手段，是国家间接履行公共任务的一种方式。作为一种组织手段与制度，公法人的价值体现在同为法人，其与私法人的区别，以及同为公共机构，其与行政机关的差异上。

公法人是相对于私法人而言的，因此，公法人的特点与身份识别建立于公私法人之分之上，而澄清公私法人之分在一定程度上是明确公法人存在意义的基础，抑或正是意义本身。作为一种组织，公法人的任务限定于公共职能，这是公法人同其他团体质的区别，也决定了公法人应当接受公法的特别调整，其规范基础应为公法，而私法人的规范基础则为私法。这种法律规制的特殊之处，以及公法人存在的目的决定了公法人身份的赋予来自法律的规定，通过国家公权力行为设立，而私法人乃是意思自治的产物，其产生出于自发性，主要是依照民法等相关规定，经登记后取得法人资格。同为法人，公法人与私法人无疑具有同一性，因而在理论渊源上保持一定的通联与一致，但基于公私法使命的不同，法人概念在公法领域的确立具有独特的意义，其内涵远非一个财产责任可以涵盖。作为法人制度的核心内容，人格独立与有限责任具有各自独

---

① 王利明：《民法新论》，中国政法大学出版社 1988 年版，第 234 页。

特的功能和价值。法人人格制度的功能主要在于维护一个得以永续存在的、区别于其成员的、能以其自身名义从事各种活动，并享有权利和承担义务的组织体；而有限责任制度的功能和价值则主要表现在鼓励投资、实现相关主体的利益均衡、减少投资风险、促使资本所有和经营管理的分立、实现管理现代化。这一区别体现出两种功能不同的存在主旨，即有限责任制度的功能和价值主要体现在商事主体的活动领域，而法人人格制度的功能和价值则不限于此。对于公私法人而言，法人的内涵固有相通之处，但法人制度的侧重点不同，私法人更加侧重于财产责任的独立承担，公法人则强调以人格独立、行为自主作为去政治化与行政分权的手段。对于法人概念在公私法意义上的差异而言，相通是一种共性与衍生，差异则是一种个性与发展。正是这种差异的存在，使得分别探讨公私法人制度不同的价值具有十分重要的理论与实践意义。

同为履行公共职能的组织，公法人同行政机关具有质的区别。法人是意志与责任的主体，意志的独立与行为的自主是其核心，而机关仅是实施、落实法人意志的手段，高度隶属、层级节制是其本质，公法人的意志必须由其机关实施，但机关行为的效果最终归属于法人。在公法领域，首先得以承认的是国家的公法人身份。国家作为一种公法人，具有独立的法律人格与意志，而行政机关仅为表现国家行为的机关。国家同其行政机关之间的关系犹如作为整体的人同其耳、目、手、足的关系，机关不具备区别于国家的独立人格，正如人的器官不具备区别于个人的独立人格一样。从功能角度而言，承认国家之外的其他公法人格的目的在于以公法人作为组织手段，通过法人的自主与独立特性来实现行政的自治与绩效。自治作为一个法律概念同团体人格共存。原始以参与为核心要素的自治概念，在19世纪末兴起的法实证主义观点下，逐渐失去影响力。取而代之的是法学上对自治概念的严格定义。Paul Laband与Heinrich Rosin提出的团体自治论揭示了自治的法律内涵。Laband主张自治系一个介于国家与个人间的公法主体，为国家用于履行国家任务。Rosin以Laband的理论为基础，将自治概念予以体系化，并将自治分为法律意义与政治意义两种，其将法律意义之自治定义为：上级统治团体承认下级团体具有行政管理的法人人格，并称该下级团体为自治团体。

在这种二分法之下，以参与为特征的古典意义自治行政，被归类为政治意义的自治概念，而与法律意义上的自治渐行渐远。在法律意义上，自治是一种组织的表现形式。建立于行政分权意义上的公法人制度是法律意义上自治的具体体现。同以自治为宗旨的传统公法人制度不同，日本以及我国台湾地区所推行的行政法人化改革将独立行政法人制度定位为国家行政的精简及效率化的手段。目的在于充分利用法人制度对现有公共组织进行改造，以分权与绩效管理为出发点，以应对科层体制的弊端。在此趋势下，“国家机关法人化”的问题，也成为改革浪潮的热门话题。[①] 通过法人化在确保特定公共任务实施的前提之下，对于部分不适合由政府机关推动，亦不宜由民间办理，且所涉公权力行使程度较低的业务，从传统的科层体制独立出去，通过立法肯定其为具有独立法律人格的公法人，在人事、预算、财务、采购方面赋予其更大的弹性空间，以分担公共任务的履行，从而透过组织形态和经营管理方式的改变，以分权式公共组织，企业精神与政府精简代替层级节制、有限裁量，达到强化成本效益及经营绩效，解决传统科层体制的弊病的目标。当前各国所推行的公立大学法人化改造正是这一背景之下的产物。

公法人作为一种特定的法律地位，是国家对公共事务进行组织和整合的法技术手段，同时也是一种体系化、系统化的组织体制设计。无论是基于自治抑或出于绩效的考虑，公务组织法人化作为一种手段，其核心在于以相称的行政组织形态回应民主化、经贸自由化、现代专业分殊化等时代发展的需求。因此，立足于公共职能的分散化，在比较、借鉴的基础上构建我国的公法人制度，提升公共服务的有效性，其现实意义不言而喻。

二、公法人缺位：我国法人制度的局限

法人制度价值的充分实现，取决于该项制度设计的完善与严谨。我

① 李建良：《论公法人在行政组织建制上的地位与功能——以德国公法人概念与法制为借镜》，载《月旦法学杂志》第 84 期。

国法人制度的初建始于1986年颁布《中华人民共和国民法通则》（以下简称《民法通则》），距今仅有二十年的历史。特定的时代需要，使得我国的法人制度以及理论研究均具有自身的特点，囿于历史的局限，是谓特点，亦谓局限[①]。

（一）以法人的民事主体地位为核心，欠缺对法人制度公法价值的探讨

如前所述，最初，法人概念主要适用于私法领域，并以明确交易中财产责任为核心。理论界认为公务所赖以实施的公共部门的权力或能力，均与交易无关，因而也与法人身份无关。随着国家赔偿责任的明确，这种认识逐渐被淘汰。正如奥里乌所言："法人身份因财产而产生，但是随着社会的发展，在国家执行公务并承担经济责任成为现代行政的基本要求时，承认公共部门的法人身份成为一种必然趋势。"[②]特别当行政分权成为公共行政的一种必要手段时，建立于分权、自治基础上的公法人成为一项重要的公法制度。

"对任何法律制度的理解都不能完全脱离该法律制度所为之服务并且对之加以调整的社会的历史"[③]。依附于《民法通则》的我国法人制度同样是一个历史的范畴，必然体现特定历史时期的社会生活需求，并为认识的阶段性所局限。20世纪80年代我国经济体制改革的目的在于政企分离，实现企业的自主经营、自负盈亏，使企业成为相对独立的商品生产者，即肯定企业的独立法律地位。囿于特定的历史背景，我国有关法人制度的探讨仅限于民事领域。以民事立法为核心，将企业法人作为规范的重点，以确认法人的独立财产和独立责任为动因，强调法人在民事领域的独立意志与独立责任，成为我国法人制度的核心。因此，主流民法学说将"法人"仅视为民事主体，认为行政组织在进行民事活动时

① 本部分已作阶段性成果发表，见李昕：《法人概念的公法意义》，载《浙江学刊》2008年第1期。

② ［法］奥里乌：《行政法与公法精要》，龚觅等译，辽海出版社、春风文艺出版社1999年版，第162—163页。

③ ［英］巴里·尼古拉斯：《罗马法概论》，黄风译，法律出版社2000年版，第2页。

才有法人身份认定的必要，并未将公法上的权利义务关系与“法人”地位相联系。这使得我国理论界主要从财产的角度来理解法人以及法人的法律意义，忽略了法人概念独立的公法意义，以及公法人作为国家对公共事务进行组织和整合的法技术手段的价值，从而造成公法人制度的欠缺。

这种由于历史局限所导致的误解在一定程度上根深蒂固，加之，长期以来，法人制度一直属于民法学界探讨的话题，鲜有公法学者涉足，部门法研究之间的壁垒与知识局限更加剧了对公法人价值的误解。在我国目前的民法典起草过程中，学界对于许多问题的争论还处于初始阶段，其中包括法人制度。“这个在各国民法典起草中都几乎遭遇到激烈争论的问题，在我国虽然有学者发表了具有真知灼见的观点，但是多数没有涉及此项制度的根本和全部，对于这样一项制度我们不得不承认现有的理论甚至还没有实质性地超越《民法通则》颁布阶段的水平”[①]。

（二）公私法人同质化，未能凸现公法人的独立价值

公私法分立以及在此基础上区分公私法人是大陆法系国家法人制度的共同特点。尽管有关公私法划分的标准各有不同，同时随着社会经济的发展，出现了公法私法化的现象，公私法之区别从绝对变为相对，但这一区分无论在现实的法律制度上，还是在解释论上都有其价值[②]。一般而言，所谓公法人，即依据公法而设立的法人，例如国家及地方自治团体等；所谓私法人，即依据私法而设立的法人[③]。公私法人概念的区别不仅体现在其设定依据不同，更重要的区别在于私法人主要着眼于从财产角度加以限定，即拥有独立财产，并以其承担财产上的责任。而公法人固然有此方面的意蕴，但其在公法上的功能并不限于此，即公法人意味着该组织是统治权的主体，能够以自己的名义承担公权利与公义务。[④]

① 蒋学跃：《法人制度法理研究》，法律出版社 2007 年版，第 1 页。

② ［日］和田英夫：《现代行政法》，倪健民、潘世圣译，中国广播电视出版社 1993 年版，第 52—53 页。

③ 胡长清：《中国民法总论》，中国政法大学出版社 1997 版，第 101 页。

④ ［意］彼德罗·彭梵得：《罗马法教科书》，黄风译，中国政法大学出版社 1992 年版，第 29 页。

我国《民法通则》中并未区分法人的公私法属性，在《民法通则》基础上形成的,以民事主体为核心的法人制度更多侧重于法人财产责任，即使承认具有一定行政职能的组织的法人地位，也仅仅意味着肯定其在民事活动中的身份与地位，并未将法人身份与其行政职能、公法目的相结合，从而忽视了公私法人质的区别。究其原因在于我国传统计划经济体制下，公私界限不明，公私领域混同的影响，反映在法人制度中，则体现为不同性质的法人的同质化，从而不利于对法人的功能、价值、法律地位的全面认识，忽视了两种性质法人的个性特征，进而在规制手段上也缺乏区别。

由于缺乏公法人概念以及相应的理论制度，使得我国法律中缺乏一个统一、严谨的法律概念，来涵盖行政机关之外其他承担公共职能的非科层制组织包括作为事业单位法人主体的公立大学等组织，用于体现其特殊的法律地位与存在目的。目前的法学理论和司法实践将承担公共职能的非科层制组织统称“法律、法规授权组织”，以解决其作为行政诉讼被告的适格问题，例如以田勇案为开端，确定了大学作为“法律、法规授权组织”的法律地位，可以成为行政诉讼的被告，但“法律、法规授权组织”本身是一个内涵与外延非常模糊的概念，缺乏深刻的理论内涵以及法律术语的凝练与严谨，不能准确地把握与揭示大学这类非科层制组织从事公务活动这一现象背后所蕴含的实质，无法从根本上明确此类组织的法律属性与法律地位。因此，引入公法人制度，以“法人”概念为基准，以组织与意志的相对独立为特征，以执行公务为存在基础，以自治与绩效为目的，将公法人制度与我国行政改革相结合，对发挥法人制度的公法价值具有积极的意义。

（三）囿于社会发展的阶段性需要，欠缺对法人主体性的彻底认识

任何一项制度都反映特定历史阶段的社会一般价值。法人制度的出现从根本上讲是法律对于社会生活的积极回应。因此，对于我国法人制度的认识，必须通过法人制度产生的历史背景展开。

20 世纪 80 年代，以实现企业的自主经营、自负盈亏为目标的我国经济体制改革，为设置法人制度提出了现实需要。可以说经济体制改革

的迫在眉睫催生了作为民事主体的法人制度。在这一特殊的时代背景下，我国的法人制度既有打破计划经济，强调法人独立身份的特点，同时，又不可避免地带有计划经济的痕迹，以及一定的时代局限性。

具体到法人制度上，这种局限体现为对法人的内在属性即主体性，理解得不彻底，仅在企业制度上强调法人的自主性与独立性，但对承担公共职能的组织并未明确其主体地位，或曰并未充分认识到主体地位以及法人身份在公共组织方面所代表的独立法律地位，以至于将具有高度隶属性的科层制组织机关，与独立承担公共职能的非科层制组织的身份与法律地位混同，忽视了这两种不同类型的公务组织法律地位上的本质差异，致使许多组织空有法人之名而无法人之实。

一方面，存在泛法人化的现象，具体体现为将以高度隶属性、科层制为组织特点的行政机关定位为法人[①]。违背了法人所要求的自主性与独立性，从而导致我国法人制度中，法人的内在属性与法人的外在组织形式之间存在逻辑冲突。在传统大陆法系学说中，意志是人格的构成，而人格则是意志与权利的载体，进而根据自然人的器官理论构建了法人的机关学说。根据这种理论，在公法领域，国家成为一种团体人格——社团，具有独立的法律人格与意志，但国家法人的抽象性决定了其行为能力的实现必须借助于一定的行政机关，因而说“行政机关者，表现国家行政行为之国家机关也”。[②]其本身并不具有法人身份所标志的独立意志与行为自主性。

另一方面，在泛法人化的同时，又存在法人化不足的问题。如事业单位、行业协会等公务组织作为独立于科层制之外的公务组织，应有法人之实之名，但其身份无异于行政机关，并无显现出其作为以自治、自主为行为特色的非科层制组织，与以命令、服从为特点的行政机关在法律地位上的差异，无法体现其作为法人的意志独立与行为自主，致使我国法人制度中存在诸多的名实不符，这也是我国公立大学行政化的现象

① 葛云松：《法人与行政主体理论的再探讨——以公法人概念为重点》，载《中国法学》2007年第3期。

② 涂怀莹：《行政法原理》，五南图书出版公司修订第4版，第209页。

在法律地位上的折射。究其原因在于特定时代下，社会主体分化程度不够，以及理论界对各类社会组织法律地位、组织性质认识的局限性，即仅仅看出机关与大学等事业单位在履行公共职能的具体方式上存在不同，并未上升到不同组织法律地位的差异，因此，也无法超越实践的局限，将这种差异理论化、制度化，也无法体现法人制度作为公法组织手段的意义与价值。这种局限折射出社会发展的稚嫩所决定的法律制度的不成熟。

三、公法人制度：我国行政改革现实运作的需要

自 1978 年以来，中国社会发生了全面而深刻的变化。这场以“市场化”为主导的改革以经济领域为突破口，进而引发出社会领域的变革，使得中国社会结构面临着重大的调整与变迁。这一调整与变迁预示着全能国家的逐步解体，以及社会、市场要素的重新整合与分化，并促使传统政府垄断“公共职能”的行政模式得以瓦解，新的适应市场需求的行政体制正逐渐建立与完善起来。从法律层面而言，可以将我国改革概括为社会主体分化的过程，即从公私复合的单一社会结构到各类社会组织功能、身份分化的多元社会结构变迁的过程。这种变革在一定程度上体现为法人制度的引进与逐步落实。在这一过程中，如何在保障公共职能履行的同时，改革公务履行的方式，以解决机构膨胀、绩效低下、发展动力不足等弊端，成为我国行政改革的重心，因此，应当借鉴公法人制度，用以实现公共职能的分散化，在明确主体身份、自主行为的基础上，实现公法人的自治与绩效。

（一）单位：一种行政化的社会组织形态

国家全能性是中国传统计划经济体制的实质核心。在这种一元化的体制中，国家集政治、经济、安全、福利等所有职能于一身，一方面，它是公共物品的提供者，承担社会组织、管理以及意识形态传播的功能，是社会与政治的组织者；另一方面，它又是非公共物品的提供者，垄断所有的经济部门，承担社会产品包括私人物品的配给功能。在这一体制

下，政府对整个国家的经济和社会生活实行高度的控制。政府直接干预生产、交换、分配的每一个环节，行使着资源配置，收入分配方面几乎所有的职能。人们习惯用行政——经济——社会高度一体化来形容这种体制的基本特征。在这种全能化的国家体制下，国家垄断所有的社会需求配给手段与功能，成为自然资源、社会资源最终意义上的占有者和分配者。与此同时，个人作为社会基本成员的生活被最大可能地公共化。伴随着这种全社会的公共化改造与同构，私人领域淹没于公共领域之中，市场与社会被吸纳、同化于国家内部，从而实现了整个社会结构、社会构成的单一化与纯粹化，形成了公与私复合，国家与社会同一、合体的特有社会现象。

因此，“改革开放前，中国社会是一个发育程度较低、分化速度缓慢、同质性较强的社会。在那样的条件下，社会的政治中心、意识形态中心、经济中心重合为一体，社会资源和权力高度集中，国家具有很强的动员和组织能力。与此相联系，社会的组织类型和组织方式也简单划一。”① 在这种单一的社会结构中，“单位”成为我国唯一的社会组织形态，具有单一性、行政性、职能广泛化的特点。在这种传统体制之下，每一个社会成员并不以个体的方式而存在，任何人都必须皈依于一定的“单位”（即与某种基层“公共”组织保持从属关系），从而获取其社会身份。

“单位”的这种属性使其处于国家与个人的联结点上，并成为构成中国城市社会的基本单元。这一特殊地位决定了它在当代中国社会调控体系中承担着不可替代的作用。有学者分析道：“从社会调控的角度来看，在中国城市社会中存在着制度化的两极，一是权力高度集中的国家和政府，二是大量分散和相对封闭的单位组织。长期以来，国家对社会的整合与调控不是直接面对一个个单独的社会成员，更多的是在这种独特的单位现象的基础上，通过单位来实现的。”② 对于个人来说，单位成为其获取社会资源的唯一途径。正是基于单位此种特殊地位，其成为

① 汪玉凯：《公共管理与非政府公共组织》，中共中央党校出版社 2003 年版，第 84 页。
② 李汉林：《关于中国单位社会的一些议论》，载潘乃谷、马戎主编：《社区研究与社会发展》，天津人民出版社 1996 年版，第 87 页。

国家职能得以实现的当然中介与载体，整个社会调控体系就是通过国家——单位——个人这一链条得以实现。

通常，国家公共职能的分解方式有两种：一是横向事务性分解；二是纵向层级性分解。前者将公共职能按其性质、类型分配于不同机构行使；后者则是一种职能的笼统下放。就我国传统体制下公共职能向“单位”的分解而言，属于后者。

在这种分解模式下，“单位”被视为承载社会整合使命和保障功能的组织形式，并将所有的调控形式包容其中，从而在“单位”内部构成一个功能齐全的微型国家，“单位”成为压缩后社会模型。在国家——单位——个人这一纵向调控体系中，国家垄断所有自然资源、社会资源的所有权，并通过“单位”这一中介实行社会配给。

这种公共管理模式导致各种类型的“单位”（包括事业、企业、行政“单位”）实际上是作为国家政治组织的“延伸体”存在，并成为国家行政体制的基本单元。在这种模式之下，各种类型与各种功能的“单位”无不例外地具有“公共性”这一特征，即一方面，“单位”是资源公共分配的产物；另一方面，又是致力于推行公共性开发与建设的基层组织。加之，个人对“单位”强烈依附，使得“单位”必须承载各种各样的社会服务，满足个人最基本的社会经济需求，由此便塑造了“单位”的无限性功能。[①] 在这种纵向层级分解模式之下，“单位”作为唯一的社会调控组织形式，浓缩了所有的公共职能，不可避免地具有了明显的全能性特点，成为一个相对封闭而又功能齐备的“小社会”。正如有学者概括我国传统企业单位功能时指出的：“我国企业大都无法摆脱多元化职能的束缚，具有经济职能、职工生活职能和大量的社会职能，企业已成为一个职能和设施相对完备的能够满足企业内部成员各方面需要的社会实体——一个多种社会活动的综合性社会单位。”[②] 这种“单位办社会”和“单位行政化”的状况，使得所有的行政、事业和企业单位所承载的功能具有某种程度的一致性和同构性，从而使必要的社会分工和社

① 刘建军：《单位中国》，天津人民出版社 2000 年版，第 76 页。
② 王颉：《社区研究十年》，载《社会学研究》1989 年第 3 期。

会分层淹没于这种单纯的一元化的社会结构体系中，使得所有单位均具有行政色彩，成为国家公共职能的承担者，导致了社会组织“官僚同构”的严重后果，即作为与权力统治最亲近的组织形式，官僚制向社会生活的各个组织诸如：政治的、经济的、文化的（包括政府、政党、企业、学校、宗教组织、群众团体、学术机构……）渗透，在组织管理方式上本应多元并存的格局被一元化，抹杀了不同类型“单位”功能的特殊性。作为国家政治组织的“延伸体”，“单位”必然成为国家科层体制的基本单元，上令下从、高度隶属、层级节制是其组织规制的共同性，与此同时，市场与社会这两种原本独立的调节机制与活动领域被全能国家所吞噬，从而形成国家对公共职能，乃至全部社会生活的垄断与控制。在行政组织体制方面体现出职能广泛但组织手段单一的特点。就法人制度而言，整个社会缺乏主体意识，以及主体意识所体现的独立权责，因而欠缺法人制度存在和发挥作用的社会环境。

（二）改革：传统社会结构的解体与重构

我国社会结构的改变与调整始于经济体制改革。1992 年中国共产党第十四次全国代表大会明确提出，我国经济体制改革的目标是建立社会主义市场经济体制，在这一方针之下，提出我国国有企业改革的目标是建立适应市场经济和社会化大生产要求的产权明晰、权责明确、政企分开、管理科学的现代企业制度，从而使企业成为自主经营、自负盈亏、自我发展、自我约束的法人实体和市场竞争主体。随后，国家又对国有企业推行了股份制改造。从企业承包到所有权与经营权的两权分离，再到股份制改造，总体方向是建立现代企业制度，摆脱“单位”属性及行政隶属的束缚，使企业成为独立的市场主体，而要完善市场经济体制，关键在于改革行政管理体制，转变政府职能。因此，经济体制改革的深化必然引发行政体制的相应调整。

我国传统的公共部门结构存在的主要问题在于组织形态单一、职能宽泛。面对现代经济发展的需要，调整行政手段与方式，使其更具灵活性与适应性，成为当前理论与实践关注的焦点。

回顾改革开放以来行政体制改革，基本目标在于转变政府职能，即从投资型政府走向公共服务型政府，明确政府的任务在于通过提供公共服务，改善公共管理，制定公共政策。以此目标为核心，我国行政体制改革的重心集中于组织体制。

1982年，中国共产党第十二次全国代表大会决定改革行政机构，以革除部门林立、机构臃肿、相互扯皮的弊端，为将来的经济体制改革服务。1988年，按照经济体制改革和政企分开的要求，合并裁减专业管理部门和综合部门的内设专业机构，使政府对企业的管理转向以间接、宏观、行业管理为主。1993年改革则将综合经济部门工作中心转到宏观调控，减少对企业的直接干预，进一步改革专业管理部门体制，撤并一些专业经济部门或业务相近的机构，或转为经济或服务实体。1998年改革旨在转变政府职能，实现政企分开，将政府职能定位于宏观调控、社会管理和公共服务，向企业及中介组织放权，借以实现政府组织与人员的精简。2003年，面对“入世”后的经济全球化挑战，进一步深化国有资产改革，理顺所有权与经营权的关系；完善宏观调控体系，增强其有效性和综合作用能力。2008年，通过“大部制”改革，政府将逐步退出微观经济领域的直接管理，把更多经济事项交由市场调整。宏观调控部门重点搞好宏观规划、政策制定及监督管理，切实减少微观管理和具体的审批事项，实现从“项目管理”向“规划管理”、从直接管理向间接管理的转变，向“宽职能、少机构”的方向发展。可以说我国行政改革的核心就是挑战以往公共行政领域中，政府兼供给与生产于一身的传统角色，调整政府与社会、市场之间的关系。这不是对现存行政管理体制和方式进行某种程度的局部调整，而是对传统的行政模式的一种全面清算和否定。

在这场以市场化为轴心的改革得以推行以来，我国社会结构已然发生了深刻的变化。首先，政企分离使得政府改变了传统的对企业实行直接管理的做法，变直接管理为间接管理，从而动摇了计划体制下政府与企业高度一体化的格局；其次，政府与社会的关系开始发生新的变化，产生了游离于行政体系之外的新的组织要素，各种社会中介组织随着市场经济的发展应运而生。因此，改革不但改变了我国原有的经济体制，而且引发了社会领域和政治领域的一系列变革，瓦解了原有的一元化社会结构，促使国家——社会——市场三元模式的初步形成。总结中国社会经历的这场全面而深刻的变化，有学者将其概括为“权力多极化”过程，并指出：“伴随着政治领域权力的减弱，经济领域和社会领域的权力正在逐渐成长，原先那种政治领域垄断一切的‘单级结构’正在向三个领域分享权力的‘多极结构’转变，这是1978—1998年之间中国社会结构演变的基本脉络。”[①]这种多极结构的实质在于将市场与社会从国家桎梏中解放出来，赋予其独立自主的法律地位，明确其各自的功能，活动的方式与遵循的基本法则，并为法人制度的运用与发展提供了现实需要。

（三）公法人：行政体制改革的手段与结果

自改革以来，由于体制变革和社会发展动力机制的开发，我国传统的单一体制开始分化，“单位”功能在市场化进程中的分解与重新定位已成必然之势。这一分解首先以政企职责分离为突破口，进而打破“单位”作为国家官僚行政组织的延伸的传统模式，并在此基础之上，明确行政、事业、企业单位各自的社会角色及功能，从而建立适应市场经济的组织、功能体系。这意味着作为行政组织体的全能性“单位”的分化与解体。伴随着“国家的缩影”——“全能单位”的分化，全能国家的公共管理体制已逐渐走上解体，市场与社会因现实的需要脱颖而出。政府不再是一切社会事务的“统揽者”和事必躬亲的“划桨者”，而将重点转向规划、引导和“掌舵”。在这场变革中，市场经济的大规模推进，政府职能转变的进一步深化，使得计划经济时期形成的组织机构与制度无法适应现代社会的需求，成为政府职能转变的障碍，行政组织再造已成为现阶段行政体制改革的中心。

我国行政组织体制改革的核心在于放弃传统政府行政的模式，逐渐改变官僚机构垄断公共服务的格局。根据公共服务的内容与性质选择相应的供给组织与方式，强调根据公共事务的属性差异进行多元化的治理；根据公共事务的多样性与可变化性，采取灵活、适应性的治理策略与多

① 康晓光：《权力的转移》，浙江人民出版社1999年版，第1—2页。

样化的治理方式；根据公共事务的复杂性，采取多元行为主体合作共治、责任分担的制度安排。总之，我国行政组织体制改革的目标在于实现社会自治、政府分级治理，以灵活的治理策略、多样的治理手段构建政府与社会合作、复合型的治理制度。其中，无论是出于社会自治，抑或绩效管理都体现为对传统上令下从、层级节制的官僚科层体制的超越。这种超越表现为参与主体的意志独立与行为自主，意味着不同于官僚科层机构的组织属性——法人。因此，法人所蕴含的身份独立与行为自主，使得法人制度的实行既是我国体制改革的必然结果，同时也是体制改革的必要手段。

在行政组织体制改革中，法律的使命与致力的目标在于如何去形塑、支撑乃至影响行政组织的内在规制结构，并借此运用组织手段来达成行政任务。20 世纪 80 年代初以来，在席卷全球的行政变革浪潮中，曾被证实为普遍有效的组织模式——官僚制（或科层制）受到前所未有的激烈批评。在多元化治理的契机下，以公法人作为组织形态，借法人治理模式达成公共职能的分散化；以公法人这种组织形态实现自治与分权；以法人的行为自主性弥补科层管理体制的弊端，使得公法人这一古老的法律制度得以历久弥新，并成为现代行政组织体制改革的核心内容。目前，公法人制度的价值已为各国行政组织体制改革所佐证，对于我国公共行政组织体制的建立与完善而言，公法人制度是现行体制所欠缺的，因而也为制度改造所急需。

在我国，改革所引发的社会结构性变迁，反映到法律层面可以概括为由官僚化的单位治理模式向自主化的法人治理模式的演变，体现为法人作为一种组织形态与治理模式在实践中得以逐渐落实。这种落实首先表现为以法人理论为核心构建现代企业制度，实现政企分离、自主经营、自负盈亏，肯定企业的独立法律地位，使其成为独立自主的商品生产者。与此同时，根据我国《民法通则》，具有公共职能的机关、事业单位与社会团体亦被授予法人资格。但是，如前所述，作为社会改革的伴生现象，我国法人制度的落实无疑具有一定的历史局限性。其中最大的局限体现为将法人单纯地界定为民事主体，从而忽视法人作为一种公法组织形态的价值与功能。此外，在我国法人制度中，对于公共职能的履行主体而言，并未完全厘清科层管理与法人治理在具体制度上的差异，导致法人的定位与分类均存在诸多不妥。这种缺陷反映到实践中，表现为许多承担公共职能的事业法人与社会团体法人，仍然具有浓厚的官方色彩，在机构设置、人员配置、组织管理等方面缺乏应有的自主性与独立性，实质上依然是政府行政权力的延伸体和公权力结构中的一个“单位”，即形式上的“法人”身份和实质上的“单位”地位。这种“单位”和“法人”两种相左身份的统一是中国转型时期社会结构调整尚未到位，组织形态改革仍需完善的特殊表现，但局限并不等同于个性，现状并不决定未来，未来必然取决于一种制度的本质与应然。如果说建立现代企业制度是法人制度在经济体制改革中的具体运用，那么公共组织体制的改革则为法人制度与行政改革，以及这一改革背景之下现代大学制度建构的再度契合提供了机会。

第二节　公法人制度的治理功能

公法人作为一种国家治理的组织手段，其制度功能体现为两个方面，即以法人格化的方式实现行政分权下的自治，以法人化的方式应对科层制的弊端。如果从公法人的历史沿革与制度流变而言，前者是公法人制度的传统功能，而后者是公法人制度功能的延伸与发展。

一、以法人格化的方式实现行政分权下的自治

传统大陆法系中公法人的制度功能主要体现为以法人格化的方式实现行政分权下的自治。行政分权是现代行政日益复杂化的必然产物。在公法人制度缘起的德法两国，设立公法人的正当性一般往往仅强调分权原则，即将国家任务转移给其他独立行政主体，以减轻国家直接行政的负担。这种分权制度在法国行政法中具体体现为地方分权以及公务分

权，并由这种分权制度逐步产生了两类不同属性的公法人，即地方团体与公务法人。从制度渊源的角度而言，各国设立公法人制度的初衷旨在免于国家的过度干涉，因此，“公法人在宪法与法律所赋予的架构下，就一定的事务，为以自己的名义并为自己的责任归属而为决行。……公法人从而系自由的观念，在上述项目上，享有免于国家的过度干预的自由。其原始意义，在于专业、避免威权、有效利用民间社会力并促其发展……”。[①] 对于这种基于自由、分权理念而存在的公法人，自治是其基本权能。

（一）组织人格化：自治的法律特征

透过国家以外的公法人来履行国家行政任务的制度，在德法两国的行政组织法的发展上已有悠久的历史，并形成大陆法系国家行政组织法上的一大特色。经过不断的发展与演进，其公法人不仅数量繁多且形态多样化，从本源意义而言，公法人制度的萌起源于自治行政与分权的考量，是历史与政治文化的产物，是“权力分立”与“团体自治”在法律地位上的体现。

近代最受人瞩目的第一个现象是市民社会的兴起及地方政府在政治力量上的崛起。19 世纪，在西欧，以广泛干预经济为特征的重商主义国家，和以绝对权力为特征的专制主义国家，日益成为经济发展和政治民主的桎梏。以反对重商主义国家和专制主义国家为己任的近代市民社会理论应运而生。按照以亚当·斯密为代表近代市民社会理论的观点，市民社会乃是商业社会独有的一种文明。在这种社会中，个人追求自身利益的活动在市场这只“看不见的手”的引导下，会自然而然地增进全社会的利益。市民社会具有自我调节、自己管理自己事务的内部能力，在此等前提下，国家的任务及存在，仅止于维护秩序与保障安全。至于其他各种公共事务，则应交由市民自我负责地去规范与执行，国家仅作适当监督即可。市民社会的独立存在为代议制民主奠定了结构性基础。各种志愿性社团组织的发展和非官方的公共领域的活跃，为资产阶级民

---

① 蔡秀卿：《现代国家与行政法》，学林文化事业有限公司 2003 年版，第 72 页。

主革命做好了组织准备和舆论准备。而随后建立的民主宪政国家又为市民社会和国家的分离，提供了法律上和制度上的保障。因此，马克思精辟地分析了市民社会和政治国家相分离的政治意义。他指出政治制度本身只有在私人领域达到独立存在的地方才能发展，在商业和地产还不自由，还没有达到独立存在的地方，也就不会有政治制度。伴随着国家与社会二元论的提倡，市民社会要求保有一定自我决定的意志形成空间，以对抗国家对于基本人权的过度及不当的侵害。而自治的本质内涵就是在这种背景下逐渐成形。

在德国法上，自治（Selbstverwaltung）是一个具有悠久传统而且重要的问题，[①] 在宪法学与行政法学的研究上占有举足轻重的地位。在德国，借助德国人细腻深刻的法律思维，对于“自治”概念问题的探讨，已获得了一系列体系化的研究成果。根据德国学者 Reinhard Hendler 的研究，现代自治思想乃是藉由“参加”概念而逐渐萌芽。自治的渊源可以回溯到 Heinrich Friedrich Karl Freiherr vom und zum Stein（以下简称 Frh. v. Stein）的政治改革思想。Frh. v. Stein 提出了“参加（Beteiligung）”的概念，认为国家应该强化市民在公共事务的参加。参加的思想在其改革思想中，始终扮演着核心的角色。这一观点对以后自治理论的发展与建立，无疑存在着一定的影响。1808 年 11 月 19 日德国公布的“普鲁士市镇法（die preußiche Städteordnung）”就是 Frh. v. Stein 的政治改革思想的落实。普鲁士市镇法是在专制制度下，地方自治制度的改革产物，建立了以地域性团体为自治组织的基本架构，确立了国家对自治团体的监督模式及界限，建构了地方自治组织及运作的模型。对于原始的自治理想而言，其决定意义在于明确了特定的社会团体，为达到一定的公共目的，在广泛的国家秩序中，可以组成分权的行政单位，并独立于国家影响之外去完成特定的公共事务。

Frh. v. Stein 的政治自治思想提出后，Lorenz von Stein、Rudolf von Gneist、Otto von Gierke 等人以其参加思想为中心，继续发展了上述政治意义上的自治理论。这些政治上的自治理论，在 19 世纪末开始受到

---

① Hendler, Selbstverwaltung als Ordnungsprinzip, 1984, S. 8 ff.

了法实证主义的挑战，进而发展成以 Paul Laband 与 Heinrich Rosin 为代表所提出的法律意义上的自治理论，即团体自治理论（korporative Selbstverwaltungslehre），从而将自治思想导入法律的框架内。Laband 认为，自治是一个介于国家与个人之间的公法主体，被利用来履行国家任务。换言之，就是国家将公权力的行使委托给一个有别于国家的法律主体来执行，并认为这种委托是一种国家任务执行上的自我限制①。

在 Laband 理论中，自治团体仅指地域团体，如乡镇、县，等等。今天看来，Laband 所称的地域团体，其概念相当于地方自治团体的雏形。至于 Rosin 则部分地接受了 Laband 的自治理论结构，并将自治的政治思想与法律意义区分开来，以“团体（körper）”的形式作为自治的法律特征。Rosin 认为自治纯粹是一种组织的表现而已，是藉由一个组织的法人格地位的创设，去达成公共活动②。依据 Rosin 的见解，“参加”这项元素，只能在政治意义的自治概念里理解。在这种二分法之下，以参与为特征的古典意义自治行政，被归类为政治意义的自治概念，而与法律意义上的自治渐行渐远。Hans J. Wolff/Otto Bachof 著名的行政法教科书将法律上的自治界定为，国家之下的主体或其他公行政主体，以自己的名义，独立且不受专业指令监督地履行从国家本身分配或移转出去的公共事务③。这一自治概念的界定，成为传统德国行政法学上的通说。此外，另一学者 Ernst Forsthoff，则将自治直接定义为“国家藉由公法社团、公营造物及公法财团来履行国家自己本身的任务”④。Forsthoff 认为政治参加的观点在法律的自治概念里是不具有意义的，有权利能力的高权主体才是自治的决定性要素。此种团体组织形态的自治，进而构成了法律上自治的主要概念特征⑤。因此，传统德国公法学对于自治概念的探讨，所关注的层面在于团体的组织形态。从这个层面上讲，是否

① 赵相文：《由法律观点论自治制度》，载《中原财经法学》第 15 期。

② Hendler, Selbstverwaltung als Ordnungsprinzip, 1984, S. 116.

③ Wolff/Bachof, Verwaltungsrecht II, 4. Aufl., 1976, § 84 Rn. 34.

④ Forsthoff, Lehrbuch des Verwaltungsrecht, 10. Aufl.,1973, S. 474.

⑤ Schmidt-Aßmann, Zum staatsrechtlichen Prinzip der Selbstverwaltung, in: Selmer/v. Münch(Hrsg.), Gedächtnisschrift für Wolfgang Martens, 1987, S. 249 (250).

具有公法人地位是是否存在自治的标志。此后，也有不少学者重新思索Wolff/Bachof与Forsthoff的想法，并对这样的见解产生怀疑，进而为法律上自治填补了其他的概念要素，使得法律上的自治概念更加丰富，但将公法人视为自治的法律载体仍占据十分重要的位置。

无疑，自治团体组织形态的选择，对于自治任务的达成具有十分重要的意义。根据德国目前的多数自治团体形态，可以归纳出两个主要特征：（1）自治团体乃是公法组织；（2）自治团体具有权利能力。可见，至今，自治作为一个法律概念同公法人格仍然密切相关。从这一层面讲，自治可以理解为一种组织形式。它体现着分权的理念，是国家体制中的一项组织原则。建立于行政分权意义上的公法人制度是法律意义上自治的具体体现。

（二）两种分权基础上的两种自治

从治理手段的角度而言，分权与自治相生相伴，行政分权的目的在于通过法人格的方式，以组织形态的方式实现特定组织的自治。不同类型分权的目的在于实现不同领域的自治。根据自治的目标不同，德国行政法将其分为地方自治与功能自治，相应地，自治团体的类型在德国可以分为两类：第一类是地方自治团体，例如乡、镇、市、县等；第二类是功能自治团体，所谓功能自治团体，即是负有特殊功能、用以履行特定任务的自治团体，例如大学、职业工会、社会保险组织等。与德国法略有不同，在具有悠久而系统的分权理论的法国，理论界更侧重于从分权的角度进行组织类型探讨。这种分权制度在法国行政法中具体体现为地方分权以及专门的公务分权，并由这种分权制度逐步产生了许多不同属性的公法人。从制度比较的角度而言，德法两国在这一问题上是相通的，即地方分权—地方自治；公务分权—功能自治。

行政分权是现代行政的根本特征之一，是现代行政日益复杂化以及行政扩张的必然产物。在传统的国家行政时期，由于国家对市场采取一种自由放任的态度，国家行政的范畴只限于特定的领域，此时的行政所呈现的是一种消极性，在这种有限、消极的行政时期，行政的领域相对狭隘，行政的事务也较单纯，因此，同这种行政管理的现状相适应，行政的主体也呈现出单一化的特征，行政垄断成为一种必然的社会现状。此时，行政主体仅指国家这一原始行政主体。但随着社会的发展，为了适应国家行政管理的需要，国家的行政事务日益复杂化，行政的领域也日益宽泛，已经突破了传统的范畴，为了适应这种行政扩张的发展趋势，更好地实现行政的目的，行政分权成为一种必然的趋势。这种分权制度在法国行政法中具体体现为地方分权以及专门的公务分权，并由这种分权制度逐步产生了许多不同属性的公法人。

以地域为基础的地方分权、地方自治标志着地方团体公法人地位的确定。如法国的大区、省、市镇，日本的都、道、府、县、市、町、村。它们在其辖区范围内管理地方事务，享有一定的地方自治权，成为独立的、以地域为构成基础的公法人。

以专业为基础的公务分权或功能自治是其他法人的存在基础。与地方自治不同，它是着眼于自治团体的特定功能、任务而设置的组织。所谓公务分权是指法律将某种需要一定独立性、去政治性的公务，从国家的一般公共职能中分离出来，组成新的独立实体来实施。这类公法人具有决定权与技术能力相结合的显著特点。例如，在德国，为了避免货币受到政治因素与政府政策的影响，赋予联邦银行公法人地位以保障其决策的独立性，避免其成为政府解决财政赤字的工具，影响其调节货币、稳定价值的功能。至于公立大学的公法人地位则以保障学术自由为目的。当大学成为独立的公务法人时，表明原属于教育行政机关的部分行政权转到具有独立法人地位的大学，并与这一机构的技术能力相结合，从而形成大学基于专业性而产生的自治权，决定权与技术能力的合并，正是以专业为基础的公务分权的实质所在。因此，当法律规定某种公务脱离一般行政组织，而由具有独立法律地位的机构承担时，该机构则成为法国行政法中的公共机构（L'etablissement public），这些公共机构具有独立的管理机构和法律人格，是国家和地方团体之外的另一种公法人。这类公法人目前在法国是发展最快的，情况也最为复杂。

法国是一个传统的中央集权制的国家，其行政体制在西方发达国家的宪政体制中独具特色。经过几百年的发展，法国行政体制的各项制度已相当健全和完善。近几年来法国政府进行了较为全面的行政改革，大刀阔斧地对行政体制进行了结构性调整，促进了行政体制的完善和行政效率的提高。法国的现行行政体制是建立于行政分权基础之上的，即地方分权与公务分权两种形式，并由这种分权制度产生出不同类型的公法人，这些公法人的出现打破了传统行政体制之下的国家作为单一的行政主体垄断国家行政管理的局面，从而形成了国家、地方团体和公共机构共同实施公共行政，履行公务的行政体制。

总之，将分权、自治与组织人格化的法律技术相结合，造就了公法人制度的繁荣，实现了行政的分散化与非垄断化。正如奥里乌所言："从法律的角度来看，分权使行政体系变得复杂，但更合乎法律形式了；……同时地方行政和专门行政也具备了各自的身份；诸多的行政主体之间建立了法律关系，日常行政实际上成了法律上的多方共同行政。"[①] 从分权的角度而言，自治是一种分散国家任务的制度，国家通过创制公法人可以达到分担公共职能的目的。同时，从自治作为一种治理手段而言，自治是整合各种社会利益于国家组织机构中的方法，通过公法人设置的法律保留制度，以及对公法人的特殊法律规制，国家将自治团体纳入国家权力结构之中。一个社会团体若被授予公法人地位，其组织、人事、程序、会计、运作等将被纳入国家行政体制内，这意味着该社会团体被提升、整合到国家行政组织中。因此，自治有其重要的功能，既是一种分散权力的手段，又是一种整合权力的工具[②]。

从德国公法的发展来看，公法人乃是在国家之外，由立法机关依法律或授权创设独立派生的行政主体，用以履行公共任务。而公法人所为的行政活动，一般则称为"间接国家行政（mittelbare Staatsverwaltung）"。通过设立公法人来间接执行行政任务这种方式，在德国行政法上已有相当历史。以德国公法人设立的功能为例，主要基于以下考虑[③]：（1）与国家保持距离的功能。在行政组织形式的选择上，公法人地位的赋予，

---

① ［法］奥里乌：《行政法与公法精要》，龚觅等译，辽海出版社、春风文艺出版社 1999 年版，第 181—182 页。

② 详见本书第四章第二节有关法团主义与公法社团的论述。

③ 李建良：《论公法人在行政组织建制上的地位与功能——以德国公法人概念与法制为借镜》，载《月旦法学杂志》第 84 期。

目的在于建立一个尽可能不受国家操纵的自主领域。如德国公共广播电视机构的公法人化，就是为保障广电自由而发展出来的一种特殊组织设计。由于广播电视台的经营负有公共任务，因此，一方面为避免舆论市场被少数有经济实力者垄断，不能放任其在私法领域；另一方面为避免政府操纵舆论，又不可以将其纳入国家统治的范畴。因此，广播电视台应采取公营造物的组织形式，使其接受公法拘束，并透过内部多元化的组织结构,使其在包含各种社会力量下成为一个自我负责的独立公法人。（2）去政治化的功能。德国联邦银行的公法人化就体现了这一功能的存在。通过给予联邦银行法律上的独立性，可以有效地确保联邦银行在货币政策的形成上，避免过多政治性的干扰，免除因政府压力而产生的政治风险。（3）合作的功能。德国法上赋予同业工会具有自治行政权的公法人地位，除了一般强调具有“去中央集权化”的功能之外，通过公法人地位的赋予，将原本在国家之外的社会团体纳入国家统治秩序中，并通过公法人的制度使得社会团体在其自身事务的管理上，达成与国家的相互合作。在减轻国家行政负担的同时，调和国家与社会的对立。（4）技术性的功能。有一部分公法人的设立则纯粹是出于技术性的考虑。这种类型的公法人的建立多半是基于其行政任务的执行必须依赖高度的专业知识，因此，出于专家管理的理念而将该机构公法人化。由于这一类型公法人的设立工具性比较强，并不像前述类型的公法人负载着一定的价值，因此，其正当性及必要性应受到较为严格的规范。

综上所述，从制度缘起的角度而言，公法人制度存在的目的主要基于行政的分权化，以平衡并矫正集中化国家行政所可能存在的弊端。国家赋予特定组织公法人格，使其拥有相对的独立决策权和行为自主权，从而取得经营上的自主性与弹性，以便更为有效地履行公共职能。通过这种分权制度，国家的角色亦得以转变，逐渐由执行者的角色转变为监督者的角色。因此，设置公法人的目的主要在于，希望利用分权化的理念以更有效率的执行方式贯彻行政目的，并借以减少政府压力。此外，在德国，由于历史传统的影响，国家与社会之间关系采取法团主义的模式，诸如工商业、农业、医疗业及律师业等职业团体大多属于公法人。

这类公法人的设立具有规范或形塑社会领域的作用，目的在于运用公法人这一组织手段，将社会自治团体纳入国家权力结构，从而收到分担职责与权力整合的双重效果。总之，在分权制度中，移交给公法人从事的公共任务，乃是国家不宜过度管制，或过度的管制会造成此类公共事务萎缩或停滞的领域。在公共管理视野下，公法人制度的运用意味着公共事务治理主体的扩展，为公共事务的有效治理提供了广阔的社会资源，开辟了政府以外的公共利益实现途径，既有利于弥补政府公共服务供给能力的不足，实现社会与政府的分担，也有利于减少政府权力作用的范围、扩大社会自治的空间，是政府直接管理的有益补充。同时，通过分权、自治，政府的角色与功能可以得以进一步明确化，政府不再是一切社会事务的“统揽者”和凡事亲躬的“划桨者”，而将重点转向规划、引导和“掌舵”，但这并不意味着政府公共责任的降低或减少，而只是政府行为方式的变化，这标志着政府由传统的公共服务的直接提供者，向公共服务提供的保障者的角色转变。这一政府职能的转变正是现代行政改革的实质与核心。总之，现代国家通过分权与自治制度，公共职能逐步得到分散化，并演化出多层级的治理体系。

二、以法人化的方式应对科层制的弊端

在全球化与信息化时代，公共事务的日益复杂多变，使得具有内在结构缺陷的政府垄断公共事务的弊端已日益凸显，官僚制政府对日益高涨和多样化的公共需求越来越难以满足，公共事务陷入了“不可治理性”的危机。世界各国政府在政府与社会关系、政府与市场关系、政府内部关系、政府组织管理机制等四个层面的一系列持续性的改革措施，推动了传统公共行政模式向新公共管理模式的转变。从 20 世纪 70 年代开始，曾经主导西方公共行政领域近一个世纪之久，并行之有效的科层制，遭受到新的外部环境的严峻挑战，以专业化、制度化、非人格化为特点的，近乎刻板、僵化的科层体制愈来愈不能适应迅速变化的社会经济生活，无法快速回应外部环境的变迁，同时，与科层制机构相伴生的行政权力和公共预算最大化倾向，导致大政府、大公共开支和高行政成本，已经使得政府行政效率不彰、公共财政不堪重负。在全球化的竞争

压力下，传统科层体制必须进行功能性与结构性的双重调整。公共组织的分殊化成为必然的现象。从独立行政法人的设立，到以私法主体承担公共事务，显示了“去中心化”与“去官僚化”已成为行政组织改造的方向。在此趋势下，“机关法人化”的问题，也成为改革浪潮的热门话题。① 在这一背景之下，日本以及我国台湾地区所推行的行政法人化改革，将独立行政法人制度定位为国家行政的精简及效率化的手段。目的在于充分利用法人制度对现有公共组织包括“国立大学”进行改造，以分权与绩效管理为出发点，应对科层体制的弊端，从而达到提高行政效率的改革目标。

（一）新公共管理理论——政府再造的理论基础

20 世纪 70 年代末 80 年代初以来，发源于欧美经济，与市场化的经济改革相呼应的一股行政改革（也被称为行政现代化）之风席卷全球，开启了“行政改革的时代”。“改革”成为全球范围内最流行与最富感召力的词汇与口号。其中最为著名的大规模改革包括英国的续阶计划（The Next Steps）、美国的政府再造（ Reinventing Government ）、加拿大的公共服务两千计划（Public Service 2000）、欧洲共同体会员国倡导的公共服务革新（ OECD, 1987 ）、新西兰的财政与人事改革、澳大利亚的财政管理改进计划，等等。这些发达国家凭借其政治、经济、文化的先进性对后发国家具有强烈的示范效应，使得行政改革在制度转型的发展中国家亦得到积极与广泛的回应。近年来，希腊、马来西亚、南非、纳米比亚、智利、加纳、加勒比海诸国均明确提出了本国行政改革的行动计划与具体方案。在这一场声势浩大的行政变革浪潮中，以理性严谨著称的德国式社会科学，与强调规则及精确性的美国式工业主义的完美结合而著称的现代官僚制，受到越来越多的冲击，在迅速变化的环境面前，科层制暴露出繁复、僵化、压制创新的弊端。

面对此种情况，20 世纪 70 年代以后，人们逐渐放弃了官僚机构控

---

① 李建良：《论公法人在行政组织建制上的地位与功能——以德国公法人概念与法制为借镜》，载《月旦法学杂志》第 84 期。

制公共服务领域、政府垄断公共事业的做法，明确了政府的中心工作应该是“掌舵”，而不是“划桨”。随着行政改革的兴起，西方国家率先确立了企业型政府范式。按照行政范式理论，政府在公共管理中，不仅要讲究效率，引入竞争机制，以市场为导向，而且要下放权力，实行参与式管理。为此，他们提出，政府应只掌舵，不划桨。掌舵就是制定政策，扮演催化剂和促进者的角色，把资金和各种资源手段结合起来，让其他人去解决问题。划桨就是直接服务，而政府并不擅长此道。在具体的管理过程中，政府可以授权，而不必躬亲。

正是在这样的历史背景下，一种新的公共行政理论、管理模式——新公共管理（New Public Management）在 20 世纪 80 年代的英美两国应运而生，并迅速扩展到西方各国。与以往传统的公共行政框架内进行的变革不同，新公共管理不是对现存行政管理体制和方式进行某种程度的局部调整，也不仅仅是为了降低行政管理的成本，减少行政费用开支，更重要的是，它是对传统公共行政模式的一种全面改革。“许多国家都在推行公共行政改革，改革具有许多共同特征。‘新公共管理’是一系列创造性改革的通用标签，其最显著的特征是将市场机制引入政治领域。具体而言，这意味着：（1）在僵化的缺乏回应的官僚体制中引入竞争，提高效率；（2）在政治和行政关系中引入经济学的市场分析模式：如公共选择、协议契约、交易成本以及委托——代理理论；（3）引入并广泛运用竞争、基于绩效的合同承包、公共服务供给、顾客满意、市场激励和放松规制等概念。……一个决定性的挑战是对引进私营部门的过程进行管理，在保证公众利益的前提下，允许私营部门在这些领域的投资有一个合理的回报。……以授权、提供部分财政支持、指导和监督等方式，确保公众获得所需要的服务和基础设施，而不是直接提供服务。”①

传统的公共行政以威尔逊、古德诺的政治——行政二分法和韦伯的科层制理论为理论支撑，而现代公共行政改革则以现代经济学，以及私营管理理论和方法作为自己的理论基础。从理性人的假定中获得绩效管

① ［美］E.S. 萨瓦斯：《民营化与公私部门的伙伴关系》，周志忍等译，中国人民大学出版社 2002 年版，第 341—342 页。

理的依据；从公共选择和交易成本理论中获得政府以市场为导向，提高服务效率与质量的依据；从成本——效益分析中获得对政府绩效目标界定、测量和评估的依据。从私营管理方法中汲取营养，并将私管理方式和手段运用于公共行政领域。新公共管理认为，私营部门许多管理方式和手段都可为公共部门所借用。如私营部门的组织形式能灵活地适应环境，从而避免科层制的僵化弊端等。总之，新公共管理认为，那些已经和正在为私营部门所成功地运用着的管理方法，如绩效管理、目标管理、组织发展、人力资源开发等并非为私营部门所独有，它们完全可以运用到公有部门的管理中。在这一理论的推动下，市场导向与管理主义，成为 20 世纪 80 年代以来世界各国政府改革运动的纲领。其核心与宗旨在于调整政府与社会、市场之间的关系，将竞争机制引入政府服务领域，打破政府垄断，实现行政分散化，从而提高公共服务的效率与质量，缓解政府财政困难。

这场行政改革从政府职能和运行的市场化到一批执行机构（Executive agencies）的自主化，从削减国家预算到变革文官制度，从结构调整到以顾客为取向，对传统的科层制进行了强力冲击。尽管改革在不同国家的进度和成效不一，但其意义都是不容忽视的。尽管目前人们对这一运动及其所形成的“新公共管理”模式的评价褒贬不一。但是，它对当代西方政府管理实践及模式所产生的深刻影响却是不争的事实。

（二）英国政署改革：机关法人化的发端

国家结构性的财政危机使得传统的工具与制度不足以达成目标，也推动着行政组织的改革。通过“机关法人化”来创设一种新型的公法人形态，借以实现政府再造的目的，毫无疑问是大陆法系的一种组织技术手段。但从其渊源而言，这种方式发端于英国的政署制度。

英国是“新公共管理”运动的发源地之一。1979 年撒切尔夫人上台以后，英国保守党政府推行了西欧最激进的政府改革计划。其中最著名的是“改进政府管理：续阶计划”（Improving Management in Government: Next Steps）。“续阶计划”是持续提升行政效率的重大计划，此计划是在 1988 年 2 月 18 日由领导政府效率小组（Efficiency Unit）

的罗宾·伊毕斯爵士（Sir Robin Ibbs）与凯特·杰金斯（Kate Jenkins）所提出的，依据效率小组调查报告内容显示英国政府体制中存在如下弊端:（1）行政机关各自追求其行政目的，导致政策冲突、重复等情形。（2）行政机关仅重视组织经营的细部管理，而忽略行政服务的提升。（3）行政机关的一元化管理难以适应广泛的不同职务领域。（4）单年度预算制度，导致各机构致力于年度预算的消费。（5）预算项目的强度拘束，造成预算执行缺乏弹性等问题。（6）文官体制过度庞大与繁杂，以至于无法以单一个体来管理与运作。按照效率小组的估计，在英国，95% 的文官从事的都是服务的供应与管理；只有 5% 的文官从事着政策推动与部会决策。报告因此建议,在由部会订定政策与资源架构前提下，将政府的执行功能分离出来，设立具有较大自主权的执行机构（也称政署），以企业的方式来提供服务，以期通过自主权的加大提高公共服务的绩效。

政署制度（Agency）的主要特色在于:（1）将各部会的功能区分为“决策”与“服务传送”，每一个负责服务传送的单位称为“政署”（Agency)。（2）赋予政署在预算、人事及其他管理实务方面有较大的自主权。（3）政署的执行长以公开方式从公、私部门中选任。（4）要求执行长提出一份3至5年的经营计划,同时每年必须提出年度业务计划。（5）政署每年与其所属部会订定一个为期 3 年的架构文件，详述年度目标，确定执行时的弹性空间。（6）给予执行长在人员进用与薪资（包括绩效奖金）等方面相当大的权力。（7）取消执行长的永业保障。

总之，政署是在主管部之下，藉由架构文件（framework document）确立目标责任，而由执行长来全权管理的文官组织，主要任务是履行政策的执行工作，提供公共服务。它有明确的组织目标，也有具体的服务标准，预算在财政部授权范围下得以弹性运用，且必须就其绩效对主管部、国会、公众负责，并每年公告其业务成果以便公众监督。政署由任期固定，并以契约方式聘请执行长全权负责人事、财务及政署的具体业务。执行长直接向部长报告，不受传统文官体系的层级报告体系限制。执行长就政署的营运控制（Operational Control）负完全责任，营运控制权包括人事及财务的决定权、服务的内容等。执行长同时也拥有选择管理手段的自主权。政署向部会负责，主管部会以整体业务活动来衡量其组织绩效，其中包括执行长个人的绩效表现，并以考核年度公布绩效目标的达成度。就该项制度的实质内容而言，可以归纳为四个方面，即决策与执行机关的分权；一定的管理自主权；以结果为导向的业务监督；企业式的运作模式。总的来说，“续阶计划”的改革目的在于增进政府管理与公共服务的递送，试图将各部会所属的业务机关改制成一些自立单位（Free—standing Units）（即执行机构或称政署），运用代理人理论的理念，赋予执行机构高度自主性与弹性经营行政任务的权力，并通过正、负诱因加强对于执行机构与其内部成员的控制，最后再经由中央机构评鉴其执行效果，并根据执行效果决定其存废，从而达到运用企业精神改善行政效率不彰的问题。换言之，“续阶计划”的改革重点在于设置执行机关，以取代既有行政机关提供公共服务，核心理念在于创制一种新的政府组织结构，使各部会专注于决策质量的提升，而执行机关则专职于政策的执行。这种执行机构与政策规划部门的二分法，打破了我们对于行政机关既有思维的局限，提供一种新的执行公共任务途径，具有分权授能与明确责任的双重功能。

政署制度打破了英国 150 年的传统文官体系运作模式，是落实保守党政府于 1979 年取得执政地位前的三项竞选承诺，即减少浪费、减少官僚机构，以及减少政府过度管制的重要举措。由于英国保守党的长期执政，使得撒切尔夫人及其继任者梅杰首相所陆续推动的精简政府的管理策略及政府行政改革，能够在内阁制的宪政架构下彻底实施，使得将近八成文官纳入政署制度的运作，并成为最激进的政府体制变革。

（三）行政法人：公法人制度与新公共管理理论的结合

政署这种代理机构执行模式（Agency Structure），在新公共管理改革中，被欧洲各国所广泛实行，包括荷兰、挪威、丹麦、瑞典、新西兰等国都采取相关措施，将服务提供的执行机构与内阁部会予以分离，使内阁各部会专注于核心的政策规划任务，借以提高效率、改善服务。日本在遭遇同样的行政困境后，也面临着改革的迫切性，于是在参考英国行政改革经验的基础上，改良并建立了独立行政法人制度。从制度渊源上讲，独立行政法人制度应当是发源于英美体系的新公共管理理论，与大陆法系传统的公法人制度相结合的产物。

日本在平成九年（1997年）十二月三日行政改革会议所提出的“最终报告”中，兴起设立独立行政法人制度的倡议，强调应重新认识国家行政，除实施公共事业民营化外，应当立于“政策制定机能与实施机能分离”的基本理念，而就实施机能，灵活运用“外局”（内阁府及省以外之厅或委员会）制度及“独立行政法人”制度，以达到提升行政效率的目的。日本独立行政法人制度虽系以英国的政署制度为蓝本，但在制度设计中附加了许多日本政治、行政、法律文化的特点，将政署制度型塑成一个专属日本且全然崭新的独立行政法人制度。日本创设“独立行政法人”制度，目的在于通过政策制定与政策执行的分离，达成国家行政减量与提高绩效的目标，将国家机能区分为政策“制定机能”与“实施机能”，国家机关负责“制定机能”，由独立行政法人承担“实施机能”，彻底分工，而且赋予该组织独立的公法人地位，不受国家机关过度干预，以扩大行为自主权，并且导入市场原理，强调绩效，设立“法人长”及监事制度、业务目标管理与事后评价制度，并以绩效表现作为解任干部，以及调整报酬及退职金计算的参考依据，以实现行政的精减与效率。日本独立行政法人制度从2001年开始正式运作，并公布实施了《独立行政法人通则法》。

就在日本推动独立行政法人之际，我国台湾地区试图将此种组织手段引进行政组织改革中，以解决政府行政的困境。在我国台湾地区方面，于2002年5月29日正式成立“行政院组织改造推动委员会”，于2002年8月24日第二次委员会议通过机关业务检讨原则，并确立朝“去任务化”“委外化”“地方化”，以及“行政法人化”等四大方向同步进行改革。其中，“机关法人化”是为了摆脱传统行政机关法令规章及层级节制的束缚，提升政府施政效率，同时确保公共任务的妥善实施，而将原本由政府组织负责的特定公共服务自政府部门移出交由独立法人专责办理。由此创设出一种新的组织形态——行政法人，并在行政法人法草案第2条第1项中将行政法人定义为：“国家及地方自治团体以外，由中央目的事业主管机关，为执行特定公共任务，依法律设立具人事及财务自主性之公法人。”与日本独立行政法人相比，两者的出发点与组织外观大体相同，亦即均以独立性、效率性、确保公共任务的必要性与公法人形态为核心。尽管行政法人制度的设计引起法学界诸多质疑，然而立法院已于2004年1月9日三读通过“‘国立中正文化中心’设置条例”，将中正文化中心改制为“行政法人”，踏出“行政法人”作为执行国家公共任务的新型组织形态的第一步。

选择机关法人化作为政府改造的策略，究其原因在于传统行政机关受到人事、会计、审计等法令以及科层制度的束缚，缺乏效率、弹性与应变能力，无法达到专业及效率的需求。通过法人化在确保特定公共任务实施的前提之下，对于部分不适合由政府机关推动，亦不宜由民间办理，且所涉公权力行使程度较低的业务，从传统的科层体制独立出去，通过立法肯定其为具有独立法律人格的法人，在人事、预算、财务、采购方面赋予其更大的弹性空间，以分担公共任务的履行，从而通过组织形态和经营管理方式的改变，以分权式公共组织，企业精神与政府精简代替层级节制、有限裁量，达到强化成本效益及经营绩效，解决传统科层体制的弊病的目标。这一措施以松绑现行人事、会计等法令的限制为前提，并通过内外部适当监督机制及绩效评鉴制度的建立，以达到专业化及提升效能等目的。引进企业精神的同时兼顾政府的公共任务，藉以提升经营绩效,使公共事务的推行更具专业及效能。同时通过制度设计，使政府对行政法人的补助、行政法人财产管理及举借债务等行为，得以正当化、制度化及透明化。这种行政法人制度使得政府在政策执行方式的选择上更具弹性，并可适当缩减政府组织规模。因此，“独立行政法人制度系‘国家行政组织之精简’之手段，与民营化、行政委托及管制缓和等之‘水平精简’并不相同，重点在于国家行政组织之改编、缩小，并将行政活动分为‘规划订立机能’与‘实施技能’，而将实施机能之业务，移转至与国家行政组织不同之组织，属组织上之移转及独立，因此，独立行政法人，既担当该业务，自应独立于国家行政组织之外，且与国家公法人不同，应独立赋予其公法人人格。”[①] 因此，日本与我国台

① 蔡秀卿：《现代国家与行政法》，学林文化事业有限公司出版2003年版，第71页。

湾地区通过推行行政法人化改革，以法人化作为应对传统科层制弊端的手段，再度掀起公务组织法人化的浪潮。从实质而言，公法人制度是国家对公共事务进行组织和整合的法技术手段。当国家和地方团体认为某种公务的管理需要一定程度的独立性和灵活性，不适宜科层式运作机制时，需要将该公务机构创设为法人，以增加其自主能力，赋予其身份的独立与行为的自主，以示其与科层制机关的区别。因此，机关法人化是提供实施特定公共任务的另一种方式选择，目的在于以分流的方式提升相关业务的效能，并解决传统行政机关职能壅塞的困境。

从制度设计的基本原理来看，我国台湾地区的行政法人和日本的独立行政法人、英国的政署确实有类似之处，三者皆试图以具有独立自主的运作特性，摆脱严格的层级节制，以便缔造更高的产出绩效之组织；然而，若从组织的法律定位来看，我国台湾地区行政法人和日本的独立行政法人皆属公法人，而英国的政署则仍属于行政机关。观察英国政署制度与行政法人制度，可以发现两者由组织定位，到制度规范、人员身份，等等，已经相去甚远。但其改革精神与本质，包括财务会计弹性化、目标管理、绩效管理等新公共管理思潮下的管理策略的采用是相似的。因此，可以说，英国政署制度的经验，引领了日本独立行政法人制度的设计。这种借用组织改造将执行权独立划分出去，实现公共职能分散化的方式产生了世界范围的影响。总之，随着国家职能的日趋多元与复杂，传统的行政组织体制已不能灵活弹性的完成任务，取而代之，行政组织的分殊化成为必然的现象。从独立行政组织的设立，到以私法主体完成国家任务，显示了“去中心化”与“去官僚化”已成为行政组织改造的重点发展方向。在此脉络下，“机关法人化”的问题，必然也成为改革浪潮下最为热门的话题之一。

“再造”（Reinventing）已经成为20世纪末公共行政中最热门的名词，即以技术理性（Technical Rationality）为主要基础，萃取已然成功的经验，引进竞争的市场机制，促成行政组织整体的转型，重新建构行政文化、公务人力、权责归属、奖惩制度以及目标任务。政府再造的目的在于建立一个以顾客导向的企业型政府（Businesslike Government），引进企业管理的精神，在根本上改善科层化、官僚化的行政组织，松绑僵化呆板的法规制约，让组织更能适应环境的变迁，同时，减缩庞杂、多余的组织部门与冗员，尽量将业务委托给社会团体以及私部门代为执行，以减少原本庞大的人事与组织支出，并希望通过这种委外执行方式，能以更少的支出提供更为有效的服务，以期大幅度提高政府部门的绩效能力、适应能力、革新能力以及治理能力。在这一背景下，日本与我国台湾地区推行了“机关法人化”改革，将新公共管理理论与公法人组织相结合，创设了独立行政法人制度。因此，应当说独立行政法人正是政府再造背景下，组织形态转型的产物。

三、一种历久弥新的组织制度

从缘起的角度而言，公法人是一个古老的法律制度，但在以新公共管理理论为核心的现代行政改革中，这一制度的价值和意义得以新的发掘。无论是基于自治抑或出于绩效的考虑，公务组织法人化作为一种手段，其核心在于以相称的行政组织形态回应民主化、经贸自由化、现代专业分殊化、公共需求多元化等时代发展的需求。从此意义而言，公法人制度不仅是发展的产物，而且是发展的工具。将公法人这一古老的命题同现代行政体制改革嫁接，使得公法人成为一种历久弥新的组织制度。

（一）分权授能：公法人制度繁荣的基础

分权治理是公法人制度得以存续的基础，公法人身份的独立与行为的自主性正是分权治理的体现和保障。这一理念在西方国家具有较长的历史，这种分权制度在法国行政法中具体体现为地方分权以及专门的公务分权，并由这种分权制度逐步产生了许多不同属性的公法人。自 1979 年新公共管理的思维发轫英国后，政府再造运动成为一种风潮，当我们归纳近年来各国的变革成效与发展时，可从各国不同的政治、经济及社会环境系络发展中找出共同的演化现象——即分权授能。这种相通的现象明确地揭露出时代对于这股变革风潮的响应，也成为公法人制度在大陆法系国家再度得以繁荣的基础。

如前所述，伴随着经济、政治以及意识形态的变化，特别是产业革命、科学革命以及资本的高度集中，积极的服务行政成为一种时代趋势。就经济领域而言，进入20世纪30年代，随着世界性经济危机的频繁爆发以及垄断资本主义的发展，自由放任的经济政策宣告失败。正如哈贝马斯所言："伴随着贸易政策的明显改变，自由主义时代已经走到了尽头，在所有发达资本主义国家中，自由贸易的神圣原则逐渐成了一种新的保护主义的牺牲品。"[①] 凯恩斯主义经济理论以及作为战后发展模式的"福特主义"在经济领域占据了主导地位。这些新兴的理论与政策强调国家的经济和社会职能，强调国家在社会经济生活中的重要地位和作用，主张加强国家干预，扩大公共服务领域，推行国家垄断调节政策，大力强化行政职能，从而实现行政对社会事务（包括金融行市、产业结构以及公民日常生活环境等方面）的全方位干预。但是到了20世纪70年代初，由于通货膨胀与失业同时迸发，西方国家出现了严重的经济"滞涨"局面，"福特主义"生产与分配模式失去了原有的作用，"福利国家"难以为继，人们对凯恩斯主义宏观经济理论的共识破裂了。在这种形势之下，新自由主义经济理论重新抬头。就各国经济政策而言，在撒切尔、里根的倡导之下，减少国家干预、削减税率以及私有化成为世界的主流。但上述经济政策的更迭以及由此而产生的政府职能的调整，并未改变现代行政由消极走向积极、由权力走向服务的趋势。尤其是20世纪90年代初，从美国开始并波及整个西欧的经济衰退促使人们对新自由主义经济政策提出质疑，重新重视国家在经济生活中的作用，并试图改革或寻找新的国家调节方式，诸如：完善中间调节机制，设立独立的调节机构等。正如两百年前，法国革命家米拉波所言："如果国家太强硬，它会把我们压垮；如果它太软弱，我们也会被拖垮。"20世纪80年代初，法国著名社会学家米歇尔·克罗吉耶曾提出，"现代的国家是谦虚的国家"，要求国家减少干预，这在法国及世界范围内曾引起强烈的反响。十几年以后，法国总统希拉克旧话重提，说他赞同"谦虚的国家"的提法，但同时认为，一个"谦虚的国家"也应该是一个"有抱负的国家"。他强调现代国家应继承"公共服务"的观念，提高国家效率，更好地为公众服务，

① ［德］哈贝马斯：《公共领域的结构转型》，曹卫东等译，学林出版社1999年版，第171页。

更好地扮演普遍利益保障者的角色，加强社会协调，提高国家的竞争能力。[①] 无法放弃意味着只能选择改善，因此，如何在现实背景下，改革政府职能的履行方式成为各国行政改革的核心议题。

20 世纪 70 年代以来，西方各国进入了公共部门管理尤其是政府管理改革的时代。无论是英美、欧洲大陆国家，还是新兴工业国家和大部分发展中国家都相继掀起了政府改革的浪潮。尽管西方各国政府改革的起因、议程、战略、策略以及改革的范围、规模、力度有所不同，但都具有一个相同或相似的基本取向，这就是以采用商业管理的理论、方法及技术，引入市场竞争机制，提高公共管理水平及公共服务质量为特征的“管理主义”（Managerialism）或“新公共管理”（New Public Management）纲领。这场以新公共管理理论为主导的政府再造出现在公民社会自治能量与要求不断扩展、市场机制不断成熟与市场力量不断壮大、政府统揽公共事务的“不可治理性”危机日益加重的全球化和信息化时代，它以公共事务治理主体的多元化和治理工具的多样性为特点，以适应当今时代公共事务日趋复杂化及其治理民主化的客观要求，体现了公共事务治理的“公共性”与“管理性”的有机统一。主张根据公共事务的复杂性、多样性、动态性，建立一个市场自我组织、社会自我治理、分层级的政府治理以及彼此有效合作的复杂性、多样性、动态性的公共事务治理体系。该理论以广泛而综合的理论为基础，强调根据公共事务的属性差异进行多元化的治理，采取多元行为主体合作共治、责任分担的制度安排。

无疑，小型化与分权模式（Downsizing and Decentralization）是以新公共管理为主导的政府再造运动的核心，小政府的组织形态不可避免地将成为新公共管理时代中的理想型官僚模式。这意味着行政组织结构将从原本的官僚科层体制模型、机械论的组织及功能分化的形态，进一步朝向更有机而分权的形式发展。这场行政改革通过分权授能的方式，从政府职能和运行的市场化到一批执行机构（Executive agencies）的自主化，从削减国家预算到变革文官制度，从结构调整到以顾客为取向，

① 杨祖功等：《国家与市场》，社会科学文献出版社 1999 年版，第 109 页。

对传统的科层制进行了强力冲击。在改革的浪潮中，政府体制面临着功能性与结构性调整，政府再造已成为当前重要课题之一，环顾全球，政府组织改造的主要趋势就是分权授能。从独立行政组织的设立，到以私法主体完成国家任务，显示出“行政组织正朝向去中心化与去官僚化的方向发展。而在行政组织议题上，行政机关公法人化的问题，更是分权化改革浪潮的热门话题之一”。[①]

可以说，新公共管理表征的是一种追求效率的时代精神，效率的追求目标要求根据任务选择多样化的治理手段，这种以分权授能为核心的行政改革，使得行政在主体范围以及治理方式上均发生了巨大的变迁。其实质在于改变传统政府行政的模式，根据公共服务的内容与性质选择相应的供给组织与方式，实现服务功能在政府、社会和市场间的合理配置，从而减轻政府行政负荷。对公共行政而言，无论是市场的介入，还是社会的分担，都意味着对传统国家垄断行政的摒弃，展现了现代行政民主化、多样化、灵活化、自主化的特色。在此背景之下，公法人制度设立的主要目的在于以主体身份、权利能力、公共目的性保障作为一种组织与政策手段，以回应行政组织形态多样化的现实需要。

（二）公法人：间接行政的组织载体

传统的公共行政模式被人们看作是一种与西方工业社会的政府管理相适应的实践模式，这种传统的公共行政实践模式具有如下四个基本特征：一是政府组织及其结构应根据韦伯的官僚制（科层制）原则建立起来，严格遵守这一原则是政府运作的最佳方式；二是公共物品及服务应由政府机构（官僚机构）来提供，即政府是公共物品的唯一提供者；三是政治（政策制定）与行政（政策执行）分开，并且文官在政治上保持中立，以有助于责任制的落实；四是行政被当作一种特殊的管理形式，必须由终身受雇的职业化的官僚来担任。[②] 在这种模式下，国家通过“设

① 李建良：《论公法人在行政组织建制上的地位与功能——以德国公法人概念与法制为借镜》，载《月旦法学杂志》第 84 期。

② D.Hughes.*Public Management and Administration:An Introduction(2nd.ed.)*.Macmillan Press LTD,ST.Martin’S Press Inc,1998.P1.

官分职”的方法，也就是以科层组织结构来履行公共任务。在这种金字塔型的科层组织结构内，政府上级机关对于下级机关的监督，包括适法性监督以及适当性监督两个方面。在行政组织法中,这种运用马克斯·韦伯的科层制组织体系作为履行行政职能的方式是一种直接行政手段。

作为传统公共行政模式的替代物，“新公共管理”实践模式是公共部门管理特别是政府管理中出现的一次重大突破或一次深刻的变化，体现了公共管理方式的根本性、方向性的调整。“当代行政改革是在世纪之交和时代转型的环境下推行的。改革既是对数十年来行政管理实践的检讨和反思过程，同时也是对新时代、新环境的自觉适应过程。打破传统的行政模式，建立适应后工业社会和信息时代的‘后层级制行政模式’，既是时代对改革的迫切要求，又是当代行政改革的自觉目标。”①

不同于以科层体制为核心的传统行政模式，现代行政改革视角下的公共事务治理，具有社会自治、多中心的政府分级治理，政府与社会合作、复合型的治理制度安排，灵活性的治理策略、多样性的治理工具等不同于传统公共行政的显著特征。在这一新的治理模式下，重新理顺国家、社会、市场三者的关系，将政府的职能集中于决策与掌舵，而把公共服务的直接提供下放于社会与市场，成为新一轮政府职能调整与行政改革的核心。这种公务的下放与委托使得行政在现代社会已非政府的专属功能，标志着行政由直接行政走向了直接、间接行政两种方式的并存。

从行政组织法的意义而言，行政改革、政府再造的影响直接体现为行政主体的多元化。从公法理论与国家制度的发展可以发现，公法人是一种国家创设的虚拟概念，其拥有法人格、权利能力，并辅之以实体上的机关及人员以达成任务的履行。通过设立公法人作为实施行政的组织手段，是一种间接行政的方式。政府以“间接国家行政”的方式执行行政任务，目的在于根据任务性质的不同，赋予公法人不同程度的自主性，并相应地调整监督手段。

随着近年来政府角色的弱化，传统上以直接国家行政为主流的执行任务方式，逐渐为间接国家行政所取代。在治理时代中，政府扮演的

① 周志忍主编：《当代国外行政改革比较研究》，国家行政学院出版社 1999 年版，第 4 页。

角色在于主导政策制定以及进行政治管理，执行的任务则随着政府组织的调整，交付给更具效率、灵活性的私部门及公法人来办理，政府仅肩负起协调及监督的责任。通过分权授能，以民营化及法人化等多样化的方式执行公共服务，是一种政府在治理时代下维持组织生存的必然手段。同时，以公法人为标志的各种独立化的间接行政主体的出现，也是对现代社会不同行政任务需求的回应。于此意义下，依据法律或基于法律创设的权利主体（Rechtssubjekte）——公法人，是间接国家行政的重要机制。

（三）公法人的定位：市场与科层之间

作为国家间接行政的一种组织形态，公法人的实际作用主要在于通过人格化的方式，确立其独立的法律地位，并藉由组织层面的独立化，松绑其人事、财务制度，建立合于其任务需要的预算、会计与审计制度，适度降低控制密度，以减少来自国家机关的监督与干预，从而使其得以在法律授权的范围内自主行为。因此，设立公法人的目的在于以法人这一组织形态的独立性，规避科层制机关的僵化与机械，同时，以其公共属性弥补私法组织的自由属性，因而成为介于科层制机关与私法人之间的一种组织形态。同时，公法人以其作用领域和任务的中间性，体现其作为一种组织形态的价值。

首先，从组织任务的角度而言，公法人所承担的任务具有中间性，既不适宜国家直接实施，又不适宜民营化。

当行政组织脱离国家科层式行政体系的设计，其独立性也相对提高，Frido wagener 曾经提到在下列五种情况，则可以考虑赋予行政组织在建构上的独立性：（1）行政组织所从事是单一的、技术性的、有限的监督检查的任务；（2）行政组织从事的是技术的革新工作，例如学术性的创造；（3）行政组织从事的任务是提供生活必需物资；（4）行政组织所从事的工作有不受指令拘束的必要性；（5）行政组织所从事的是“人的照顾”工作[①]。在实施改革的过程中，日本《中央省厅改革基本法》关于独

① Loeser,systerm des verwaltungsrechts Bd.2,1994,Rn.17。转引自陈爱娥：《行政组织》，载李建民、陈爱娥、陈春生、林三钦、林合民、黄启祯：《行政法入门》，元照出版公司 2000 年版，第 194 页。

立行政法人的规定指出："从国民生活及社会经济安定等公共性的特点，有确实实施必要的事务、事业，且国家没有以主体地位直接实施的必要，但委托民间实施又恐有未能实施之虞，或有由一独占主体实施的必要者，由政府创设独立行政法人。"即，国家没有直接实施的必要，委托民间实施又有悖于公共性，而确实有必要由国家保障实施的事业，应当设立独立行政法人来承担。我国台湾地区则在《行政法人法草案》草拟之前，就规定了"行政法人"的建制原则，指出："国家之公共任务不具有强制性、适合积极采取企业化管理经营，而无国家亲自执行之必要者；国家之公共任务有去政治化之强烈要求，不宜由国家亲自执行者；国家之公共任务基于两岸或外交关系之特别考量，不适合民营化者；国家之公共任务适合民营化，但因无法自给自足或其他因素，基于过渡阶段之考量者。"《行政法人法草案》（2005 年 8 月版本）第 2 条第 2 款规定，"前项特定公共任务，以具有专业需求或须强化成本效益及经营效能，不适合由政府推动，亦不宜交由民间办理，且所涉公权力行使程度较低者"。这一规定表述着同样的原则，即不适合政府、不适合民间的，交由行政法人执行。

其次，在组织形态上，公法人不同于科层制机关，也不同于市场主体的私法人，具有融合公、私组织的优点与特性。

面对 21 世纪的社会需求，传统的科层体制，从外在的组织结构到内在的组织文化，均需要大幅度的调整，而在这样的时代背景中提出"机关法人化"制度，正是响应政府职能与组织调整的重要举措，通过重新对政府角色、功能的定位，以及组织结构的调整，培养竞合管理的能力，创造优质的政府体制，提升政府组织竞争力。将原本由政府组织所负责的公共服务，自政府部门移出，改由具有独立法律地位的公法人来实施，通过松绑现行人事、会计等法令的限制，以及内、外部适当的监督机制与绩效评鉴制度的建立，引用企业经营精神，使得政府在政策执行上更具有弹性。同时，通过制度的设计使公法人的运作正当化、透明化，以提升政府施政效率并确保公共任务的妥善实施。因此，公法人的存在打破以往政府——企业这种二分法，也是顺应企业型政府的趋势所创设的新的组织形态。

总之，现代行政改革以公共事务的复杂性、多样性、动态性为依据，以核心价值和思想的多元化为追求，从政治、经济、社会、文化价值等诸多领域，对政府与市场关系、政府与公民社会关系、政府内部关系、政府组织体制、公共事务治理规则、公共事务治理操作手段等诸多方面，进行了全方位的反思和探索，确立了寻求全面医治现实问题、构建公共事务良好治理的整体性思维框架。这种思维框架的总体特征是：跳出传统狭隘的公私二元分离思维，摆脱政府与市场的狭隘单一理性，建立多元合作以及方式多样的公共事务治理模式。与此治理模式相适应，公法人以其任务的中间性与组织形态的公私复合性，成为行政改革中一项重要的组织手段。

四、公立大学的行政法人化改革

具体到公立大学，“二战”后，从法律制度上讲，日本文部科学省在高等教育的行政管理上，除了教员任免等实质的人事权以外，实际上拥有大学的全部运营权，但文部科学省考虑到“大学自主管理”，尽量避免进行直接干预，而在大学可能接受的基础上实施了渐进式改革，在大学自主管理与社会和国家对高等教育的要求之间谋求着平衡。可以说，文部科学省面对急于要求改革的大学以外的外部势力，起到了防护堤似的抵挡作用，同时，也让大学认识到这种日益高涨的改革压力，要求各个大学自己提出在本大学内切实可行的、具有现实意义的大学运营改革方案。

从 1996 年 11 月开始的日本中央政府行政机构重组的行政改革会议上，每当国立大学独立行政法人化的问题一提到议事日程，文部科学省就布下强有力的反对阵营，促使提案搁置。随着日本产业国际竞争能力的下降，产学合作的需求在增强；产业界和政界对日本大学培养专业人才方面的教育质量问题提出了疑问，而且呼声越来越高。文部科学省开始努力进行大动作的方针转换，于 2001 年 6 月出台了“远山计划”（译注：远山系指现任文部科学大臣远山敦子）。远山计划等于国立大学的结构改革，由三方面构成：第一，国立大学早日过渡为法人；第二，推进国立大学的合并和重组；第三，强化竞争环境。“远山计划”公布以后，文部科学省利用对国立大学的预算分配权以及对机构人员定编的权限，开始强有力地推行以“远山计划”为方向的大学改革。教职员的身份问题是人们预料得到的这场改革中的最大问题，但独立行政法人化后的国立大学教职员将不再是公务员的提案，在综合管制改革会议等场合，已经基本达成共识，加之在国立大学的教员中也得到了部分响应，因此决定实施“非公务员”形式。随着国立大学转变为独立行政法人，原来文部科学省所拥有的资源分配权等高等教育法制上的几乎所有权限都将转交给国立大学，以此为契机，国立大学应该建立起自我管理体制，导入富有竞争力的管理方式，在全球化竞争的意识下，努力提高教育研究能力。从这个意义上说，这次基于“远山计划”的大学结构改革本身是值得欢迎的。远山大臣在 2002 年 8 月 30 日向经济财政咨询会议递交的资料中提到，让国立大学拥有独立法人资格具有以下几个方面的优势：（1）各大学分别实行法人化可以确保大学的自主性及自立性；（2）可以运用富有民间特色的经营手法，机动、灵活、具有战略性的组织和财务运营方式；（3）导入“高层干部会”制度，实现以校长为中心的高层管理方式；（4）以大学外部理事等方式请外部人士参与管理，引入开放式的大学运营方式。

（一）中期目标、中期计划及评鉴

《国立大学法人法》规定文科大臣应订定国立大学要达成的业务营运之目标，为期 6 年，称为中期目标。中期目标内容包括提升教育研究质量的相关事项、业务营运改善及效率化等相关事项、财物内容改善之相关事项、校内自我评鉴等。文科大臣在订定中期目标时，同时必须听取校方与法人评鉴委员会的意见。校方在接到中期目标之后，应据以制订具体执行中期目标的中期计划（例如学校 6 年发展计划、重要财产的让渡或借贷事项），并获得文科大臣认可。

1. 中期目标之制定

中期目标是各个大学法人为实现其基本理念及长期目标的阶段性目标，原则上是六年的计划。但需要特别强调的是，此六年中期目标并非是可完全自由订定的，其前提是必须参酌政府所订立的高等教育和学术研究相关的具体构想及政策目标，进而要符合国家提示的有关国立大学须负担的功能与责任之相关提示才可。因此中期目标的制定手续，首先是国立大学法人向文科大臣提出构想原案的同时，文科大臣听取“国立大学法人评鉴委员会”的意见后，在尊重原案及考虑特殊的学校特性后制定之。而中期目标需包含下列事项：

（1）中期目标的期限；

（2）大学整体的基本目标；

（3）有关大学提升教学及研究素质的目标；

（4）有关改善业务运作及效率化的目标；

（5）改善财务内容的目标；

（6）有关对社会提出“说明责任”（accountability）的目标；

（7）其他重要目标。

2. 中期计划的制定

各大学之中期计划是政府给予运作经费预算的主要依据，同时也是评鉴中期目标达成程度之际的具体检核事项。进而，在中期计划中，会载明中期目标之所需预算，因此与预算有关的依据事项及法令规定的事项必须制订出外，各大学法人应将为达成中期目标时，各种具体的量化目标和达成期限都应具体记载之，有关中期计划应包括以下内容：

（1）有关达成提升大学教学与研究质量的措施；

（2）有关达成改善业务运作绩效的措施；

（3）有关改善财务内容的措施；

（4）有关对社会提出“说明责任”的措施；

（5）其他重要目标的措施。

另外，中期计划亦需如同中期目标一样，必须获得文科大臣的认可，此外，亦须提各年度计划，而各年度计划，只需报备即可。

（三）评鉴

评鉴相关的业务绩效，分成每年和中期目标结束时两种。而其中由于引入企业会计方式，因此“会计监察人”会针对财务报表进行审查乃为例行事务，可见财务会计的成果评鉴亦是重要的。

1. 年度绩效评鉴

此由文科省的“国立大学法人评鉴委员会”负责，由该会依据中期计划等数据，进行综合评定之。另外，特别是每年度之财务报表、专业报告书和决算报告书，加上“监事”的意见向文科大臣提出，在获得认可后，公布供人阅览。

2. 中期目标结束时加以评鉴

此种评鉴六年一次，其流程如下。

（1）各国立大学法人应将有关外部机构和第三者机构评鉴中期目标的达成度结果加以利用，进行自我检核与评鉴，并将成果向文科省“国立大学法人评鉴委员会”报告。

（2）“国立大学法人评鉴委员会”在收到报告的内容中，有关教学与研究部分的评鉴，则委由“大学评鉴学位授与机构”负责评鉴。

（3）“大学评鉴学位授与机构”从专业角度进行有关教学与研究的评鉴，然后向“国立大学法人评鉴委员会”报告。

（4）“国立大学法人评鉴委员会”再参酌“大学评鉴学位授与机构”的评鉴结果下，进行综合的评鉴。

（5）“国立大学法人评鉴委员会”与“大学评鉴学位授与机构”两机构在决定评鉴内容时，先向各大学法人说明，以给予申辩的机会。

（6）“国立大学法人评鉴委员会”与“大学评鉴学位授与机构”公布评鉴结果。

六年一次的业务评鉴结果，必须反映在下一轮的中期计划中。而此处最重要的是，评鉴结果是下一轮交付各大学运作经费的给付计算依据；此外，两个机构的评鉴结果，亦可以要求各大学法人修订有关教学与学术研究的计划及内容。进而，国立大学法人的评鉴不仅在国立大学法人评鉴委员会、监事、会计监察人进行而已，而与其他独立行政法人一样，在内阁的总务省所设置的评鉴委员会，会计检查院（审计部）也要再进行另一次评鉴。

3. 法人评鉴委员会（日文称法人评价委员会）

依据法案第 9 条各项规定，文科省为处理国立大学法人等相关事务，须于文部科学省内设置“国立大学法人评鉴委员会”，主要负责国立大学等业务实绩的评鉴，以及法条中规定所属权限之事项，而详细组织内容另行发布政令制订之。

（四）财物与会计

国立大学法人在财物及会计方面基本上准用独立行政法人通则法，概略性地规定了有关公积金的处理、长期借入金和债券、偿还计划等相关事项。另外，“法人法”中还制订了罚则，若国立大学法人等机构或人员有违反本法相关规定之情形，则可处以罚金等处罚。此外，有关财源筹措部分，“法人法”第 46 条提及，政府对国立大学等可提供法人化前全部或部分经费，为大学需自筹经费留下伏笔。

（五）业务范围

依据大学法人法第 22 条规定，国立大学法人之业务范围如下。

（1）设置国立大学，并负责营运之。

（2）对学生进行学习、进路指导及身心健康相关之辅导和奖助的活动。

（3）接受该国立大学法人以外者的委托，并与其共同进行各种研究；此外亦可与该国立大学法人以外者透过合作方式进行教育研究活动。

（4）开设公开讲座，并对他校学生提供学习机会。

（5）普及该国立大学法人的研究成果，并促进其活用。

（6）可向政令中所规定的促进相关研究成果活用之事业进行投资。

（7）执行与上述业务相关之各项业务。

不过，各国立大学执行上述业务内容时，必须获得文科大臣的认可。文科大臣在决定是否认可时，必须听取评鉴委员会的意见。此外，国立大学及其附属学校机构之学费和其他费用的相关规定，由文科省发布政令规定之。

（六）职员身分转换

包括教授和职员都由公务员变成非公务员。在过渡时期中，除了有优先弹性调动处理、医疗保险、年金不变外，另外先要结算公务年资，重新由法人聘用，其他如新人聘用、叙薪、退职依法人规定，兼职亦弹性化，可聘用外国人校长，行政主管等特色。

第三节　我国事业单位法人化改革

我国的事业单位广泛地分布在教科文卫、基础设施、社会管理等基本的公共产品和公共服务领域，作为向全社会提供基本公共服务的组织机构，是实现和完成政府公共政策的基本工具，肩负着实施法律、贯彻政府政策的使命。随着市场经济体制的逐步确立和社会对公共产品和服务需求的增加，形成于计划经济时期的事业单位已经不能适应市场经济发展的要求。随着经济体制与行政体制改革的深化，事业单位改革的推行已是迫在眉睫，作为公共服务的提供主体，目前我国事业单位改革的重心就在于政府减负、服务绩效，建立一个科学合理、公平高效的现代公共服务体系。从改革的趋势而言，无论是在组织目的上，还是治理模式上，我国事业单位的改革与公法人制度之间都存在一定的契合性。因此，从功能契合的角度出发，借鉴公法人制度改造我国事业单位，目的在于正本清源，将现实中纷繁复杂的事业法人进行分类改革，确立其应然的法律地位，并在此基础上明确特定公务组织的公法人地位，将法人治理结构与公共服务相结合，提高公共服务的效能，建立一个良好的现代公共服务体系。

一、我国事业单位的形成与制度演变

我国当今的事业法人是计划经济与改革开放的综合性产物，在国家大力推进事业单位改革的背景下，认真考察事业单位的制度沿革是了解困境、寻求对策的前提。

中华人民共和国成立后，借鉴苏联的管理模式，建立起高度中央集权的计划体制。先后采取了一系列公有化措施，并且在短短几年里，将教育、科学、卫生、社会福利等社会服务行业全部收归国有，自上而下建立了一系列相应的事业职能机构。与这种全能国家体制相适应，我国建立了严密的单位管理体制，将国家单位分为机关单位、企业单位和事业单位，实行编制管理。在 1965 年的《国家编制委员会〈关于划分国家机关、事业、企业编制界限的意见〉》中表述为“凡是直接从事为工农业生产和人民文化生活等服务活动，产生的价值不能用货币表现，属于全民所有制单位的编制，列为国家事业单位编制”，这是对事业单位法定含义的第一个规定，从此正式确立了中国事业单位制度。可见，事业单位乃是我国特有的编制分类，是计划经济的特定产物。人们一般认为，事业单位的范围包括教育机构、医疗机构、科研机构、市政工程管理机构、社会福利机构等。[①]归纳起来，确定事业单位的标准主要有：（1）活动性质和目的。即事业单位是“为国家创造和改善生活条件，从事为国民经济、人民文化生活、促进社会福利等项服务活动，不是以为国家积累资金为目的”的组织。（2）行业领域，即从事教育、科学、文化、卫生等活动。（3）经费来源与管理方式。即由国家机关举办或者其他组织利用国有资产举办，并且不进行经济核算。在改革前这几个标准基本上是统一的，可以保证其与企业单位、行政机关的明确区分[②]。

从比较的角度来看，我国的事业单位，可以说是一个极具中国特色的现象。其机构性质，也很难用国外的非营利组织（NPO）或者非政府组织（NGO）来对应。在中国大陆的绝大多数出版物中，“事业单位”一词被译为“institutions”，而香港的一些学者则译为“service organizations ”[③]。由于在《事业单位登记管理暂行条例》中，它被定义

① 苏力等：《规则与发展》，浙江人民出版社 1999 年版，第 97 页。

② 李志萍、李洪雷：《中国事业单位改革的行政法学分析》，载《北京行政学院学报》2008 年第 4 期。

③ Lam Tao-chiu and James L.Perry，“Service Organizations in China：Reformand Its Limits,” in Peter Nan-shong Lee and Carlos Wing-hung Lo(eds.), RemakingChina’s Public Management.Westport：Quorum Books，2001.

为“国家为了社会公益目的”设立的“社会服务组织”，是“由国家机关举办或者其他组织利用国有资产举办的”，专家们也就据此将其译为“Public Service Unit”（公共服务机构）。

改革开放以前的事业管理体制，是顺应指令性计划经济体制而建立的，在长期的运行过程中逐渐形成了其特有的格局，表现出如下基本特征：高度行政化、主体单一化、资源配置非社会化和职能扩大化等[①]。改革开放以来，我国政府制定了诸多事业单位改革的政策，并得以稳步实施。政策的主要内容是调整事业单位布局结构，实行政事分开，推进事业单位社会化，通过明确事业单位的法人地位和取消事业单位行政级别，改革政府对事业单位的管理方式与政府提供公共服务的形式。具体而言，我国事业单位改革可以分为三个阶段。

1978 年至 1991 年是事业单位改革的初始阶段。这一阶段的最主要特点是，扩大事业单位的自主权。在具体的方法上体现为借鉴企业改革的成果，普遍实行了绩效挂钩的包干制，以使用承包合同的形式明确了国家和事业单位的关系，把事业单位的经济效益、社会效益、管理水平和分配水平联系起来，实行责、权、利相结合，进行事业单位财务的独立核算，打破大锅饭。引进竞争机制，实行人员的优化组合，进行事业单位的人事制度改革，打破事业单位人事管理的终身制。

在改革的政策主导下，通过了一系列文件。1980 年 1 月 24 日，中共中央、国务院发出《关于节约非生产性开支，反对浪费的通知》，其中明确规定：（1）从 1980 年起，国家对文教、卫生、科学、体育等事业单位和行政单位试行“预算包干”办法，节余留用，增收归己，以调动努力增收节支、提高资金使用效果的积极性。（2）一切有条件组织收入的事业单位，都要积极挖掘潜力，从扩大服务项目中，合理地组织收入，以解决经费不足的问题，促进事业单位的发展。应用科研单位和设计单位要积极创造条件，改为企业经营，不仅不用国家的钱，还要力争上缴利润。1985 年国务院发布《事业单位奖金税暂行规定》，第 1 条规定“为了鼓励事业单位向经济独立、经费自给过渡，使事业单位有计划地逐步

① 景朝阳：《试谈中国事业单位的制度沿革》，载《中国合作经济》2006 年第 4 期。

提高职工的收入水平，并从宏观上控制消费基金的过快增长，特制定本规定”。上述政策的主要核心在于鼓励“增收节支”。在鼓励创收的同时，财政部门对事业单位实行预算包干制度，即实行全额预算管理和差额预算管理的行政、事业单位按照上级单位批准的行政工作任务、事业计划和年度预算，包干使用预算资金。年终结余和增收都留归本单位下年继续使用，不上缴财政，如有超支或短收也不补助。

此后，针对实行中出现的新问题，财政部 1988 年 5 月对原预算包干办法进行了修订，重新制定颁发了《文教科学卫生事业单位、行政机关“预算包干”办法》，根据各类文教事业单位和行政单位机关的不同特点，规定了三种单位预算包干方式，并相应制定了三种预算包干经费的核定办法：（1）经费和任务挂钩，一年一定；（2）核定基数，比例递增；（3）包死基数，一定几年不变。1989 年，经国务院批准，财政部颁布了《关于事业单位财务管理的若干规定》，明确规定了对事业单位要根据不同的情况分别实行全额、差额、自收自支三种预算管理形式，加强了事业单位的财务管理。一是将事业收入全部纳入单位预算，与国家预算拨款统一核算，统一管理；二是改革现行预决算制度，事业单位的预决算不仅要反映国家预算拨款的情况，也要反映事业单位收入情况，防止收支两张皮；三是加强事业单位收入的核算工作，准确反映组织收入活动的收益情况，防止单位增收、财政增支、虚盈实亏现象发生。

在这一阶段，随着经济体制改革的深化，以法律的形式确保个人与组织参与民事活动的权利义务，成为法治进程中的一项任务，因此，1986 年，在法学界的学术争论中，我国《民法通则》出台了，其中明确规定了事业单位的法人地位，第 50 条第 2 款规定“具备法人条件的事业单位、社会团体，依法不需要办理法人登记的，从成立之日起，具有法人资格；依法需要办理法人登记的，经核准登记，取得法人资格”。就这样，事业单位法人作为中国特色的一个法人类型，正式出现在国家的民事立法中，从而使得事业单位法人成为一类重要的民事主体。鉴于时代的局限性，在当时学者所做的民法典建议稿的几个版本中，都保留了事业单位法人这种类型。这表明事业单位作为一类组织在当时的社会背景下并未出现太大的制度缺陷，尚且能够得到学界认同。此后，事业单位或事业法人这一概念一直得以延续至今。

1992年至1997年是事业单位改革的第二阶段。这一阶段事业单位改革的最显著特点是明确提出了政事分开和事业单位社会化的口号。这一阶段，改革的主要内容是，减少对事业单位的直接管理和不必要的行政干预，促进事业单位在职能、人事制度、工资制度上与党政机构的分离，打破部门分割和条块分割，引入竞争激励机制，确立事业单位的法人地位。调整事业单位的内部机构，促进人员结构合理化和机构的重新组合，推动事业单位的社会化进程，鼓励社会各界以集资或合资的形式办事业，同时，在确保社会效益的前提下，推进事业单位的企业化改革。具体措施包括：一方面，保障公益性事业单位的财政来源，严格控制全额拨款的事业单位的数量和规模；另一方面，对国家实行定额补贴的事业单位，以及经费自支的事业单位扩大自主权。

首先，1992年《中共中央、国务院关于加快发展第三产业的决定》（中发［1992］5号文件）提出对事业单位的政策是:（1）实行“谁投资、谁所有、谁受益”的原则，不能过多依赖国家投资。（2）实行企业化经营。明确“现有的大部分福利型、公益型和事业型第三产业单位要逐步向经营型转变，实行企业化管理”。[①] 以政府文件的形式肯定了事业单位企业化经营的行为。

其次，允许、鼓励非国有资本进入教育、医疗、科研、文化、传媒等行业。例如国家出台了《社会力量办学条例》《中华人民共和国民办教育促进法》《中华人民共和国中外合作办学条例》等文件，鼓励非国有资本投资公共事业。由于推行公共事业社会化，改革后出现了许多民办的非营利组织，其职能与传统的国办事业单位相同，为了同公有属性的事业单位相区别，这类组织被称为“民办非企业单位”，其专业领域类似于事业单位。“民办非企业单位”概念于1996年中共中央办公厅、国务院办公厅《关于加强社会团体和民办非企业单位管理工作的通知》中正式出现。1998年10月25日的《民办非企业单位登记管理暂行条例》第一次将其作为正式法律概念来使用。该条例第2条规定，民办非企业

① 中发［1992］5号文件：《中共中央、国务院关于加快发展第三产业的决定》。

单位是指企业事业单位、社会团体和其他社会力量以及公民个人利用非国有资产举办的，从事非营利性社会服务活动的社会组织。其主要法律特征体现为：（1）利用非国有资产创办；（2）不以赢利为目的。我国目前的民办非企业单位主要分布在教育、科研、文化、卫生、体育、新闻出版、交通、信息咨询、社会福利事业等领域，因具体法律制度不完善，这类组织的性质、功能在理论与实践中均存在一定程度的混乱。

1998 年以后，事业单位改革进入第三个阶段，主要内容是进一步落实政事分开，实现事业单位的法人治理。改革的力度明显加大，特别是国务院部门所属事业单位做了大幅度的改革。2002 年，十六大提出："按照政事分开原则，改革事业单位管理体制。"2003 年，事业单位改革主要集中在国务院直属事业单位的调整和充实，以及整顿党政部门报刊社和加强农村中小学管理。在这一阶段中，为了适应改革的新形势，进一步明确事业法人的范围和界限，根据 1998 年 10 月 25 日国务院颁布的《事业单位登记管理暂行条例》第 2 条规定，事业单位指国家为了社会公益事业目的，由国家机关或者其他组织利用国有资产举办的，从事教育、科技、文化、卫生等活动的社会服务组织。按照该条例的规定，事业单位应当具备如下特征：（1）是以公益为目的的组织；（2）其主要业务是从事教育、科技、文化、卫生等社会服务活动；（3）利用国有资产举办；（4）具有独立法人资格（依《事业单位登记管理暂行条例》第 3 条、第 8 条之规定）。此后，1999 年通过的《中华人民共和国公益事业捐赠法》再一次明确规定了事业单位包括"公益性非营利为目的的教育机构、科学研究机构、医疗卫生机构、社会文化机构、社会公共体育机构和社会福利机构等"。

2008 年开始的新一轮行政改革着力解决长期存在的突出矛盾和问题，并将事业单位改革列入行政体制改革的总体方案中。改革的总体目标是到 2020 年建立起比较完善的中国特色社会主义行政管理体制，实现政府职能向创造良好发展环境、提供优质公共服务、维护社会公平正义的根本转变，实现政府组织机构及人员编制向科学化、规范化、法制化的根本转变，实现行政运行机制和政府管理方式向规范有序、公开透明、便民高效的根本转变，建设人民满意的政府。在完善公共服务体制的目标下，将事业单位改革列入行政体制改革的总体方案中，在明确事业单位作为政府承担公共服务职能载体的同时，确立了事业单位改革的目标以及整体规划，即通过改革，进一步增强自身活力，提高公共服务的有效性，整体配套，分类推进事业单位改革。通过深化事业单位改革，逐步建立公益目标明确、布局结构合理、投入机制完善、治理结构规范、微观运行高效、监管制度健全的现代事业单位管理体制和运行机制，构建基础优先、服务公平、区域均衡、门类齐全的公益服务体系，促进公益事业更快更好地发展。具体措施包括，加强事业单位国有资产监管，推行公共支出绩效考评，改革事业单位的干部人事制度，推行聘用制度和岗位管理制度，改革收入分配制度，建立符合事业单位特点、体现岗位绩效、分级分类管理的收入分配制度。

二、困境与问题

我国事业单位存在的弊端主要体现为：机构臃肿，效率低下、职能错位、政事不分、事企不分。归结到法律制度上，突出问题主要在于法人化不足以及公共性保障制度的缺位。

（一）单位属性与法人身份的共存

随着 1956 年我国社会主义改造基本完成，以及社会主义生产资料公有制的确立，单位制度在我国初步形成[①]。作为政治组织国家对社会进行直接行政管理的组织手段，单位体制是全能国家与计划经济的产物。

虽然，根据我国《民法通则》的规定，事业单位已经在名称上转化为事业法人，成为民事主体的一种类型，但在管理制度上并未实现单位模式向法人治理的转变，事业法人实质上依然是公权力结构中的一个“单位”。作为一个庞大的群体，中国的事业单位不仅承载着巨大的社会服务职能，而且还担负着体制改革的成本，如在行政机构改革中承担机关分流人员安置等。这些特有的附属功能，以及事业法人在机构设置、

① 路风：《中国单位体制的起源和形成》，载《中国社会科学》1993 年第 5 期。

人员配置、组织管理等方面的行政隶属性，使得事业法人实质上依然是政府行政权力的延伸体和公权力结构中的一个“单位”，即形式上的“法人”身份和实质上的“单位”地位的合二为一。形式上的“法人”和实质上的“单位”形成制度上的冲突与矛盾，也提示了反思立法政策的必要性[①]。由于事业单位法人制度尚未真正建立起来，政府部门与事业单位之间缺乏严格的组织界限，现实中，事业单位往往带有强烈的行政附属性。

现实生活中，事业单位仍然作为国家“单位”的一个分支。在经济体制改革前后，事业单位都是指政府创设的提供教育、科研、文化和卫生服务的专门机构，尽管不同时期的法规对它的界定不尽相同，但并没有实质差别。长期以来，事业单位套用行政级别，建立科层制组织形式，按行政机关的方式运行，按政府管理的方式提供服务，形成了行政化、官僚化的组织模式与运行方式。即使是改革后的今天，事业单位的格局与政府机构的分布也基本上是一致的：在中央政府层面，有国务院直属和部属的事业单位；在地方政府层面，有省、市、县属的事业单位；每个事业单位必定以一个行政机关为主管部门，如：学校必定隶属某一级政府的教育主管部门，医院必定隶属某一级政府的卫生主管部门。作为国家官僚体制中的一个“单位”，我国的事业单位虽然名称转化为事业法人，但依然保留有行政级别。不同的事业单位，往往被设置成不同的行政级别，其单位领导人员也相应地赋予不同的行政级别，如副部级的校长、厅局级的校长，大学内部的职能部门也归入不同的行政级别，名曰科处，并因级别不同享有不同的待遇。这种事业行政化、官僚化的现象使得事业法人大都缺乏与之相称的专业精神，很多运作具有行政化、层级化的特点，从而造成事业的重要性与效能无关，而是与其行政级别紧密挂钩的现象。作为一个民事主体，事业法人具有法人的身份，而作为一个单位，事业单位和行政机关一同被纳入“机构编制管理”，“一个机构，两块牌子”是行政机关和事业单位合而为一的常见方式。在管理

① 方流芳：《从法律视角看中国事业单位改革——事业单位“法人化”批判》，载《比较法研究》2007年第3期。

模式上，事业单位由同级政府核定其性质、业务、级别、内部机构、领导岗位职数和工作人员数，依照层级制度来管理，缺乏法人身份应有的自主性和独立性。

给事业单位确定行政规格，并按行政级别进行管理，是计划经济体制遗留下的、与计划经济体制相适应的管理模式。由于缺乏管理的自主性，以及科学、适当的竞争激励机制，事业单位很少对社会上有关公共产品和服务的需求做出积极主动的反应。这种官僚结构和运作方法，使得事业单位耗费国家大量资源却提供着低效率的服务，严重制约了社会的发展。在建立社会主义市场经济体制的背景下，这种管理模式无疑抑制了事业单位的发展动力，降低了公共服务的绩效。

（二）组成复杂、功能定位不明

在计划经济时期，我国事业单位的范围与构成是十分明确的。在1965年的《国家编制委员会关于划分国家机关、事业、企业编制界限的意见》中表述为“凡是直接从事为工农业生产和人民生活等服务活动，产生的价值不能用货币表现，属于全民所有制单位的编制，列为国家事业单位编制”。在传统概念中，“事业”是特指“没有生产收入”“所需经费由国库支出”的社会工作，而“事业单位”则是指没有生产收入、经费由国家开支、不实行经济核算、提供非物质生产和劳务服务的公共组织，主要包括科学、教育、文化、卫生和体育等部门。改革开放以后，随着事业单位的企业化与社会化，前述的各项标志之间出现了脱节，从而导致事业单位的组成复杂、功能定位不明。

传统上的事业单位，其经费全部由政府拨给，其业务如果取得收入也由政府统一调配。改革后，经过一系列政府主导的创收性改革措施的推行，形成了事业单位的三种拨款方式：全额拨款，差额拨款，自收自支。相应地形成了三种不同的事业单位：（1）全额拨款的事业单位；（2）差额拨款的事业单位；（3）自收自支的事业单位。其中，自收自支的事业单位由于采取企业化的管理方式，事实上已经与企业没有区别。因此，国家全额拨款、不进行经济核算也已不再是事业单位所共有的一个特征。

改革的另一影响是模糊了事业单位的功能定位。一方面，20 世纪 90 年代之后增设的行业监管部门大多定位为“事业单位”，如：中国证券监督和管理委员会、中国银行业监督和管理委员会、中国保险业监督与管理委员会、国家电力监管委员会。这些组织之所以定位为事业单位的目的在于，突出其不同于一般行政机关的身份独立性、行为自主权。这些组织的职能在于管理、决策，而非常规意义上地提供服务，因此有别于通常意义上事业单位；另一方面，事业单位企业化与社会化改革，使得有的事业单位营利性倾向凸现而逐步向商业化主体演变。基于上述现实，有学者按照事业单位承担的社会职能的不同，将其分为：(1) 行政执法管理型的事业单位，如：中国证券监督管理委员会、中国保险监督管理委员会等，这类组织亦称准政府机构；(2) 社会公益基础类型的事业单位，即从事社会基础性公共服务的机构，如基础教育、基础医疗服务等；(3) 生产服务型的事业单位。①

可以说，20 世纪 80 年代之后，事业单位和企业、机关之间的界限逐渐模糊，以至事业单位这一概念失去了统一的共性。因此，有学者感慨：“在 21 世纪的中国，试图用一个定义去概括事业单位的一般属性，多半会犯简单化的错误。因为事业单位的多样化和复杂性，已经远远超出了任何言词定义所能够概括的极限。”②

（三）营利取向严重、公共性保障机制欠缺

1978 年，中国共产党十一届三中全会以后，国内开始了经济体制的全面改革，事业单位制度随着改革大潮的涌动也发生了一些相应的制度调整，鼓励事业单位创收，减少财政拨款成了当时事业单位改革的一个主旋律。可以说，我国事业单位以往的改革是以“推向市场”为目标的改革，这一目标反映在过去一系列的政策与举措中，如 1992 年《中共中央、国务院关于加快发展第三产业的决定》(中发 [1992] 5 号文件)

---

① 刘建军：《单位中国》，天津人民出版社 2000 年版，第 366 页。

② 方流芳：《从法律视角看中国事业单位改革——事业单位“法人化”批判》，载《比较法研究》2007 年第 3 期。

明确提出对事业单位要实行企业化经营："现有的大部分福利型、公益型和事业型第三产业单位要逐步向经营型转变，实行企业化管理。"

在这一主导思想之下，20 世纪 80 年代，我国科技、卫生等行业展开的事业单位改革中，扩大自主权成为核心内容之一，其中包括收益权与分配权的下放以及财政预算的削减，赋予了事业单位更大的管理自主权。由于事业单位的事权在各级政府，在各种形式的"包干责任制"下，政府往往只按事先确定的数额给予定额拨款（以"人头费"为主），事业单位的节余或赤字自行解决。鼓励事业单位以各种名目的进行"创收"，允许事业单位扩大服务范围，而且把管理层和职工的收入与创收联系起来成为改革的主要内容，在这种政策的推动下，事业单位提供公共服务的职能意识逐步淡化。

虽然改革取得了很大成绩，但客观地讲，在服务提供方面引入了一些不合理的激励因素，加之法律规制的欠缺、市场调节机制的不完善等问题，造成了部门利益不均衡，权力寻租等现象，公权力和公益性的公共资源被商业化利用，有些行业的事业单位利用转型时期的垄断资源赚取超额利润，给社会公益事业带来许多负面影响。应当说事业单位运行和服务的目标是使社会效益最大化，而不是机构本身的效益最大化，因此，事业单位所追求的公共利益与机构自身利益特别是从业人员的个人利益通常是矛盾的。鼓励事业机构追求"经济绩效"并将其与个人收入挂钩，必然出现机构和个人利益侵害公众利益的结果。加之国家相关制度的不完善，从而造成了公共服务质量参差不齐，成本效益低下，基本服务资金供给不足，低收入弱势群体服务保障不够等不公平现象。总体而言，在我国事业单位自主化为主导的改革中，由于缺乏相应的法律调整，对服务提供的结果以及公众的满意度缺乏制度化的监督与评估，存在着放权过度和约束不足的问题，是造成目前公共服务领域鱼龙混杂局面的根本原因。

公共服务市场化、社会化过程中出现公共性保障机制缺位，服务质量下降，几乎是所有由计划经济体制向市场经济体制转轨国家的共性问题。主要原因在于，强烈的创收利益激励机制，与政府监督制约机制缺位之间存在巨大的反差。西方发达市场经济国家进行公共服务市场化、社会化改革的基础是已经有了一个成熟的市场经济体系、强大和健全的私人部门（包括私营企业和各类社会组织）、独立而完善的法律和司法制度、以中产阶级为支柱的公民社会、透明公开的社会监督机制。而转轨国家则是在继承了计划经济体制公共服务提供模式的前提下进行改革。在传统计划经济体制下，这些国家几乎没有所谓“公共服务部门”与“企业营利部门”的明确区分，它们基本都处于党政一体的官僚化组织体系之内（相当于我国的事业单位）。在学习 OECD 国家公共服务体制改革经验的过程中，转轨国家事先尚未建立起一套完整系统的法律框架，但由于预算经费的下降以及“自谋出路”的政策方针，导致各类提供公共服务的组织被迫（或被鼓励）去自筹资金，从而淡化了自己应承担的公共职能和社会使命，特别是在没有建立起一个有效监督机制的情况下，转轨国家往往会形成一个极端无序、为所欲为的“公共服务部门”，从而引起社会公众的强烈不满[①]。因此，基础性的法律制度、公共预算、问责机制、独立的司法体制以及相应的财务及审计控制都尚未健全，造成了公共服务改革过程中，监管体制的缺位，不仅无法保证公共服务的质量和效率，而且造成了公共资金使用的严重浪费[②]。

总之，改革开放以来，随着体制转轨、政府转型与事业单位改革，我国事业单位的职能定位、运行方式以及政事关系发生了巨大变化，政府通过“放权让利”等改革在一定程度上激发了事业单位的活力。但从总体上看，事业单位改革远远滞后于政府改革与企业改革，传统事业单位管理体制的深层次问题尤其是政事不分问题并未解决，与此同时，由于受市场经济等因素影响而引发的“过度市场化”、企事不分、政府宏观调控乏力等问题也日益凸现。在我国进行市场经济体制改革和建设过程中，原来计划经济体制下国家垄断公共服务的局面已经被逐步打破，

---

① Miroslaw Beblavy, “Understanding the Waves of Agencification and the Governance Problems They Have Raised in Central and Eastern Europe Countries”, OECD Journal on Budgeting, 2002.

② Daniel Kaufmann, Aart Karry, and Pablo Zoido-Lobaton (1999 a), “Aggregating Governance Indicators”, World Bank Policy Research Paper No.2195 (Washington); (1999 b), “Governance Matters”, World Bank Policy Research Paper No.2196 (Washington).

社会服务事业的“社会化、市场化和产业化”步伐日益加快。但当越来越多的社会公共服务（产品）被推向市场的同时，政府职能却未能做出相应的转变，“错位”“缺位”和“越位”现象普遍存在，就公共服务领域而言，这种职能混乱主要表现在：首先，国有公共部门（包括政府机关）在某些公共服务领域利用其行政性垄断地位，阻碍了行业准入和市场竞争，造成了公共服务提供的高成本、低效率；其次，在政府应该承担主要职责的基本公共服务领域，各级政府的公共支出不断减少，无法保障弱势群体获得基础教育和基本医疗保障的权利；再次，在某些由于信息不对称容易导致市场严重失灵的公共服务领域（如医疗卫生部门），引入市场机制的同时，政府没有建立起符合市场经济要求的现代监管体制，以至于出现公共服务质量下降，价格严重扭曲的局面①。为了改善公共服务，我国事业单位改革中应当依照政事分离、事企分离的原则，重新界定政府的角色，从商业性活动中退出，允许、鼓励非国有部门提供更多的公共产品，改革公共财政以便更好地为公共服务付费，加强公共部门内部的问责机制，建立相应的绩效管理和监督体制。

三、分类归位

事业单位是我国长期计划经济的产物，目前处于数量众多，形态庞杂，职能混杂的局面。目前，我国有各类事业单位130多万个，就业人员2900多万人，70%以上的科研人员集中在各类事业单位，事业经费支出约占政府财政支出的30%以上，而且业务活动涉及社会生活的各个层面，因此，事业单位的改革直接关系到广大人民群众的切身利益和社会的长期稳定，是一项艰巨而复杂的系统工程。从改革的战略规划出发，事业单位的改革与发展必须依赖政府（中央政府和各级地方政府）的指导与推动，其中包括改革的远景目标设计、改革的次序安排，转轨过程中各类配套改革措施，以及基础性制度环境（如社会保障体制、立

① 世界银行：《中国：深化事业单位改革，改善公共服务提供》，中信出版社2005年版，第18—19页。

法保障、人事制度、中央和各级地方政府的财权事权划分，等等）的有力支持。从发展的角度讲，改革虽举步维艰，但已是迫在眉睫。

由于具体的国情不同，改革不大可能有一个普遍适用的统一模式，但出于公共服务保障这一共同目标，各国改革也确实存在一些能够改善服务提供的质量和效率的共同经验。在梳理上述困境与问题的基础上，借鉴国外公共服务的提供模式，我国事业单位改革应当包括三个方面的内容：一是公共职能的归位；二是公共服务提供方式的多样化；三是法人内部治理结构的调整。

（一）事业法人公共职能的归位

解决公共服务供需矛盾，是事业单位改革根本动因，因此，事业单位的进一步改革如何进行，具体措施依赖于政策判断，而政策判断又依赖于决策者对事业单位现状和改革方向的认识[①]。随着经济发展和社会的进步，社会对公共产品和服务的需求也会增加，只有把事业单位改革定位在有效地提供公共产品和服务上，着眼于提供高效优质的公共产品和服务，才能把握改革的正确方向。因此，我国事业单位改革应该定位在积极公平分配公共资源、改革事业单位内部管理、有效提供公共产品和服务上。这意味着事业单位的改革并不简单地等同于“市场化”“私有化”“股份化”，也不能定位在消极的削减人员和经费上，更不是甩“包袱”。确定事业单位的应然功能是改革的前提和基础，明确这一前提使得我国事业单位改革越来越回归它的本位：公共服务。

公共服务（public service）这一概念最初来源于经济学对公共物品特征的分析，即公共服务是公共物品的一部分，是以服务形式存在的公共物品。西方经济学将一切对人类有用的东西（包括有形的和无形的）分为私人物品与公共物品。

萨缪尔森从物品的个人消费量与总消费量的关系对两者进行了界定，认为：对于私人物品来说，其总消费量等于所有个人消费量的总和；

① 方流芳：《从法律视角看中国事业单位改革——事业单位“法人化”批判》，载《比较法研究》2007年第3期。

而对公共物品来说，个人消费量则等于集体消费量。两者的区别在于是否具备“效用的可分性”和“消费的排他性”。正是基于公共物品的功能，以及“个人消费量等于集体消费量”的特性，公共物品具有“效用的不可分性”与“消费的非排他性”，并由此形成公共物品的本质特征——非竞争性。这种非竞争性特征表现为：一旦一种公共物品存在，增加一个消费者的边际成本等于零，即新消费的增加并不伴随着供给成本的追加。

这种非竞争性与非排他性使其不符合市场的赢利目的，并决定了它的供给不能来源于市场。从上述特征我们可以得出一个结论：公共物品就是市场与营利组织无法有效率地供给或根本不能提供的物品，诸如：基础科学研究、公共卫生、司法、国防等。布坎南在萨缪尔森上述定义的基础上进一步扩大了公共物品的外延，指出：除“纯公共物品”之外，公共物品“也可以包括‘公共性’程度从 0 到 100% 的其他一些商品或服务”。[①] 在他的分类中，“纯公共物品”指增加新消费的边际成本为零的物品（亦即萨缪尔森所谓的公共物品）。如：基础科研、国防等。与此同时，他认为如果一种物品的消费者群体在一定限度之内，边际成本为零，而当其扩大到一定数量时边际成本开始上升，而且继续扩大到某一数量时边际成本变得非常大甚至无穷大，这类物品则为“准公共物品”，如：公路、公园、图书馆、学校、公共汽车。此类准公共物品介于私人物品和公共物品之间，具有双重属性，因此也被称为“混合物品”。[②] 法国公法学家狄骥认为公共服务是现代行政的核心，并在综合公共服务所有特征之后，如此定义：“任何因其与社会团结（公共利益）的实现与促进不可分割，而必须由政府来加以规范和控制的活动，就是一项公共服务，只要它具有除非通过政府干预，否则便不能得到保障的特征。”[③]

---

① ［美］詹姆斯·M. 布坎南：《民主财政论——财政制度和个人选择》，穆怀朋译，商务印书馆 1993 年版，第 20 页。

② 康晓光：《权力的转移》，浙江人民出版社 1999 年版，第 21—25 页。

③ ［法］莱昂·狄骥：《公法的变迁》，郑戈译，辽海出版社、春风文艺出版社 1999 年版，第 53 页。

可见，“公共服务是指提供给大众的具有以下特性的任何一种服务——在这些服务的提供过程存在着潜在的严重市场失灵，这说明了政府干预的合理性，政府干预的方式包括生产、资助和监管”[①]。因此，公共服务的提供需要借助政府的力量，同时，保障公共服务又是政府的职责，是政府合法性、正当性的基础。在现代社会中，政府基于效率和公平的原因来提供公共服务主要包括四种方式：生产（建立公共部门，直接为社会和公众个人提供服务）、资助（向特定群体进行财务补贴，支持其从私人部门那里购买相关服务）、收费（向特定消费群体收取服务费，以便收回维护和管理成本并维持发展）和监管（制定规则并建立独立的监管机构对相互竞争的服务提供者进行质量和价格等多方面的监管）。在这四种方式中，政府扮演的角色是不同的，也存在着公共服务提供方式选择的一般性原则。以适当的方式提供适当的服务应当是“行政任务取向的行政组织法”[②]的核心。

基于明确政府职责的需要，发达市场经济国家在判断政府在社会公共服务领域应该承担什么样的角色时，一般有三个指导性原则：一是市场优先原则。即只有当市场确实出现失灵的情况时（供给不足或无法供给），政府才应当成为公共服务领域的产品与服务的安排者，而且一旦社会发展和技术进步使得某类产品和服务可以由市场来提供时，政府应适时退出。二是资源使用效率原则。即政府应采取建立多样化的制度安排，以确保投入公共服务领域的资源能够得到最高效率的使用，其中的关键是建立消费者、生产者和安排者之间动态的激励相融机制（incentive compatible mechanism）实现效率和效益（efficiency and effectiveness）的统一。三是基本的社会公平原则。即政府应在其所掌握的有限资源（以及融资手段）中保障所有公民（主要针对弱势群体）都能享有最基本的福利待遇（如基础教育、公共卫生和基本医疗保障）。上述三个原则虽然非常明确，但仅仅只是一个基本的判断标准，仍需根

---

① Paul A. Grout, Margaret Stevens: The Assessment: Financing and Managing Public Services, *Oxford Review of Economic Policy,* Vol. 19, No. 2, Summer 2003.

② 陈爱娥：《行政任务取向的行政组织法》，载《月旦法学教室》第 5 期。

据不同国家、不同阶段的现实需要进行具体化。日本独立行政法人和我国台湾地区行政法人作为政府提供公共服务的组织手段，其职能范围就是秉承上述原则确定的。依据我国台湾地区《行政法人法》草案第 2 条第 1 项规定，“本法所称行政法人，指国家及地方自治团体以外，由中央目的事业主管机关，为执行特定公共任务，依法律设立具人事及财务自主性之公法人”。该法第 2 项规定，“前项特定公共任务，以具有专业需求或须强化成本效益及经营效能，不适合政府机关推动，亦不宜交由民间办理，且所涉公权力行使程度较低者为限”。

从政策制定和政策实施的角度来看，公共服务的范围取决于国家在特定经济社会发展条件下，对现阶段的公共事务，按照重要性的标准进行权衡取舍和优先排序。各类公共服务提供的水平和质量在很大程度上取决于国家所能动员的公共资源（如土地、矿产、能源等），其中主要是财政资金（中央和地方）的总量、分配比例和使用效率。在特定时期的资源约束条件下，高效率地为各类社会群体提供高质量的公共服务，是公共服务体系建立的目标。虽然，公共服务的范围以及提供方式的确定需要根据一国的具体情况具体判断，但如何将其制度化，以及制度化的方式是具有共性的借鉴意义的。以公共服务理念发源地的法国为例，1958 年宪法通过前，法国国家公共服务的创设权属于立法机构，政府只可以在法律所确立的原则基础上制定有关实施细则。1958 年宪法进一步明确了国会与政府之间的权限，并对国家公务的创设权在法律和政府法规之间作了划分。依据 1958 年宪法第 34 条的有关精神，新类型公共机构的创设和有关国有化的措施由法律规定；凡对公共自由有影响的公共服务的设立均由法律规定；限制性和独占性的公务只能由法律创设；有关国防的一般组织、教育、劳动权、结社权和社会保障等的基本原则由法律规定。此外，其他公共服务创设权则属于政府。行使公共服务的创设权时，由宪法委员会和行政法官对公共服务设立的合法性进行监督。这种制度化的设计与规制是政府职能法治化的体现，也使公共服务的提供具有了民主正当性。

在现代社会中，政府是公共服务的提供者或安排者，政府的任务是利用财政资金和公共资源让社会公民和特定群体能够获得某种公共服务，同时保证服务的质量和水平，但这不意味着政府必须作为生产者直接提供公共服务。服务提供者采用哪种组织形式（公立还是民办，营利还是非营利，自治实体还是政府部门或者代理机构）取决于很多因素，其中包括服务的性质、产出和效果的可度量性、市场的竞争程度以及对服务提供者的控制程度。一般来说，对具有很强公益性，有关产品和服务涉及国家长期利益或大多数公众基本利益的社会事业，通常应当采取政府直接组织方式。对于这类公共事业，其机构的设立以及业务活动内容应由政府确定，人员为政府雇员甚至公务员，以财政保证经费投入，该机构行为也要接受政府更为严格的法律规制，等等。如德国的公营造物法人、公法财团，日本的独立行政法人，以及我国台湾的行政法人。对公益程度相对较弱或因其自身特点不宜由政府直接组织的社会事业，通常将这些社会事业交给独立于政府的非营利机构（私法组织形式）承担，政府通过直接或间接资助方式以及相关规制手段鼓励、引导其发展。此外，还有些公共服务可以采用完全市场化，而由政府出资购买的方式来提供。

改革开放以来，随着体制转轨、政府转型与事业单位改革，我国事业单位的职能定位、运行方式以及政事关系发生变化，政府通过“放权让利”等改革在一定程度上激发了事业单位活力、促使事业单位适应发展市场经济的需要。但从总体上看，事业单位改革远远滞后于政府改革与企业改革，传统事业单位管理体制的深层次问题尤其是政事不分问题并未得到解决，与此同时，由于受市场经济等因素影响而引发的“过度市场化”、企事不分、政府宏观调控乏力等问题却日益凸现。

应当说，政事分开依然是今后一个时期我国事业单位改革的主线，但政事分开绝不是政府公共服务职能的卸载，而是合理确定政府与事业单位的界限，以不同的组织形态、不同的行为方式承担、运作公共服务，从而更好地强化政府的公共服务职能、为社会提供公共服务。因此，在反思既往改革的经验与教训基础上，现阶段的我国事业单位改革应立足于完善公共服务体系，明确事业单位是政府承担公共服务职能的载体，将事业单位改革列入行政体制改革的总体方案中，通过改革进一步增强自身活力，提高公共服务的有效性，整体配套，分类推进事业单位改革。

（二）分类改革

明确事业单位作为公共服务的提供主体，回归其本来定位的基础上，我国事业单位改革的一大重要举措就是分类改革，即将目前纷繁复杂、形式多样、功能不同的事业单位给予正确定位，回归其本源身份，然后对不同类型的事业单位分别采取回归政府、推向市场、保留和撤销等不同的改革方式，纳入各自的领域。

理顺政事关系的一个重要任务就是清理现有事业单位职能，区分不同职能的性质，并依据职能对现有事业单位科学分类，通过分类改革逐步剥离非事业性单位、非事业性职能，进而纯化事业单位职能与机构，使事业单位真正成为公共服务组织。

根据目前编制办制定的《关于事业单位分类及相关改革的试点方案》（征求意见稿），按现有事业单位的社会功能，可将其划分为承担行政职能的、从事公益服务的和从事生产经营活动的三个大类。在分类的基础上决定去留，承担行政职能的回归行政序列，从事生产经营活动的转为企业。而剩下的事业单位则只有一种：即从事公益服务。《关于事业单位分类及相关改革的试点方案》（征求意见稿）还将从事公益服务的事业单位，则再划分为三个类别：不能或不宜由市场配置资源的，所需经费由同级财政予以保障，不得开展经营活动，不得收取服务费用；可部分实现由市场配置资源的，所需经费由财政按照不同方式给予不同程度的投入，鼓励社会力量投入；可实现由市场配置资源的，实行经费自理，财政通过政府购买服务方式给予相应的经费补助，具备条件的，应逐步转为企业，今后这类单位主要由社会力量举办。

作为试点的深圳事业单位改革，其主要改革措施就是，第一步根据事业单位的社会功能，将现有事业单位分为监督管理类、经营服务类和公共服务类，按照不同类别的特点，先分别采取回归政府、推向市场、保留和撤销等不同的改革方式，纳入各自的领域。第二步是在分类改革的基础上，进一步深化各自领域的改革：回归政府的事业单位，按行政序列和公务员管理办法严格管理；对转企业的事业单位，纳入全市国有资产管理体制，按照国有企业的监管要求，加强管理，深化改革，兼并重组；保留下来的事业单位，要进行管理体制和运行机制的改革，进行必要的整合。监督管理类事业单位原则上纳入行政管理序列。其中主要承担行政管理和执法职能的，剥离相关服务职能后转为行政或行政事务机构，部分承担相关行政管理和执法职能的，按照政事分开的原则收回有关行政职能。经营服务类事业单位又细分为经营开发类和中介服务类。经营开发类事业单位主要包括党政机关所属培训机构和接待基地、后勤服务、新闻传媒出版、影视文艺创作、开发性科研、勘察设计等单位。这类单位原则上全部转为企业，注销事业单位法人登记并依法进行企业注册登记。中介服务类事业单位原则上实行脱钩改制，不再列入事业单位序列。同时将公共服务类事业单位又划分为纯公益类和准公益类。

前者单位的机构设立、服务宗旨、公共目标、业务范围等事项由政府确定和监管，所需经费由同级财政予以保障；后者单位在向社会提供公共产品的同时，可依法收取一定费用补偿其支出，涉及范围主要包括非义务教育、非营利医疗卫生、经营性公用场馆等领域。同时，按照公共财政的要求，合理界定政府提供公共服务的范畴，改革政府财政的供给方案。对提供公共服务的事业单位，改变原按在编人员安排工资福利和公用经费的管理方式，实行由编制等部门界定单位承担符合公共财政承担的职能和事项，由财政“以事定费”。对政府应承担的公共产品和服务，财政根据一定标准核定支出总额，专项安排经费；对具备竞争市场的公共服务领域，通过政府采购或特定委托方式，逐步将政府直接“养机构、养人、办事”转变为向有资质的社会组织“购买服务”，以提高财政资金使用效益，提升公共服务质量，构建基础优先、服务公平、区域均衡、门类齐全的社会公共服务体系。改革方案中同时规定，根据公共财政管理要求，考虑市场发育程度等因素，按公共服务事项的性质确定如下经费供给方式。

1. 政府保障

从事关系公共安全、公共卫生、义务教育等纯公益性事业单位，所提供的公共产品具有消费的非竞争性和非排他性并需要政府直接组织提供。政府要在社会经济发展的同时，加大对纯公益类事业单位的投入。此类单位实行收支脱钩，财政部门核定经费保障标准，实行全额保障。

2. 政府资助

可实现市场配置资源的公益性事业单位，财政对其可量化的公共服务事项，实行按项目资助。业务主管部门对事业单位提出考核要求，财政根据项目内容及考核目标核定资助经费。非承担公共服务项目由单位通过市场获得收入，财政不予资助。

3. 购买服务

公共服务逐步市场化是转变政府职能以及转变公共服务供给方式的有效途径。在市场发育程度较高的公共服务领域，政府可通过招标采购或特定委托等方式“购买服务”，即将原来由政府直接举办的、为社会发展和人民日常生活提供服务的一些事项交给有资质的社会组织来完成，根据社会组织提供服务的数量和质量，按照一定的标准进行评估后支付费用，或政府将某一时期需要为社会提供一定的公共产品或服务，以一定的成本（价格）向社会组织购买，实行“政府承担、合同管理、评估兑现”的契约方式。政府不直接介入其正常的经营活动，也不承担其经营活动所需的经常性（成本）支出。运作方式主要是：由服务需求主管部门将政府所需购买的公共服务事项及具体要求向全社会公布，以招标的方式确定服务供应方。部分特殊事项在一定时期内可以实行定向购买服务。

服务供应方确定后，由服务需求主管部门与服务供应方签订正式合约。根据进度由各服务需求主管部门会同财政部门，根据合约要求，按照评估标准对购买的服务事项实施情况进行评估付费。为了增强评估结果的科学性、客观性，也可邀请社会公众和中介机构参与评估。业务主管部门会同财政部门，对事业单位要完成事项的工作目标、内容、成本构成、依据进行细化，由此确定可量化的公共服务事项和考核指标，并据此确定年度经费。年度经费包括与开展公共服务相关的劳务支出、正常运转固定支出以及其他关联专项支出。财政、审计和业务主管部门各司其职，根据需要开展事业单位各项经费收支情况的监督检查和绩效评价。监督检查和绩效评价结果作为以后年度核定经费的依据①。

---

① 《深圳市市属事业单位财政经费供给方式改革方案》，2007 年 8 月 13 日。

上述改革措施的目的在于通过分类改革，理清事业法人的职能范围，并在此基础上改革公共服务的供给方式，建立多元、高效的服务体系。

（三）借鉴公法人制度完善事业法人治理模式

明确了职能定位、界分了组织性质，如何确保事业法人有效提供公共服务，成为我国事业单位改革的又一核心。从公共服务的有效提供角度而言，我国事业单位的问题主要在于法人化不足以及公共性保障制度缺位。因此，借鉴公法人制度，促使事业单位向事业法人的实质转变，以改善公共服务质量为出发点，将法人治理与公共性保障机制相结合是改革的又一举措。首先在法律制度上应当明确事业法人的公法人身份，目的在于实现政事分离和事企分离，即一方面，以法人的身份独立，以及不同于科层机构的法律地位，实现政事分离；另一方面，明确其公法属性，通过特别的组织规制、目标管理、绩效评估制度，保障其公共职能的履行。

我国传统的事业单位体制是计划经济与高度集权行政管理体制下国家包办事业、垄断事业资源的产物。各类事业组织均由政府部门设立，政府机关通过各种权力（国家所有权、公共行政权及经营管理权），运用多种方式（计划、命令、财务控制、人事任免等）直接领导、管理、控制事业单位，使事业单位丧失必要的自主性，依附于行政部门，即所谓的政事不分，表现为政事职责不分、政事权力不分、政事组织不分、政事管理与运行方式不分。可以说，政事关系是传统事业单位体制的核心关系，行政事业一体化（政事不分）是传统事业单位体制的基本特征。在改革中，如何理顺政事关系、将事业单位从行政事业一体化中分离开来，使事业单位成为独立的社会实体，依据社会需求与自身特点，相对独立地面向社会开展服务，成为事业体制改革的首要问题与核心要求，这一问题同时关系到事业单位存在的目的、性质、管理方式等相关问题的解决。

在德国、法国等大陆法系国家，随着工业化和城市化的发展，国家承担了大量的服务行政任务，涉及教育、文化、科技、保育和公共事业等众多领域，为了适应这些新的行政任务对专业性和灵活性的要求，这些国家在科层制的传统行政机关之外创设公法人，作为拥有法律人格的组织体独立地履行行政任务，以避免传统行政机关的官僚习气和僵化程序，增加管理机构的独立性和自主能力，这种组织方式被称为间接国家行政，是行政分权的一种形式。作为对公法人制度的发展，日本政府在行政改革中，将新公共管理的模式与传统公法人制度相结合，在对公共服务进行私有化改革的同时，针对部分既不适宜行政机关直接经营，又不能委托市场提供的公共服务，实行独立行政法人制度。该制度的基本目标是要将教育、科研、医疗卫生、文化以及经贸服务等领域的公务员机构和特殊法人、认可法人等准公务员机构，改革为独立行政法人，赋予机构更大的独立性，调整政府的管理方式，实现行政决策与各种社会事务组织实施过程的分离，借用私营部门的管理手段，全面提高效率。在法律地位上，独立行政法人仍为公法人。为保障独立行政法人公共职能的履行，国家对其业务活动目标、活动方式及绩效进行审核、管理和评价；给予独立行政法人更大的业务活动自主权，大大减少对具体业务活动的直接管理，确立中期发展目标和具体的实施计划，计划确定后，由独立行政法人自主实施，主管省厅原则上不再进行干预。在扩大自主权的同时，为确保独立行政法人的行为不偏离政府目标。日本政府全面强化了对独立行政法人的绩效评估。规定有关评价结果要向社会公开，并成为下一步对特定机构进行扶持或调整的依据。总之，将公共服务组织设立为独立于科层机构的公法人，目的在于在公共部门中实施专业化管理，强调身份独立与行为自主；确立明确的目标，设定绩效测量标准并且进行严格的绩效测量；在公共部门中引入竞争机制，降低管理成本，提高服务质量；强调对私营部门管理方法和风格的吸收和运用；强调对资源的有效利用和开发；强调政府运用公共权力制定和实施规则与标准，以约束（政府内或政府外）独立运营的公共服务提供者，以确保公共服务的提供效率和公平①。

在我国，解决事业单位政事分离、事企分离问题，在法律制度上应当借鉴国外有关独立公共机构的治理模式。如前述分析，我国法治发展

① George Yarrow:《公共服务供给的政府监管》，载《比较》第16期，中信出版社2005年版。

中承继了大陆法系的理论体系，因此，根据公私法分立的原则，明确事业法人的公法人地位，以回应我国现实中已逐步展开的事业单位改革显得十分重要。借鉴公法人制度，核心在于界定法人的独立性范围与公共性保障之间的关系。改变传统的“行政事业一体化”的组织体制，强化以绩效改革为核心，完善治理机制，保障公共服务的提供。当前我国事业单位改革的一项紧迫任务，就是通过政府与事业单位之间相互关系的明确界定，尽快建立起完善而有效的事业法人治理结构和自律机制，强化和规范政府对公共服务领域的监督和约束。

作为试点，我国深圳在完成了界定事业单位的范围与功能的分类改革基础上，改革的又一措施就是引入法人治理结构①。深圳市政府此次推出的改革实施意见有5项，包括“建立和完善事业单位法人治理结构”“推行法定机构管理运行模式试点”“事业单位从行政级别管理转为职位职级管理和绩效管理”“事业单位财政经费供给模式改革”等。深圳将通过改革，在事业单位中建立理事会、管理层和职工大会，形成权力决策机构、管理执行机构、监督约束机构的“三权分立”。由政府部门代表、社会人士、行政执行人等组成的理事会行使事业单位重大决策权；由行政执行人、财务负责人等组成的管理层，作为法定代表人负责日常工作；职工大会决定事业单位的重大事项，全体职工2/3以上通过后方可提交理事会审议。深圳的事业单位改革方案中明确规定，取消现有事业单位的行政级别，新设事业单位不再确定主要负责人的行政级别，全面推行职位职级管理制度，以及与之相配套的人员聘用聘任制度、工资分配制度和社会保障制度；对法人治理结构的事业单位试点给予用人自主权，实行多样的资金筹措模式；对事业单位实行“以结果为导向”的目标绩效管理。改革的配套措施包括：（1）新老人员区别对待；事业单位由编制部门重新核定其职能、编制和经费供给方式。原在编人员身份、社保政策不变，离退休仍按现有政策执行；新招录人员除管理和技术骨干实行编制管理外，其余采用雇员制或临时聘用制。（2）实行工资总额控制下的绩效工资制度；采用新的财政经费供给方式后，事业单位

① 《深圳推出新改革举措：拟取消事业单位行政级别》，载《人民日报》2007年9月10日。

实行工资总额控制下的职位绩效工资制度，即单位在财政、人事部门确定的工资总额内，制定工资分配与效益挂钩激励机制，按照增长与效益挂钩、按劳分配和管理、技术等生产要素参与分配的原则，合理确定各类职位、人员的工资水平，强化工资分配的激励机制。（3）资产管理与经费预算管理相结合；事业单位实行“以事定费”后，其资产的性质不变。事业单位的资产管理要与财政经费安排相结合，事业单位的资产购置、使用和处置，要严格执行《事业单位国有资产管理暂行办法》。防止“以事定费”后单位利用可调控资金空间随意处置国有资产。财政部门建立与主管部门、事业单位资产明细账平台，实行预算管理与资产管理、国库集中支付、政府采购相结合；事业单位要创新资产管理手段，建立资产信息化管理系统，实现事业资产管理整体业务数据处理过程的智能信息化，全面、及时、准确地掌握资产变动情况，实现全程数据监控[①]。分析上述具体举措，这种事业单位的法人化治理与日本、我国台湾地区的独立行政法人制度具有功能意义上的契合。因此，明确事业单位的公法人身份，完善其法人治理模式不仅是我国法人体系完善的要求，更是对现实与未来改革的呼应。

对于法人化改造后的组织理论界的命名颇多，诸如“公务法人”“公营事业法人”“法定机构”，等等，这些命名均是立足于公私法人分立的基础上，主张明确其不同于科层机构与市场主体的特殊身份。实质相同，名称倒在其次，因此，不妨按约定俗成，仍称“事业法人”。

总之，在分类改革的基础上，明确国家保障的公共服务的范围，在通过事业法人承担必要的公共服务的基础上，在公共服务领域引入民间资本，健全监管机制，实现多元化、分散化的公共服务提供模式是我国当前事业单位改革的主要内容。改革并不意味着彻底的“市场化”，特别是在我国当前市场发育不全、公共意识欠缺的形势下，保留事业法人的公法地位是公共服务保障的根本。这要求我国的法人制度体系与组织法必须据此做出相应的呼应，明确事业法人是我国间接行政的一种组织方式，合理界定其范围与职能，通过组织法的规制实现其治理结构的完善。

① 《深圳市市属事业单位财政经费供给方式改革方案》，2007 年 8 月 13 日。

第二章

大学法人制度的源起与变迁

迈克尔·夏托克（Michael Shattock ）在《成功大学的管理之道》一书中指出，“成功的大学总是尽量保持治理权的平衡”。[①] 大学是现代社会的重要组织，是知识传播、知识生产和知识应用的重要机构，承担着人才培养、科学研究以及服务社会等职能。随着大学的不断发展与变革，以及知识、经济、全球化进程等因素对大学的影响不断增强，现代大学制度的建立与完善，已成为人们普遍关心的一个问题。事实上改革开放以来，我国一直在试图改革公立大学[②] 与政府的关系，将大学定位为事业单位法人，扩大大学的办学自主权，实行校长负责制等，但本质上大学与政府的关系仍然是一种行政型管理，相应的大学内部管理制度也没有实质性变革。2010 年公布的《国家中长期教育改革和发展规划纲要（2010—2020 年）》明确提出“适应中国国情和时代要求，建设依法办学、自主管理、民主监督、社会参与的现代学校制度，构建政府、学校、社会之间新型关系。适应国家行政管理体制改革要求，明确政府管理权限和职责，明确各级各类学校办学权利和责任。探索适应不同类型教育和人才成长的学校管理体制与办学模式，避免千校一面。完善学

① ［英］迈克尔·夏托克：《成功大学的管理之道》，范怡红主译，北京大学出版社 2006 年版，第 120 页。

② 以下如无特殊说明，“大学”都意指“公立大学”。

校目标管理和绩效管理机制。健全校务公开制度，接受师生员工和社会的监督。随着国家事业单位分类改革推进，探索建立符合学校特点的管理制度和配套政策，克服行政化倾向，取消实际存在的行政级别和行政化管理模式。”①《国家中长期教育改革和发展规划纲要（2010—2020年）》的通过，标志着中国高等教育改革开始探求“去行政化”之路。而去行政化的关键还是要转变政府的管理模式，对大学实行法人化治理。因此研究法人化治理模式，对于公立大学的外部关系和内部治理，具有重大的理论意义和现实意义。

第一节　大学法人地位的源起与治理特点

大学的法人化治理模式改革是不可阻挡的趋势。法人制度不仅能从法律制度上保障大学理念；更重要的是，大学产生初期的治理制度也是法人化治理模式的外化表现。

一、学术自治和学术自由是大学法人身份的理念源头

读一部大学的历史其实就是在看大学治理模式变革的历史。在这一过程中，始终支撑着大学发展的根本在于大学自治和学术自由。大学汇集了以追求真理为使命的学者团体，是一种独特的组织共同体。对知识和真理的追求，集中体现在保护学者团体的大学自治和学术自由的基础之上。缺乏大学自治和学术自由的信仰，大学就没有存在的土壤和发展的空间了。《世界高等教育宣言》明确指出：大学自治和学术自由是21世纪大学发展的永恒原则。

① 《国家中长期教育改革和发展规划纲要（2010—2020年）》，见 http：//edu.163.cou/10/0730/11/6C R9LN4 V 00293N7N.html。

（一）学术自由是大学的生命力

追求真理、探求学问是大学精神的核心所在。真理是自由的，研究真理也必须是自由的。学术自由不仅包括大学学者们自由从事学术研究，自由决定教育教学的内容，还包含学生自由学习方式和氛围。找回大学真正的“自我”，让大学主动、自觉地走向社会中心就要让学者充分享有学术自主权，并营造浓厚的学术氛围的大学。正因为如此，德国柏林洪堡大学在创建初期就提出了“学术自由”“大学自治”“教授治校”的思想，并被誉为“现代大学之母”。

大学之所以能成为不同思想、观念和信仰得以共存、对话、论争的平台，成为知识进步和思想创新的前沿，正是有了学术自由。在此基础上才能将青年人培育成具有宽容、理性、尊重真相的优秀人才。因此，有学术自由的大学才是真正意义上的大学；相反，无学术自由，不能称其为大学。

（二）学术自治是学术自由的必要前提

大学自治（University Autonomy）的思想源于西方中世纪大学，其本意指大学在外部不受政府或其他势力干预，实行独立办学；内部依法独立处理自身事务；目的是为了维护大学探究真理、传播知识，并以客观公正的态度批判和引导社会。

满足以下两个基本要求是实现大学自治的基本条件：一是关于大学外部关系中，大学治理的主体不是国家、社会或学校以外的其他组织，而应当是大学自身内部的力量，可以是校长、教师和学生；二是大学的内部自治，治理的内容主要包括学术上的自由和行政事务管理上的自主等大学内部的事项。大学自治作为大学的精神传统，不仅能为大学营造一个较为自由宽松的文化氛围，排除外部干扰；还能保障学者研究学术的自由，维护大学探求真理、传播知识的权威，引领社会文明的不断进化。

当今时代赋予我们的课题是如何解放大学的灵魂，解放大学灵魂的关键是大学拥有“自治权”。彰显大学自治精神需要科学处理大学和政府之间的关系：一方面，大学不能“行政化”管理；另一方面大学不能脱离政府和社会，要反映政府公共管理的要求和社会需求。要永葆大学的生命力，就必须贯彻大学自治这一原则。而要使得大学自由与大学自治这两个原则不被撼动则需要制度保障。大学制度先于各国宪法存在，宪法对于制定之前早已存在的制度，于宪法制定后仍加以保障，称为制度性保障，大学自治即属于制度性保障；但如果宪法制定之后，认为某些事务或权利，必须明文加以规定保障者，则被认为属于制度性权利，大学自由与学术自治的思想产生于宪政制度之前，尤其是法律制度的确立。因此，这就需要我们将大学自由与学术自治纳入法律的保护范围，使之成为一种制度性权利，可以使之抗衡国家权力。而大学法人化，简单说就是将公立大学独立出去，赋予其与政府法人有异的法律人格。法人化后的大学，因在法律上独立人格，不再僵硬听从于行政命令，在人事与财务制度上可以获得一定程度的松绑，更可对抗来自国家机关的不必要的政治干预，这对提升效率与更有效配置资源之目标的达成，绝对是有帮助的。赋予大学以法人身份，使其成为一种拟制的法律主体，是与大学自治的精神相符合的。

二、大学法人主体身份在内外部权力关系制衡中确立

在大学产生之初，大学自治的这一理念就排斥外部主体干预，致力于使大学本身就是一个可以与外部力量对话的主体；同时内部施行自我治理。因此，大学的法人身份，不是现今改革强加于大学的，而是大学理念或大学精神的外化。

（一）大学在与外部力量斗争中确立法人身份

大学自治是大学自身逻辑与外部环境相互作用的产物。在这一过程中，大学的法人身份随着大学对自治的追求及法制的发展日趋浮现。

1. 中世纪的大学在与教会斗争中争取独立地位

近代严格意义上的大学制度起始于中世纪大学的“行会”制度。“行会”的建立意在保护大学自身利益尤其是学者的利益，并排斥外来干扰。因此最初建立大学的目标不过是实现区域垄断，更实际的目的是出于维护学者小团体的利益。已达到取得包括独立司法管辖在内的特权，此时

大学内部成为独立于社会的法外领域。直到1231年，巴黎大学从罗马教皇格雷戈里九世那里得到司法自治权。至此，学校内部的特别法庭，使得校长和教授享有对本校成员诉讼案件的裁决权。

在统一法制缺失的前提下，早期的大学对自治的追求是为了形成的大学与外在力量之间的平衡。同时，由于稳定法律秩序的缺失，导致这种平衡很脆弱。大学采取的自保方式是与世隔绝，在自保的同时也束缚了自身的发展。但可以明确的是，大学自始就排斥外界的干预，并将自身看作是一个独立的自治团体。为维护本团体利益与外界抗争，争取团体权利。而大学法人地位的确立就是从法律上承认大学是独立的自治团体。而在当时统一法制缺失的情况下，大学的法人身份不是显性的，而是隐含在大学本质之中的。

2. 现代意义上的大学在与国家权力抗衡中寻求法人地位

民族国家形成以后，自然要求建设统一的法制，大学不可能再游离于国家法制之外，重建大学自治与国家法之间的关系是必然的。问题的关键在于，既要拆除“象牙塔”之墙将大学运行秩序纳入国家统一的宪政秩序之中，又要避免国家过分干预大学事务而丧失自治权，这依然是大学与政府平衡的话题。在德国法上，有以 Paul Laband 与 Heinrich Rosin 为代表所提出的法律意义上的团体自治理论 。Laband 认为，自治是一个介于国家与个人之间的公法主体，被利用来履行国家任务。Rosin 认为自治纯粹是一种组织的表现而已，是藉由一个组织的法人格地位的创设，去达成公共活动 。Hans J. Wolff 和 Otto Bachof 著名的行政法教科书将法律上的自治界定为，国家之下的主体或其他公行政主体，以自己的名义，独立且不受专业指令监督地履行从国家本身分配或移转出去的公共事务 。因此，是否具有法人地位是是否能够实现自治的基础与标志。这种自治的理念对应到德国法上，则是肯定了大学具有二元法律地位。1976年德国颁布的《大学基准法》第58条规定：“高等学校是公法团体，同时又是国家机构。”[①] 这种组织上的二元法律地位，使

① 1998年8月修正了《大学基准法》第58条第1项的规定，增加第二句，允许大学以“其它法律形式”设立。

得大学在自治与国家管控之间寻求到了平衡点。并将大学理念中的自治发展成为法律意义上法人身份的确立。

总之，西方大学自治的上述两个阶段发展过程实际上是一个大学自治法制化的过程，将大学自治纳入宪政秩序，赋予其法律地位，实现大学自治和国家的平衡。与西方大学的发展进程不同的是，我国的大学自治程度较低，需要政府的逐步松绑，降低政府利用行政手段对大学事务管理的密度。但从根本上看，东西方大学发展的目标是一致的，那就是通过国家法律确立大学的法人地位，以立法的方式明确政府对大学的适度控制，既要为大学自治留有弹性空间，又要避免大学滥用法律赋予的自治权，从而达到大学运行模式的法治化。

（二）大学在协调内部权力制衡中明确法人身份

大学法人地位的确立不仅使得大学在自治与国家管控之间寻求到了平衡点，而且大学初期的内部治理制度更彰显了确立大学的法人身份的重要性。其中较为具有代表性的是大陆法系的教授治校与英美法系的董事会制度。

1. 德国教授治校制度体现法人制度的独立性特质

在西方作为一种大学管理模式，教授治校萌芽于中世纪的巴黎大学，牛津大学、剑桥大学等稍后成立的大学，都遵循了教授治校的模式。到19世纪，德国柏林洪堡大学将这种管理模式的优越性发挥到了极致，这种模式成为很多国家效仿的榜样。

洪堡坚持大学必须有高度的自治权，国家的任何介入都是一种错误。由政府官员来指挥大学内部管理者，将导致大学沦为政治的工具。因此柏林大学建立了由全体正教授组成的教授会，由教授会决定大学各项事务。教授会被赋予相当大的权力，如遴选校长，聘任教授等。

柏林大学在治理中将学术事务和行政事务分工。强调行政事务的服务性，主要任务是为学术事务的开展提供服务。而在学术事务中，教授具有决定性的权力：第一，大学组织基层（讲座和研究所）的持有者和负责人是教授，在其负责的领域内，研究、教学和经费都由他负责。第二，学部这一层级中，由教授组成学部的部务委员会（决策机构）。对教授来说部务委员会“既是一个议会又是一个俱乐部”[①]，由教授担任学部主任，教授们在这里可以决定研究所的设置、课程和考试的安排以及从事科研的方向。第三，在校级，都是由教授组成学术评议会以及大学校长（决策机构）。从以上资料来看，无论在哪个层级里，柏林大学中的教授都享有决定权，这些都体现了教授治校的管理模式。

以德国为代表大陆模式的教授治校，其特点是教授行会和国家官僚相结合。在大陆模式中，在大学中占统治地位教授行会，由学者组成的行会处理大学事务。此时，董事制度是不存在的。但较高层次的官僚权力通常存在于中央政府。

从中世纪开始到现在，西方大学的教授治校已经有近千年的历史。教授治校能够存在到现在，是有其存在的合理性的。大学发展的历史表明，作为学者团体的教师群体在大学内部管理活动拥有的权力大小直接影响着大学内部学术自由的实现程度。一定程度上说，教授治校制度是大学内部学术自治的制度保障。虽然洪堡大学由政府设立，但由于大学精神的传承及洪堡等人的坚持，洪堡大学内部自治度很高。其教授治校的理念反映到法律上就是法人治理。法人最大特征在于组织自治，大学法人地位确立后，对于绝大部分内部组织享有绝大自主决定权，这其中包括学术与行政两方面。自治团体在自治领域内应享有充分自主空间，立法者制订赋予大学自治的法律法规，仅对于自治大学的任务作轮廓性规定或，至于内部设何种单位，如何自治、运作则是自治大学的自主权，属于法律保留内容上的界限，换言之，立法者不得越矩。由此推断，大学产生之初的内部治理制度——教授治校体现法人治理的思想内涵。大学的法人身份是内生于大学本质之中的。

2. 美国董事会制度体现法人制度的民主自治特征

在美国，根据特许状或有关法律规定成立的大学董事会（Board of Trustees）是学校的最高决策与审议机构。董事会主要由校外人士组成。董事会的发源地在美国，董事会制度发展最完善的地方也是美国。美国有“参与者之邦”（A Nation of Joiners）的美誉，其大学董事会制度是

① 丁亚金:《洪堡高教思想对我国创建一流大学的启示》，载《煤炭高等教育》2003年第4期。

在民主参与其的价值理念中产生与发展的。民主参与的价值理念不仅可以诠释其董事会成员来源的广泛性，而且使得美国大学一直以来就与社会各界保持着紧密的联系。美国的大学董事会与德国教授治校相比，有其独特的管理体制。

（1）大学董事会的决策主体：校外人员与校内学者相结合。校外人员与校内管理结合，是指校内人士与校外人员共同参与学校事务管理，其中以社会知名人士为主。担任大学董事，不仅要热心教育事业，为大学的发展做贡献，更重要的是要为学校创造财富。美国大学中，董事所奉行的基本法则是：GIVE MONEY,GET MONEY OR GET OFF（捐钱，找钱，否则走人）。在 1915 年，美国大学成立了教授协会，教师对大学大多数主要学术事务的管理途径主要是通过参加董事会及其下设的各种委员会。这无疑弥补了校外人士在专业知识与经验方面管理学校的缺陷。到 20 世纪 60 年代后，大学董事会中学生代表也占有一席之地。美国大学在内部事务管理中，随着校内势力的日渐扩大，有从“校外”转向“校内”的发展趋势。

校外与校内人士相结合管理大学事务是大学发展规律的客观反映。原因在于此种方式既有效避免了外行领导内行，威胁大学学术自由与盲目的干预；又有利于民主决策，能够充分反映各方面的意见和要求，防止了大学因过分重视纯学术目标而忽略社会公共利益。

（2）大学董事会的运行机制：分工协调。美国大学董事会只是一个决策系统，具体执行工作由其下设各种常设委员会执掌。董事会在分配人选时，会考量各位董事的特长与兴趣，将其分配于各个委员会中各司其职。在董事会管理体系下，决策系统内部以及决策系统与执行系统之间既相互协调与有机结合，又分工明确、职责分明。

总结两种方式会发现：从教授治校到董事会制度的发展是法人内部治理制度完善的过程。教授治校的自治模式以教授治校为核心，平衡了行政权力与学术权力之间的力量，却将学生置于被动服从的管理对象，忽视相关利益主体的参与权利。相对而言，美国的董事会制度为了避免因过分追求自身利益而损害相关者利益，建立了公正的利益表达机制，平衡诸多主体之间的利益。美国大学的董事会制度更加彰显了大学的法人治理理念。利益相关人对组织的参与是法人治理结构重要内容。大学是一个多成员组成的学术组织，利益相关人的参与对平衡和保障学校各方利益具有重要意义。公司法人治理结构研究中提出的一个重要理论是利益相关人理论。该理论的主要观点是,公司治理不仅涉及股东的利益，还包括相关人的利益。公司在运行过程中,除了股东的资金或物质投入，还需要相关利益人如广大职工、债权人、供应商等的投入和支持，否则公司难以有效地运行。同样公办大学不仅要把政府（经费的主要投入者）或其教育利益作为办学的目标，还要顾忌与办学有关人的利益。大学的决策不再仅仅由党委和政府做出，而应由多方利益相关人合力共同形成大学决策。由于大学的社会公益性，享有不同的权力和利益的大学利益相关人,其利益指向是一致的。公立大学的利益相关人除政府以外，还包括学校行政人员、教师、学生、社区、用人单位、校友、捐资者以及其他投资人等。大学的有效办学离不开这些利益相关人的支持和参与。所以，大学法人治理结构是一种共同治理结构，大学利益相关人参与到公立大学的决策与管理中来，既是大学办学的需要，也是维护学校利益相关人的合法利益的需要。

在中国式改革中，有些改革似乎陷入一个怪圈，国外再好的制度移植到中国来似乎都变了味。就现在我国公立大学改革而言，研究国外大学制度固然重要，但更重要的是探求这些制度所植根的“土壤”。当下大学向着法人化治理模式的改革在世界各国大学都有所体现，这就是因为法人化治理模式是暗含于大学理念之中的。从产生初期的大学到现代意义上的洪堡大学一直在追求独立，实际上就是期望获得法律上的独立身份，获得宪法法律保护与世俗权力抗衡。欧洲大陆的教授治校与美洲大陆的董事会制度，将这些制度以法律的角度分析，其都是法人内部治理理念的外化。大学向着法人化治理模式转变，不是一部分改革者强加的，而是顺应大学自身理念及大学内外部治理结构的。因此，当下我国的大学法人化改革，要在尊重大学精神，顺应大学发展规律的基础上，探求改革之路，切不可盲目照搬。

三、各国公立大学法人治理的特点

（一）英国公立大学法人治理模式改革

1. 英国公立大学外部关系的特征是平等与合作

随着社会的变化和政府职能的转变，政府与大学关系更为平等、合作。20 世纪 70 年代后，大学在知识和技术方面所拥有的权威性，使得它越来越多地参与政府政策的制订。而政府也需要利用大学的资源来维持社会的稳定和促进发展。因此政府对大学的控制方式已不再是直接控制，而是采取立法、经费资助和设立中介组织等间接方式对大学管理。

以立法方式确定大学的独立思维，制定法律以明确政府与大学的权利和义务。减少两者之间的关系受到偶然或主观等非制度性因素的干扰。在政府放权的同时，引导大学同工商界建立更密切的联系。英国的高等院校在 1988 年以后，根据 1988 年《中华人民共和国教育法》，科技术学院、教育学院、地方学院等高等教育机构开始脱离了地方教育当局，获得了法律上的独立地位，成为完全自治性和独立性的部门。

经费资助，是建立在大学自愿基础上与政府在教学、科研、服务等领域达成的一种合作关系，大学则完全可以依照自身的原则和实际情况对资助进行取舍。具体是由中央政府给予年度高等教育拨款总额，但政府只提供指导。如何分配则完全由基金组织负责。而基金组织不受中央政府控制。再从高等院校的其他经费收入来看，政府只设定标准但对其收入的使用情况不负责管理。

中介组织也是政府对大学间接管理的一种方式，起到“缓冲器”的作用。一方面它使大学获得政府的财政资助，另一方面又使得大学免受政府的直接干预，这种方式典型的例子在英国。1988 年由“大学拨款委员会”改组成“大学基金委员会”（University Funding Council），具有法人地位，目的在于明确大学职责，增强合理使用经费的责任与提高实效。其成员包括社会各界有能力、有影响的人士，并增加委员会中商业、金融、经济界代表以加强大学资金分配方面合理性。政府的职责在于提供规划方针；大学基金委员会依据合同方式对负责分配大学资金。为了使这些资金的使用符合基金会的要求，分配给大学的经费要有“财政备忘录”，这种方式实际上是把大学的教学和科研卖给了作为买方的政府，改变了拨款机制，具有合同制的特点。

以上的方式表明：政府已经由直接单一控制转为间接多样控制，大学与政府在平等的基础上，权能关系向着更为合作的方向发展。

2. 英国公立大学内部关系的特征是制约平衡

为了适应大众化的高等教育模式，1992 年 3 月 6 日，英国议会通过了《1992 年继续教育和高等教育法》。在大众化高等教育体系下，法律要求 1992 年后建立的大学设立董事会（Board of Governance）和学术委员会（Academic Board），这实际就是法人治理的内核。

英国大学组织模式是校属学院制模式，采取两级管理、系—院—校三层组织结构。首先，校级领导层主要包括：董事会、学术委员会、校务委员会。校董会（Council）是大学的最高决策机构。为了充分保证该委员会的广泛代表性、参与性，校董会的组成人员一般包括：学校代表（包括教授、其他教职员工和学生代表）、产业界人士与社会知名人士。主要职责有：制定大学章程，批准年度收支报告，保障学校资源的有效使用，任免大学行政负责人，决定行政负责人的工资报酬。其次，大学的最高管理机构为校务委员会。一般由校内各所属部门（包括院系所）的人士经选举产生，主要由职能部门管理人员、院系推荐的教授和学生代表二类人员构成。校务委员会讨论决定重大教学和学术问题，如教学计划订立及变更的审核、教学质量标准的制订、学术发展方向的确立等。学术委员会负责学术事务，包括学术标准、研究、教学、课程等，其成员一般不少于 30 人，其中行政负责人如副校长、学院院长等至少占一半以上。英国大学的校长是荣誉性职位，副校长才是实际负责人。这种权力现象是英国大学管理体制独有的。英国大学副校长拥有一定的人事任免权力、学术权力和财务权力。

英国政府对大学很少干预，大学中的行政权力主要职责是行政管理和教学工作，学术权力主要决策和审议有关学术方面的重大问题。大学中享有的学术权力主体包括教授行会、教职工代表大会、学院及系委员会等。教授拥有很大的独立性，在学校管理中得到了充分的重视，握有实权。大学副校长一般由教授会和校务委员会共同推荐，包括其他一些行政人员也都由教授参与其中，这充分体现出了英国大学教授治校的传统。同时，英国大学制定学术决策是从下向上流动的，建议先由基层的院系委员会提出，然后上交给校级学术委员会等部门批准。将学术决策的权力更多地分散到组织的底层的方式，保证了决策的科学性，有利于学术自由的贯彻。

（二）德国公立大学治理模式改革

1. 德国公立大学外部关系改革侧重于政府教育管理权的重新分配

（1）法律地位由二元结构到“其他法律形式”。在德国，公立大学的法律地位在《大学基准法》第58条第1项规定：“大学原则上为公法社团，且同时为国家机构，大学亦得以其他法律形式设立之。”作为国家机构的高等学校要服从国家的管理，而作为社团法人的高等学校又享有一定的自我管理的权利（主要在教学、研究学术活动领域）。“其他法律形式”的规定,意味着大学可以有多种组织方式,大学的自主权领域扩大了。

（2）政府系统中教育权力重新分配。1969年的德意志联邦共和国宪法的修正法，将关于制定高等教育一般原则的框架法的权利赋予了联邦政府。但1998修改的《高等教育总纲法》和2006年对《基本法》的修改中将更多的权力下放给了州。第一，在高等教育领域，联邦的立法不再具体规定大学的内部自治组织及其结构，各州获得了法律空间。[①]第二，高等教育建造和教育规划由原先的联邦与州的共同任务，变成现在各州自己的任务。2013年后，各州独立承担大学建设。第三，将联邦政府的教育规划权限制为参与教育评估，引进新的合作任务。第四，将人事权力的下放，即大学教师的公务员工资和待遇的决定权下放到各州，以便实施绩效改革。打破了以往的“大锅饭平均制”，为按劳取酬创造了条件。第五，1998年《高等教育总纲法》第四次修正案第5条指出：“国家高等学校财政以其研究、教学以及促进科学后备人才方面所取得的业绩为导向。”此后引入以大学绩效为基础的政府拨款模式，

① 周丽华：《德国高等教育管理体制改革的新思维》，载《华南师范大学学报》（社会科学版）2006年第4期，第105—110页。

拓宽筹措教育经费渠道；并扩大高等学校在经费使用上的自主权。但这并不意味着联邦政府并非完全撤出高教领域，还是保留了部分权力：大学入学和结业决定权，以确保文凭互认；继续对大学生学习资助的专项权，以保证教育机会均等；联邦还保留“促进科研”的专项权。这次改革发出了一个清晰的信号，那就是在尊重传统的前提下，改变中央政府对高等教育过多干预，导致大学在有限自主权内没有特色的现象，平衡高等教育领域集权与分权。

2. 德国公立大学内部关系改革侧重于学术权力与行政权力的重新分配

在传统的管理模式下，德国大学内部管理中越往上权力和责任越小，组织的调控能力很低，呈现出倒置式的管理特点。

（1）强化校级管理权力。具体措施包括：第一，为了贯彻改革的力度和校长本身的治校思想，根据《高等教育总纲法》相关规定延长校长的任期；第二，校长不再由教授垄断，更加重视校长人选的管理技巧；第三，建立校长负责制，校长现在不仅是行政人员的顶头上司，同时也是教授工作上的顶头上司；第四，将教授手中的权力上移至校级，即将决策权从评议会移转到由各副校长负责的校长委员会手中，提高管理的效率。

（2）强化系的管理职责。洪堡改革后，德国大学典型的组织结构形式是大学——学部——研究所 / 讲座。学术组织的重心放在系一级，而学部一级采用学院模式只具有某些行政权力，不参与学术权力的划分为了加强高教机构协调能力，学术组织结构发生了扁平化模式的改变，形成了两级结构“大学——学系 / 研究所”。系承接学校与教授，成为大学的基本单位。这一方式有利于发展交叉学科和边缘学科，也有利于跨学科的研究和学习。在此基础上延长系主任任期，强化了他们的职责和系的管理功能。有助于大学内部独立决策和自我调节。

（3）引入大学董事会。此次改革提出引入美国的董事会制度，但这种新董事会并不像它们在美国那样有影响力。虽然政府部门口头答应董事会设置是自由的，但仍希望在大学保留一定的权力，主要是顾问性质。

在政府层面，1998 年的《高等教育总纲法》和 2006 年对《基本法》

的修改，联邦政府开始还权于州。州政府也开始积极放权给大学。与政府的放权不同，大学内部管理则呈现出了集权化趋势。原先掌握在基层教授手中的行政管理权力逐步上移至校级，强化大学的整体管理能力；而学术权力集中于系。从政府与大学之间以及其内部各种权力关系的变化中，可以看出德国高等教育领域在集权和分权之间寻找平衡点。使得大学既能发挥自主性和积极性，又能提高资源利用率和高等教育竞争力。

（三）日本公立大学治理模式改革特点

1. 日本公立大学外部关系以保障大学独立法人地位为目标

（1）大学法律地位由“行政附属”到“独立法人”。正是日本的行政改革推动了日本的国立大学改革,《国立大学法人法》第1条规定:“国立大学法人是以设置国立大学为目的成立的法人。”第2条规定:“国立大学法人是国立大学的设置者。”第10条规定：“国立大学的法人代表是校长。”从以上法律条文中总结出：国立大学获得了法人资格，校长获得了实质管理权。即国立大学从政府机关中剥离出来，获得独立自主权。由于《国立大学法人法》是《独立行政法人通则法》的个别法，所以在法律地位上国立大学法人的法律地位亦是独立行政法人。

通过赋予国立大学法人资格实现国立大学法人化，实现了国立大学自主办学。在经费预算、人事管理等方面，政府对国立大学的管制将大幅度缩减，强化大学的自主权。

（2）政府角色转换。政府对国立大学采取有限的管理和监督，国立大学将拥有下列自主权：完全独立的人事权、行政管理、教育、科研等方面的自治权。

大学法人化后，政府相对于大学的角色发生改变，政府成为国立大学的设立者。政府由“运营者”变为“裁判者”。政府中职责在于审阅大学制定的中期目标和计划，一般情况下，会尊重各大学有关目标和计划的原案。大学对自己的理念、目标、规划可以自行制定，并根据这些规划自行运营。大学可自行决定预算、校内机构设置等方面的规制；自主决定是否同产业、学界、政府等方面开展事业活动。

法人化改革后，学校取得了独立的财政权。政府通过预算向各独立行政法人提供大学运营时所需的经费，具体用项由大学自行安排。学费收入、捐助款、委托研究经费直接计入各大学法人的收入。在使用途径上不加限制，并且可以将剩余资金结转到来年继续使用。唯一的要求是作为独立行政法人的大学必须呈报主管大臣其设定的中期目标以制定其中期计划，并对其公款使用有解释义务。为了保障资金使用的合理高效，大学还必须接受外部监察人的各项财务报表的会计监察，以及政府相关部委和评估委员会的评估。

（3）社会参与管理范围拓宽。社会力量主要通过三种途径影响大学治理：校外人士参与学校管理、外部评价制度以及财政来源渠道的多元化。

《国立大学法人法》第 10 条、第 20 条规定，各国立大学设立的董事会、经营协议会及校长选考委员会等组织，其构成中必须有校外人士参与。其中董事会成员里校外人士占总数的五分之一，经营协议会中校外人士占到总数的二分之一以上。这种规定，一方面在大学运作过程社会上吸纳各种经验和建议，加强了大学的管理效率；另一方面，反映纳税人的意愿，强化了大学的公共属性。所以，让校外人士参与大学管理，发挥了校外人员的社会监督作用，大学与社会的联系更加密切。

“第三者评价”就是在大学中引入一种既不直接隶属政府，也不完全由大学老师或者研究者等学术人员支配的第三者评价体制。《国立大学法人法》规定在引入“第三者”对于国立大学法人办学成绩的评价，实现对出资者国民的说明义务，还可以鼓励外部对大学管理的参与。更重要的作用在于评价结果要与大学的资源分配相结合。政府部门根据对大学的评价结果进行资金分配，这是与“21 世纪 COE”①密切相关的改

① “21 世纪 COE 计划”是日本文部科学省为了创建世界最高水平大学而实施的 COE 建设资助金制度。COE 是英文 Center Of Excellence 一词的缩写，意为“卓越研究基地”。日本为谋求大国地位、提升科研水平和解决新生人口负增长问题的需要提出该计划，详细规定了该计划的组织管理、申请、建设领域和审批等，并于 2002 年开始实施。这是日本教育界的重大举措，对提高大学科研水平和国家的科研实力、促进大学的目标定位、培养顶尖科研人才、增强产业竞争力等方面有积极的推动作用，对日本建设世界最高水平的大学和高等教育改革具有重要意义。

革。这种评价机制改变了政府对大学进行无差别拨款，引入竞争机制，有利于大学的运行和发展；第三者评价也能保证评价的公正性、客观性和专业性；还有利于实现大学评价主体的多元化。

2. 日本公立大学内部关系以保证自主经营权为目标

《国立大学法人法》的重要特征是权力制衡和多元利益主体良性互动，具体做法是通过引进企业市场化经营方式，改变组织结构和僵化的财政模式。

其一，董事会。《国立大学法人法》第 10 条规定：由一名校长、二名监事及数名理事组成董事会；监事由文部科学大臣任命，任期为 2 年，校外人士占总数的五分之一。第 12、13 条规定：由校长直接任命理事，根据学校自身情况确定理事人数（2—7 名），但报文部科学省审批。由此可以得出，董事会作为决策部门，组成人员不仅包括校长、教授和校外人士，还包括代表政府利益的监事。决策主体多元化，有利于决策的民主性和科学性。

董事会的主要职责有：中期目标和年度计划；必须得到文部科学大臣认可的事项；审批预算的编制、执行和决算；决定重要组织的设置及撤销；其他董事会所认定的重要事项。

其二，经营协议会，主要负责大学的经营管理事务。由校长担任议长并主持经营协议会。其他成员由校长提名，其中必须有二分之一以上人员是校外有识之士。

其三，教育研究评议会，负责审议大学教育研究方面事项。校长担任议长并主持教育研究评议会。由校长提名指定的理事，以及学部长、研究科长、附设研究所长等行政领导及其他教育研究组织负责人等校内教学人员组成评议会。

其四，校长遴选考评会议决定校长的选拔。其组成人员包括经营协议会校外委员中选出的代表和教育研究评议会的代表，以上两部分代表人数相同。

以上四个机构构成了新国立大学管理机构，完善了学校管理体制。董事会是从全局对学校运营进行把握；设立经营协议会和教育研究评议会，从实质上分离了行政与学术事务；由校长遴选考评会议保障校长选拔的合理性。

国立大学法人化是在2004年实施的，其基本目的是赋予国立大学以运营上的自由。在此之前，国立大学的教授会虽然也拥有一定的自主权，但是由于大学在财政上仍属于国家机关的一部分，因此在运营上并非完全自主。基于此，法人化的意图正是为了使国立大学获得充分的独立性。这里面包含着两个政治背景。首先，随着社会对于高等教育的需求越来越多样化、流动化，政府主导的一元化管理变得难度越来越大，法人化因此成了合理的选择。其次，由于财政制约不断加大，政府也面临着不得不削减支出的压力。特别是削减政府公职人员的数量等都是大学法人化的目的之一。在法人化的相关机制的作用下，即使实现了法人化，国立大学在财政上也并非完全独立，依然不得不依赖于政府的财政拨款，因此大学也必然会受到政府的制约。为了解决这一问题，政府采取了一种奖励机制。即政府要求国立大学制定中期目标和中期计划，并与大学约定在6年内达成，政府根据目标达成情况来决定下一次中期计划完成期间财政拨款的数量。该措施基本在制度上采用了独立行政法人的做法。然而在国立大学法人成立之后，却暴露出了一些明显的问题。

首先，以中期目标、中期计划为基础的政府与国立大学之间的契约关系以及与之相联系的政府评估这一方案本身并未能如预期的那样有效运作。其原因在于，大学在教育、研究层面的业绩会受到其所拥有的人力和物力资源的影响，资源丰富的大学和资源贫乏的大学之间在目标达成程度上自然会产生很大的差距。因此，政府进行评估时不是比较绝对水准，而是根据各大学自己制定的目标来判断目标的达成情况。然而，这样就会带来很大的随意性，促使大学故意将目标设定得较低，从而来提高目标完成度。其结果是，将评估结果反映在运营费交付金上，根据评估结果来决定财政拨款的削减额度，变得非常困难。由于评估在很多方面都存在局限性，所以依靠评估来决定补助金的数量并不现实。由此，评估结果被视为高校管理者的责任，应与大学经营成本这一部分挂钩，而非高校所获得的财政拨款整体。这样一来，实际评估的影响力就变得很小，财政拨款的增加金额和减少金额至多不超过1%。通过评估进行财政激励的政策实际上无法发挥作用，或者说无法起到大的作用。

其次，法人化实际上推动了国立大学的财务独立，但由于认为法人化提高了效率，所以政府划拨给国立大学的运营费交付金以“效率化系数”的名目每年削减1%，这使得国立大学在财政上变得非常艰难。另一方面，经过一段时间之后，根据财务省的方针，政府通过加大削减日常经费补助金的力度，将这部分经费转为“竞争性经费”。例如，政府设立国际化项目让各大学申请。为了使大学之间相互竞争，向从中脱颖而出的大学提供资金，政府确定了相当数量的高校间竞争性经费。虽然政府对国立大学的财政拨款在整体上并没有什么减少，但政府拨付给国立大学的运营费交付金在第一期和第二期中减少了一成，而与此相对的是高校间竞争性经费大幅增加，也就是说，原本分配给各大学的固定经费现在变成了竞争性经费。这导致了大学之间所获得的政府经费出现较大的差距，资金向实力相对强大的国立大学集中。以东京大学为例，来自政府的经费几乎没有减少甚至稍有增加，然而一些地方大学，特别是师范类大学，一方面由于无法获得竞争性经费，另一方面运营费交付金又被削减，因而实际上获得的经费减少了。新政策尽管在整体上没有削减政府的财政拨款，但是却引发了结构性问题。那些相对较难获得竞争性经费的大学将人员经费削减了一成。于是，在老教师退休后学校不再聘用新教师，或者以原来几分之一的工资返聘退休教师。

第二节　英美法系大学法律地位的确立与变迁

赋予大学以独立的法人地位、国家从直接监控转变为间接指导关系已经成为全球性的趋势。长期以来，英国大学被认为是大学自治、学术自主的典范，其制度基础可追溯至中世纪的大学法人地位。

一、英国大学法律地位的变迁

（一）英国大学的法人类型

根据设立方式，英国大学主要可分为三类：一类通过议会法案成立，如 1988 年教育改革法设立的新大学；少部分在 1992 年前成立的大学是通过议会的法案（其关键部分为章程）设立的。这部分大学也被称为章程法人。另一类是根据公司法注册成立，如伦敦政治经济学院、格林威治大学。这两所学校虽然设立方式一致，但学术声誉差别很大，伦敦政治经济学院是享誉全球的世界一流大学，格林威治大学是一所在英国排名非常靠后的大学。成立于 1895 年的伦敦政治经济学院享有双重法律地位，一方面，它是受《1985 年公司法》规制的担保有限公司，另一方面，它又是受《1993 年慈善法》规制的豁免慈善团体。作为担保有限公司，伦敦政治经济学院没有股东，实行会员制。和其他公司一样，伦敦政治经济学院也有自己的董事，其董事成员为学校理事会的成员（主管教学学习的副院长、学术委员会的副主席以及聘任委员会的副主席除外）。作为一个豁免慈善团体，伦敦政治经济学院并不受慈善委员会的直接指导，但从 2010 年 6 月 1 日起，出于慈善目的，开始接受英格兰高等教育拨款委员会的规制。该校必须服务于慈善的宗旨，并促进公共的福利。第三类就是经由皇家特许状设立的大学，这些大学的法律地位被称为特许法人。大部分 1992 年前成立的英国大学都是通过皇家特许状获批成立的。例如，1592 年成立的都柏林三一学院的创校特许状是英国女王伊丽莎白一世授予的。1909 年成立的布里斯托大学也是经过皇室特许状设立的，国王爱德华七世会同枢密院在 1909 年 5 月 17 日同意了大学的成立，并在 5 月 24 日签字。特许大学（包括牛津和剑桥的学院）属于拟制人，是通过特许状创造的集合法人。作为拟制人，特许法人具有一些和“自然人”一样的法律能力，具体包括（1）被起诉，或提出起诉；（2）签订合同；（3）拥有财产；等等。

和一般大学不同，剑桥大学和牛津大学在成立时既没有创始特许状，也没有创始人，其最初是根据习惯法中的风俗或时效而成立的。随后才获得教皇英国皇室的认可，并最终通过正式的章程进行了规范。正如英国大学校长委员会在2009年的一份报告中指出的那样，牛津和剑桥的设立“既没有议会法案，也没有特许状，但却有章程，修改章程中的重要部分需要获得枢密院的批准”。

（二）剑桥大学法人地位的确立

巴黎大学是世界上古老的大学之一。1208—1215年间，巴黎大学就已经成为独立的法人。和博洛尼亚大学、巴黎大学等最古老的中世纪大学一样，剑桥大学的产生可以说是“无中生有”，是一个自然而然的过程，是教师和学生自然汇聚到一起，并组成团体传播学问的结果。因此很难认定其确切成立的日期。现在，剑桥大学将1209年宣布为自己的创校年份。这一年，牛津大学和当地市镇之间发生激烈的冲突，一位牛津学生用箭射死了一位镇上的妇女。牛津的市长和市民没有抓到肇事的学生，一怒之下带走了两个或三个与其同住的学生，并在征得约翰国王的同意下，将他们绞死在牛津大学的外墙之外。一群牛津学者离开牛津，前往剑桥，并在那里创办了学校，这就是剑桥大学的起源。从创校之日起，剑桥大学就是一个普通法法人，享有法人的一些特权，其法人成员包括名誉校长、教师和学生。和巴黎大学一样，剑桥大学是世界上最早获得法人地位的大学之一。

1. 1571年前剑桥的法人地位及其表现

作为一个法人团体，应该具备哪些要件呢？或者说，大学作为法人拥有哪些权利呢？大学史研究的权威学者哈克特（MB Hackett）指出，作为一个法人机构，大学有权选举自己的首领和其他管理人员，有权拥有自己的财产，有权起诉和被起诉，有权拥有徽章和公章，有权制定章程，并要求大学的成员宣誓忠于章程。根据哈克特设立的标准，我们可以从历史的视角考察剑桥大学是如何逐步获得并履行法人的各项权利的。

从首领和其他管理人员的选举来看，根据历史记录，剑桥大学在1225年就有了校长职位，1250年的剑桥大学章程已经明确规定了校长选举的规则。根据历史学家的考证，剑桥使用公章的历史至少可追溯至1261年，该枚印章所刻的文字为sigillum universitatis cantebrigie。大约1410年，剑桥使用了一枚更加精美的公章，取代了之前的旧公章，

1420年三一学院的一份契约使用的就是这枚公章。除学校公章之外，校长也有自己的印章。目前所知最早的校长印章可以追溯至14世纪初。在1316年的一个契约中，就已经盖有校长印章。

制定章程是大学作为法人的最重要权利之一。现存最早的剑桥大学章程可以追溯至1250年。哈克特发现的《1250年章程》篇幅不长，共13章，主要规定了校长的选举、各行政职员的职责、司法与法律豁免权、大学全体会议的召开、学位授予的仪式、校历、房屋租金等内容。由此可见，在建校后不久，剑桥大学就已经事实上获得了作为法人的一些权利，如选举官员、使用公章、制定章程等。

2. 教皇与皇室对剑桥法律地位和特权的认可

1209年建立剑桥大学虽然是教师们的自发行为，但是，作为一个机构，要获得大学头衔和作为大学来进行行动的能力，必须依赖主教的权威和认可。在1225年，伊利的主教已经将剑桥大学视为“一个独特的教会社团”。1233年，在剑桥大学的请求下，教皇格里高利四世颁发了一个写给“校长和剑桥大学”的教令，承认了大学的地位，并给予大学特别豁免权，也就是说，如果大学成员接受校长或主教的审判，则教区之外的任何法庭均无权传唤他。特别豁免权是中世纪大学的一项典型特权。这个法令的重要性在于用教会法的形式确认了剑桥作为一所完整大学的地位，以及由大学这一法律地位所带来的所有自治权利。

中世纪的大学指的是一群人的集合。在13世纪，用来指称获得市民法或教会法认可的教学行会的术语是总学。长期以来，剑桥大学已经依照习俗获得了总学的地位，但一直没有获得正式的文件来证明这一点。为确保剑桥大学的国际地位，当时的英国国王爱德华二世（1284—1327年）在1317年向罗马教廷请求将总学的称号授予剑桥大学。1318年，剑桥得到教皇约翰二十二世的认可，获得“总学”的称号，并获得授予“教学通用证书”的特许状。获得教学通用证书意味着该所大学的毕业生能够被基督教世界的任何大学所承认，并有从事教学的权利。“教学通用证书”是和总学的地位联系在一起的，换言之，只有获得被普遍认可的总学地位，大学所授予的学位才具有被普遍接受的效力。根据现存材料，最早获得教学通用证书的是图卢兹大学，时间是1233年。值得指出的是，一些最古老的大学作为大学存在多年之后才获得了教皇授予的教学通用证书，其中蒙特佩利大学是在 1289 年，博洛尼亚大学是在 1291 年，巴黎大学是在 1292 年。牛津大学曾在 1296 年请求获得教学通用证书，但未获批准，此后牛津大学也一直没有获得“教学通用证书”，但这并不影响其作为大学的声誉。

在中世纪大学中，大学要具有合法的地位，除了要得到教皇的认可，还需要得到皇室的认可。公元 7 世纪初，日耳曼人在不列颠建立了 7 个王国。公元 827 年，为了抗击丹麦人的入侵，威萨克斯国王爱伯格统一了 7 国，建立了统一的英格兰王国。公元 11 世纪，诺曼人威廉征服英国并建立诺曼王朝，国王的权力开始大大增加。1154—1485 年，金雀花王朝统治英国，牛津大学和剑桥大学都是在金雀花王朝统治下成立的。牛津和剑桥早期的法律地位很大程度上来自于金雀花王朝国王亨利三世（1207—1272 年，1216 年登基）的皇室令状。为了获得经受训练的文书人才，并增添皇室的荣耀，亨利三世对牛津大学和剑桥大学非常支持，在其统治英国的 56 年内，先后通过专利特许证、密封特许证的形式赋予剑桥大学各种各样的特权，据 1852 年汇编的《剑桥大学与剑桥各学院文件》，亨利三世颁发给剑桥大学的专利特许证、密封特许证多达 16 个，最早的是 1229 年，最晚的是 1270 年。

所谓专利特许证，指的是公开的信函，与密封的保密信函相对，缩写为 patent。专利包括特许权、代理权、政府公职、贵族头衔、市场垄断权、探索新大陆的皇家许可等。

1231 年，亨利三世颁布法令，将一些法人的特权赋予牛津和剑桥大学。首先，这其中一项主要的特权是大学可以与剑桥的市民代表一起联合确定租借给学生的住房和教室的年租金。考虑到当时大学并没有自己固定的建筑物，这一特权至关重要。其次，该法令要求学生在进入大学 15 天之内注册在某个教师名下，并将其名字登记在该教师的学生名册上，否则将被逮捕。再次，该法令指出，在校长的要求下，治安官应该逮捕那些制造麻烦的学生。该法令在剑桥大学治理史上有重要的意义。亨利三世在 1266 年的一个专利特许状中再度确认了大学在确定住房租金方面的特权，该专利特许状仍然保存在剑桥大学的档案馆中。

在亨利三世之后，英国历代君主都通过专利特许证等方式赋予大学特权，并且扩大了这些特权的范围。但是，1231 年的亨利三世令状、1266 年的专利特许状以及此后历代英国君主的专利特许状，仅是赋予了剑桥大学一些诸如确定租金之类的特权，并没有明确提到剑桥的法人地位问题。

英国国王的令状包括特许状、专利特许证、密封特许证三种形式。除了专利特许证、密封特许证外，也有一些英国国王给剑桥大学颁发特许状。13 世纪以来，特许状和专利特许证在功能和形式上日益接近。在二者的正文中，国王的自称均为复数，但两者的落款有明显区别，即前者列有证人名单，后者则由国王个人作证。科克正是根据落款来区分古老的特许状与新兴的专利特许证的。爱德华一世（1272—1307 年在位）在 1284 年、爱德华二世（1307—1327 年在位）在 1317 年 2 月 14 日、理查德二世（1377—1399 年在位）曾分别给大学颁发过特许状。其中理查德二世的特许状是有关大学的司法权的，该特许状指出，大学名誉校长或其代理人有权审理教师、学生、学生仆人为一方的有关债务、账目、合同、身体伤害、扰乱治安、渎职等方面的申诉。

如上所述，剑桥和牛津在成立时既没有创始特许状，也没有创始人，其法人地位是根据习惯法中的风俗或时效而获得的。尽管剑桥从创校之日起就享有法人地位，但这一地位很长时间内没有通过法律来正式加以认可。历史上，英国国王给剑桥大学颁发各种形式的特许状、专利特许证、密封特许证，赋予大学各种特权，但均没有明确涉及大学的法人地位问题。大学史的著名学者拉什戴尔（H.Rashdall）评论道："人们经常感到奇怪的是，一直到 1571 年的 Act of 13 Eliz.c. ⅩⅩⅨ为止，这两所古老大学才正式被法人化。这一事实是英国看待法人问题的观念发生变化的有趣例证。从建校早期开始，英国大学就运用了法人的所有权利。这两所大学早期的特许状都没有宣称给它们以法人的权利：它们已经被认为具有法人权利了。它们拥有财产，……起诉并被起诉，拥有公章，中世纪早期的律师从没有质疑它们这样做的权利。"

法律史著名学者梅特兰（Maitland）追溯了英国法人概念的演变。他指出，法人概念的发展和自治市密切相关。到 15 世纪，英国的法人概念发生了变化。这时人们认为，只有在特定国家法律——皇家特许状或议会法案——规定的情况下，法人才存在。同时，宗教改革时期皇家随意剥夺教会财产的举动也增加了教育机构和其他机构的警觉性，促使它们通过获得正式的特许状或重新获得特许状来保护自身的财产权。

1533 年，亨利八世宣布自己是英格兰教会的最高领袖，英国皇室和罗马教廷断绝了关系。1536 年的一个法令要求学生在获得学位时向校长法律顾问宣誓不效忠于罗马教廷。因此，此时获得英国皇室的认可对剑桥大学来说变得更重要了。1561 年 4 月 26 日，女王伊丽莎白一世用专利特许证形式确认了剑桥大学法人地位，确保了大学的特权和权利。

3.《1571 年牛津、剑桥大学法案》及其意义

为进一步确立剑桥和牛津的法人地位，英国议会在 1571 年通过了对两校进行法人化的法案，正式确认了大学的法人地位及其所享有的特权。该法案在序言中指出，“女王陛下和她尊贵的祖先认可并批准前述两所大学享有的特权、自由权和特许权，将给予其更多的尊重，使其拥有更大的强制力和影响力”。该法案的第一款规定大学的法人标识是“剑桥大学校长、教师与学生”，同时规定，为处理大学相关事务，大学应该有一枚公章。

到 16 世纪初期，英国的法人概念尤其是拟制人的概念已经牢固确立。根据这一时期的法人观念，集体法人是不可见的。集体法人是一群人的结合，通过主权权力的法律许可而被设为一个具有法律人格的人。结合这一时期的法人概念审视《1571 年牛津、剑桥大学法案》可知，剑桥大学作为集体法人，被视为是该校校长、教师和学生的集合。

《1571 年牛津、剑桥大学法案》在剑桥大学发展史上具有里程碑式意义，这一法案使牛津、剑桥大学正式获得了法人地位，确认了两校在持续捐赠等方面的权利和特权。作为法人理论的权威，英国著名法学家威廉·布莱克斯通在评论这一法案的意义时指出，尽管 13 世纪亨利三世的专利特许状赋予了剑桥大学在确定租金、司法等方面的很多特权，而且 1561 年的皇室专利特许证认可了剑桥大学的法人地位，但这些并不构成确立大学法人地位的“充足条件”，《1571 年牛津、剑桥大学法案》彻底解决了剑桥大学的法人地位问题，并“认可了两所大学所有的

特许状”。

如上所述，徽章、公章、章程是大学作为一个法人机构的重要标识。在获得《1571 年剑桥大学法案》的正式认可后大约两年，即 1573 年 6 月 9 日，纹章大臣罗伯特·库克（Robert Cooke）授予剑桥大学徽章。1580 年，剑桥大学启用了新的公章，这是剑桥大学历史上的第三枚公章，该公章一直沿用至今。

在剑桥大学的法人地位通过《1571 年牛津、剑桥大学法案》获得彻底解决后，英国皇室有时仍然会干预大学内部事务，尤其是涉及宗教冲突方面，但是，大学自始至终保持了完整的法人身份，没有沦为政府的一个部门，这主要得益于大学法人的两个属性。第一个属性是法人作为拟制人的概念，使得大学能够拥有类似于个体的一些权利。16 世纪之后，英国普通法越来越认可与国家权力相对的个体的权利，个体公民成为国家所未能吸纳的那部分权力的承载者，这为法人的自主性提供了坚实的基础。第二个属性建立在特许理论的基础之上，根据这一理论，国家通过给予法人授权，让被授权者从事国家所不涉足的业务，从而服务于公共的福祉。类似的，英国政府并不直接举办高等教育，而是赋予大学以法人地位，让大学承担该方面的职能。

4. 当下剑桥大学的法人地位

作为独立的法人，剑桥大学拥有诸多法人权力。根据 2008 版的《剑桥大学章程与条例》，剑桥大学拥有以下正式的权力：（1）为履行办学目的，在不违背章程的前提下，制定条例、颁发规章；（2）授予学位；（3）有权征收学费和其他相关费用；（4）聘用工作人员并规定其工作条件；（5）接受捐赠；（6）拥有大公章和公章；等等。剑桥大学的章程每年都进行修订，2014 年的《剑桥大学章程》对大学权力部分做了比较大的修改，特别增加了大学在财产管理方面的权力，规定剑桥大学可以“像自然人一样获取、管理、处理财产”，而且对于上述财产，大学有绝对的支配权，同时大学可对财产进行投资或用于其他大学的功能。

剑桥大学以及剑桥大学的各个学院都是独立的法人。一方面，在没有任何学院成立之前，剑桥大学已经存在了。和剑桥大学不同，剑桥大学的学院都是依据特许状成立的。另一方面，剑桥大学成立新的学院，需要获得皇家特许状，然后才获得法人地位。剑桥大学本身的法人性质和各学院的法人性质是不同的。在英国的法律体系中，法团分为宗教法人和世俗法人两种。其中世俗法人又分为慈善法人和民事法人。剑桥的大部分学院属于慈善法人，而剑桥大学属于民事法人。作为慈善法人，学院的成立是为了对创始人的捐献进行永久性的分配。为此，学院有义务为创始人或其家族做弥撒或祷告。

（三）"国立化"对英国大学法律地位的影响

长期以来，英格兰的大学以院校自治而闻名。英国学者杰弗里·阿尔德曼（Geoffrey Alderman）认为，所有的英国大学毫无例外都属于私法人，其通过皇家特许状或议会法案获得法律地位。英国大学不受教育部直接管辖，从这一点而言，英国大学不属于国立大学，但另一方面，英国大学大多依据王室颁布的特许状成立，而且基本都受国家的资助。此外，牛津、剑桥在历史上还经常受到王室委员会的调查。基于这一事实，我国教育学者孟宪承早在1933年所著的《大学教育》一书中就已经指出："（英国大学）和政府关系这样深切，绝不应被当作美国私立大学看。"而且英国政府的一些官员也不认为牛津大学、剑桥大学等属于私立大学。

尤其是20世纪70年代末期以来，英国高等教育受到政府越来越多的干预。伯顿·克拉克当时在对有关大学与政府关系的比较研究中就已经观察到，从20世纪70年代起，英国发生了变化，逐步形成了一个高等教育的国家体系。在2004年发表的一篇文章中，马丁·特罗明确指出英国大学的自主权在下降。英国国内学界也大多认同这一判断，并且对此大加批判。英国社会学家麦克·扬（Young M）指出，英国大学面临着沦为政府政策的服务机构的危险。

从大学与政府关系看，英国大学与政府的关系构成一个独特的类型，不同于欧洲大陆大学，也不同于美国私立大学。根据经济合作与发展组织（OECD）的说法，英国高等教育不能算是完全独立的私立教育机构，而应属于"依靠政府的私立教育机构"。英国的大学在理论上和法理上是自治和"私立"的，以剑桥大学为例，大学在行政上并不隶属于政府，大学内部实行自主的管理，校长经由选举产生，对摄政院（全体教职工代表大会）负责。但由于大学主要受政府资助，所以事实上受政府影响很深。有学者甚至认为，当前英国高等教育面临着“国立化”的危险。英国高等教育研究者彼得·斯科特（Peter Scott）指出，用国立化来概括英国政府与大学的关系是有争议的,因为大学仍然是独立的法人实体，自我雇佣职员、拥有财产。但他也指出，无可置疑的事实是，1963—2007 年间，英国出现了一个全国性的高等教育系统，各高校的自主性都受到影响。这个系统的规模、组成和个性由政治力量而不是大学自身来决定。在这个意义上可以用“国立化”这个术语来描绘英国政府和大学的关系。

那么，英国大学为什么会受到政府越来越多的干预，并且在某种程度上面临国立化的危险？英国高等教育法研究者大卫·帕尔菲曼（David Palfreyman）认为，这一境况与英国大学的法人制度存在一定的关联。英国大学章程法人和特许状法人之间的区分并不等同于美国大学公法人和私法人之间的区分，“（达特茅斯判例之后）真正有意义的高校法人的公—私两分法是一个美国特有的法律概念”。从历史比较的视角来看，这一解释无疑具有一定的说服力。

与具有同样法律文化传统的英国一样，国有化对美国大学的法律地位有着同样的困扰。由于诉讼传统根深蒂固的影响，普通法系习惯于在争讼中思考、处断法律问题，并根据个案在诉讼中一点点澄清法律问题，而不是一劳永逸地解决问题。在特定权利受到侵害时，法院首先考虑一般的救济手段；如果一般救济手段不能给予当事人救济或救济仍不够充分，那么才会考虑是否需要通过特别救济。如对于公立学校的法律地位问题，大陆法系国家致力于在立法中给与明确界定，如《德国大学基准法》将公立大学定性为公法人中的公法社团。而在美国，公立学校是独立实体还是政府工具则需个案分析。“在美国法律之下，有关这一问题的任何一般性回答都可能造成误导，脱离具体场景提出这样的问题也会减损讨论问题的意义。……同一公立学校在一些案件中被认定为政府工具，在另一些案件中则被看成是独立实体，这在诉讼中是常见的事，这并不是法律不一致，而是现实生活要求法律家透过具体的法律关系去认识公立学校的性质，不能不分场景地套用同一定义”[①]。美国法官声称，回答一个公立学校究竟是政府机构还是独立机构，需要综合考虑以下因素[②]：(1)什么是当地法律和普通法对公立学校属性的界定？(2)一个不利于的公立学校的判决实际上是不是由州财政买单？(3)公立学校是否可以动用州政府经费之外的资金(non-state funds)去执行判决？(4)案件争议的公立学校的职能，其性质究竟是政府职能，还是所有者职能？(5)公立学校是否各自为法人？(6)公立学校在营运中有多大程度的自主？(7)公立学校是否被赋予起诉和被诉的权力？(8)公立学校是否被赋予以自己名义充任合同当事人的权力？(9)公立学校是否得到税赋豁免？(10)州是否豁免了它自身对公立学校营运的责任？在以上10个因素中，没有一个因素能够单独决定公立学校的性质，如何平衡案件牵涉的全部因素，并确定每个因素的权重，属于法官的自由心证范围。此时，司法裁判的有效边界是个案呈现的特定问题，而非一般问题，从而印证了“救济先于权利”这一普通法的基本准则。所以，处于普通法系法律实践和法学理论中心的仍是权利救济问题，而普通法的规则也大都镶嵌于诉讼框架之中，很少致力于理论线条的梳理。这也是普通法国家存在公法人的制度背景，而缺乏公法人概念的归纳与理论抽象的根源。

二、美国大学法律地位的确立与治理特点

美国高等教育以其教育机构多样化与高程度的自治著称。通过总结美国高等学校大学自治的内容、法律地位、组织机构以及高校与政府关系等方面的特点与经验，结合我国高等教育的现状，分析我国公立高等学校的法人化。高等教育法明确了我国公立高等学校的法人地位与法人资格，为进一步落实宪法与相关法律确立的科学研究自由与学生的学习

① 方流芳：《从法律视角看中国事业单位改革——事业单位“法人化”批判》，载《比较法研究》2007年第3期。

② Krisel v. Duran， 258 F. Supp. 845， 849 (S.D. N.Y. 1966)，转引自方流芳：《从法律视角看中国事业单位改革——事业单位“法人化”批判》，载《比较法研究》2007年第3期。

权利，激发个体的创造力，为社会主义精神文明提供坚实的精神动力与智力支持，公立高等学校面临着外部与内部管理机制的改革。在比较我国与美国私立大学与公立大学外部与内部管理差异的基础上，本书认为我国公立高等教育改革应以充分落实大学的法人地位为前提，实行以学术自由为内容的有限自治，与有限自治相对应的外部政府规制，以及弱行政的大学内部管理。

（一）通过判例确定的大学自治

美国大学自治的内容是由司法判例逐渐扩展宪法第一修正案的保护范围而确立的。学术自由概念有广义与狭义之分。《哥伦比亚百科全书》将学术自由定义为“学者不受雇用学校的控制，他们的研究、教学和出版的权利不受限制”。此处采学术自由的广义概念，包括教师的学术自由，讲学自由与学生的学习自由。从美国法上来看，科学研究自由包括在教学自由之中，且这一自由既是实质性权利，也是一种程序基本权。

大学自治的历史可追溯至西欧中世纪大学形成之时，12 世纪和 13 世纪，早期的大学得以出现，它“实质是一种行会、一种学者社团组织，有着严谨的组织、法人的性质、自己的章程和共同的印记”。[①] 中世纪大学在维护自身的利益、追求学术自由的强烈愿望下，通过与教权、王权以及城镇市民长时间不断地博弈，逐渐获得了自治权。大学自治的产生，就是教师为了争取自由研究与讲学权利与学生为了争取学习自由而开始的，它们起初是大学自治的原动力，之后作为大学自治的深层次内容蕴涵其中。德国继承了欧洲中世纪大学自治的传统，强调对学术自由的珍视，德国的大学自治本身就被当作是学术自由的制度性保障。德国法上的学术自由包括教学自由和学习自由两个紧密结合的方面。学术自由传播到美国之后，学生的学习自由一开始并未受到重视，因而美国的学术自由起初只包括教师享有的权利，而未涉及学生。

1. 学术自由：判例法上的创设

在美国，学术自由并非是明文规定在宪法上的权利，而是经过学者

---

① 宋文红：《欧洲中世纪大学的演进》，商务印书馆 2010 年版，第 173 页。

们的引进倡导，才逐渐由社会接受，并为司法判例所承认的权利。1952年，美国联邦最高法院在阿德勒诉纽约市教育委员（Adler v. Board of Education of New York）一案判决中首次援引“学术自由”一词。[①]虽然没有界定或说明学术自由的内涵，但明确将学术自由与宪法第一修正案所保障的表达自由及结社自由联系起来。在1952年至1959年间，美国联邦最高法院的法官在审理学术自由几起案件中，都认为学术自由既是一种实质性权利,也是一种程序性权利。前者主要保障大学教师享有“正当程序”的权利，如教师被解聘时有权要求说明指控的理由，等等，后者主要指教师享有自主确定教学内容、教学方法以及教科书等学术事务方面的权利。[②]

1957年，联邦最高法院在斯韦泽诉新罕布什尔州（Sweezy v. New Hampshire）一案的判决中对教师享有的学术自由的实质性权利进行了详尽地阐述。法官沃伦、布莱克、道格拉斯及布雷南一致认为：教师在学术领域的自由，是政府应该极端谨慎涉足的。“在美国的大学中，自由的必要性几乎是不证自明的。无人可以轻视那些负责引导和培养青年一代的人，在民主社会所发挥的重要作用。……学术是无法在一个猜疑和不信任的环境中繁荣发展 。教师和学生必须始终拥有调查、研究、评价的自由，从而不断获得新的发展和对知识的理解，否则我们的文明将会枯萎而衰亡。”[③]该案中，法兰克福特及哈兰两位大法官认为：“知识就是大学的目的，而不是达到目的的手段。如果大学变成满足教会、国家或任何局部利益的工具，大学将不再忠实于自己的本质。大学的特征就是自由研究的精神,……大学的任务就在于提供一种最有助于思考、实验和创造的环境。只有在这种环境中,才能实现大学的四项基本自由：

---

① Peggie J. Hollingsworth.*Unfettered Expression: Freedom in American Intellectual Life.Ann Arbor:* The University of Michigan Press，2000.127。转引自李子江：《学术自由在美国的变迁与发展》，北京师范大学出版社2008年版，第120页。

② 李子江：《学术自由在美国的变迁与发展》，北京师范大学出版社2008年版，第120页。

③ William P. Murphy,Sweezy v. New Hampshire,354 U.S.234,250（1957).Academic Freedom: An Emerging Constitution Right.In:Hans W.Baddle,Ed..Academic Freedom :The Scholar’s Place in Modern Society.New York:Oceana Publications,Inc.,1964.26。参见李子江：《学术自由在美国的变迁与发展》，北京师范大学出版社2008年版，第122—123页。

根据学术的需要自行决定谁来教？教什么？如何教？以及谁来学？”[①]斯韦泽诉新罕布什尔州案确立了学术自由在宪法中的地位。学术自由成为公民言论自由的重要内容，大学机构享有的四项基本自由是学术自由的重要组成部分，均受到宪法的保护。

1. 学习自由

学习自由是学生的权利。20世纪60年代，学生激进主义运动暴露了美国高等教育中的问题，唤起人们对学生学习自由的重视，学习自由成为美国学术自由发展的新领域。[②]1969年，联邦最高法院在Tinker v.Des Moines Independent Community School district一案判决中，强调教师和学生都享有表达自由的权利，明确提出学生的学术自由受宪法保护。[③]在对学习自由的理解上，美国大学教授协会（American Association for University Professors，AAUP）在1964年发布的关于学习自由的声明中指出："学术机构的重要特征就是自由探究和自由表达，教学自由与学习自由是学术自由不可分割的两个方面。学生作为学术机构的成员，他们的批评能力和独立追求真理的精神应该受到鼓励。"[④]该声明列举的学生学术自由，包括了接受高等教育的自由，研究及表达自由，参与学校管理的自由，在校外享有同其他公民同等的公民自由，隐私权的保护，以及处罚经正当程序等。可以看出，学习自由几乎涵盖了大学生在校内校外一切活动中享有的权利，且既包括实体性权利，也包括程序性权利。"不过，学生的学术自由并不是指由学生控制教学内容、教学标准、教师的选择以及学校的发展方向，而是指在这些方面应该征求学生的建议和要求。"[⑤]

综上，学术自由是大学的基本精神，也是大学自治的核心内容，在

① Wyman,Attorney General.U.S.Supreme Court,Sweezy v. New Hampshir,354U.S.234(1957). New Hampshire:Appeal from the supreme Court of New Hampshire,1957.234，263。参见李子江：《学术自由在美国的变迁与发展》，北京师范大学出版社2008年版，第123页。

② 周志宏：《学术自由与大学法》，蔚理法律出版社1989年版，第164—165页。

③ 周志宏：《学术自由与大学法》，蔚理法律出版社1989年版，第80—81页。

④ Louis Joughin.*Academic Freedom and Tenure.Madison*,The University of Wisconsin Press, 1967.pp.66-72.

⑤ 参见李子江：《学术自由在美国的变迁与发展》，北京师范大学出版社2008年版，第141页。

美国，学术自由从言论自由的内涵中延伸而出，受到宪法的保护。司法判例在逐步扩展学术自由的内涵，现今学术自由既包括教师的学术自由也包括学生的学习自由，还包括作为整体的大学机构基于学术需要享有的基本自由。

（二）私立高等学校的大学自治

美国的私立高校是大学自治的典范，高程度的自治推动着美国私立高校不断地提升，不论在教育、科研或是社会服务上均成就斐然，在世界高校中名列前茅。美国私立高校的自治模式具有鲜明的特点，对大学自治的研究具有重要意义。美国私立高校经历了几个世纪的发展，在司法判例中逐渐形成了自身独特的自治模式。

1. 私立高等学校是私法人

在美国高等教育史上，达特茅斯学院诉伍德沃德案（Trustees of Dartmouth College v. Woodward）确立了美国私立高校的法律地位，进而保障了美国私立高等学校的自治，甚至被称为美国私立高校的“大宪章”。

1769 年，位于新罕布什尔州的达特茅斯学院依英国王室办法的特许状而正式成立。后因学院董事会与第二任院长约翰·惠洛克之间的纷争，1816 年 6 月 27 日，新罕布什尔州通过一项法案，将学院转为公立高校，规定由州长和州政府选派的监事会管理。学院主管常务的伍德沃德根据州政府的决定将学院的校印、账本和相关文件带走，拒不交还。于是学院董事会向州法院控告伍德沃德非法侵占学院财物，要求其将物品归还。董事会还连带控告了新罕布什尔州议会擅订法律，剥夺了董事会的财产权，破坏了具有契约效力的特许状，要求法院宣布州议会通过的法律因违反宪法而无效。该案于新罕布什尔州的各级法院均被判败诉，最终上诉至最高法院，最高法院以 5 票赞成、1 票反对、1 票弃权宣判原告达特茅斯学院获胜。

该案中，首席大法官约翰·马歇尔首先肯定了达特茅斯学院的特许状是联邦宪法所要保护的契约，“毋庸置疑，本案的种种条件构成了一个契约。向英王申请的特许状是为了建立一个宗教和人文的机构。申请书陈述了为此目的已有大量捐赠，一旦此法人创立，就将转给该机构。

特许状获准后，捐赠财产如约转让。可见，完整和合法契约所需之一切要素皆存在于在这一转让中。”[①] 随后，他指出新罕布什尔州议会通过的法律构成毁约行为。经过对宪法第 1 条第 10 款的解释，马歇尔法官将美国宪法对财产权的保护范围进一步延伸到了法人。指出，学院作为私人团体，州议会不得干涉学院所拥有的绝对权利，特别是财产权和管理权，因为宪法契约条款的目的即是保护私人产权，它不允许各州损害州与学院之间最初契约的义务。只要法人的行为或特许状是州与私人团体间的契约，它就免受立法机关的干涉。马歇尔大法官在判决书中明确指出，一切同达特茅斯学院一样为促进宗教、慈善事业和教育而创办的慈善社团，都是同一性质的。[②] 从而将此判例的效力扩展至所有同类案件。由此，美国私立高校作为私法人的法律地位正式得以确立。

达特茅斯学院案所确立的契约不可侵犯原则和法人自治原则，使基于契约而建立的私立高校获得了独立的法人地位，当政府或社会干预私立高校时，它可作为独立法人与其对抗，捍卫私立高校的自治地位。

2. 私立高等学校基于契约而建立

美国私立高校基于契约（特许状）而建立，契约为了财产的安全和处置而设立，将动产与不动产转让于私立学校，契约受宪法的文字和精神保护，它是神圣的，保证私立高校作为私法人存在的永久性。可以说，契约不受毁损的神圣性决定了政府与私立高校间的关系；而契约为财产而设立的目的性决定了私立高校的治理结构。

一方面，契约是神圣的。政府虽然可以在契约中保留特定的权力，但超出保留权力之外，契约的修改必须经私立高校同意，否则州政府不能罔顾契约对私立高校担保的自治权而干涉私立高校的事务，契约是界定二者权力边界的法律依据。另一方面，契约为了财产使用而设立。美国私立高校建立所依据的契约，是为了财产的使用而设立的，所以契约

---

① Hofstadter,Richard. And Smith,Wilson.(eds.)*American Higher Education: A Documentary History.*Vol.1.Chicago:The University of Chicago Press,1961.213。转引自和震：《美国大学自治制度的形成与发展》，北京师范大学出版社 2008 年版，第 129 页。

② 参见和震：《美国大学自治制度的形成与发展》，北京师范大学出版社 2008 年版，第 123—137 页。

会就财产使用的目的，交由谁来管理等问题做出安排。一般来说，契约会明确规定将财产交予一个由创办人任命的董事会来管理，并对董事会的组织与职能作出规定。此外，由于契约是为了慈善捐助永久地被使用，所以创办人还赋予其任命的董事会永久自我更替权。契约将财产交予董事会管理后，董事会有权自行制定大学章程或条例来决定高校的内部治理模式，各内部机构依据章程的规定开展各项工作。

总体来说，美国私立高等学校实行董事会领导下的校长负责制。董事会是私立高等学校的法定所有者，是学校的最高决策机构和最高权力机构。董事会成员主要由资助大学的各方代表、政府官员、企业首脑、社会名流、校友代表、学校教师和学生代表组成。董事会的基本职责在于对学校进行外部管理，制定学校的重大方针政策，保证学校的有效管理和健康发展。具体职责主要包括:（1）确定学校的性质、目标和任务；（2）任命校长，协助校长开展工作并对校长的工作进行评价；（3）制定学校的长期发展计划；（4）保障足够的资源；（5）保障学校管理的有效性；（6）审查教育计划；（7）沟通学校和社会的关系；（8）保障学校的自治；（9）裁决校内的申诉；（10）评价董事会的工作。私立高校董事会持保管人理念，董事会成员倾向于将自己看作服务者，努力为大学争取最大的利益。

私立高校的董事会是自我换届的。在选拔董事会成员时遵循自我调节的原则，由现董事会成员推举选拔未来的董事会成员。董事的条件是热心教育事业，愿意为大学的发展做贡献。但从私立高等学校董事会成员的现状看，募集经费的能力实为董事应具备的第一要素，“董事们要么通过捐赠而获得资金，要么就离开董事会”①。

大学董事会章程一般都对董事会与校长的关系和各自的职责作出明确的规定。②校长作为大学的行政首脑，在董事会制定的政策范围内自由行使职权。以校长为首的行政体系根据董事会授权，行使大学的日常

① ［美］詹姆斯·杜德斯达、弗瑞斯·沃尔克：《美国公立大学的未来》，刘济良译，北京大学出版社 2006 年版，第 15 页。

② 参见刘保存:《美国私立高等学校的董事会制度评析》，载《比较教育研究》2000 年第 5 期，第 43—47 页。

行政权力，决定关系到学校发展的重大政策性问题，处理学校与董事会、政府以及社会的关系。校长一般由董事会经过精心选拔聘用，向董事会负责。

大学评议会或教授会是教师在校级层面参与大学学术问题决策的机构。其职责主要包括：（1）决定课程计划；（2）确定本科生和研究生的录取标准和学位标准；（3）决定校内各种教学科研设施的适用；（4）制定教师人事政策；（5）制定学术规划，等等。[①]

在作为整体的大学一级行政机构之下是学院，如文理学院、医学院、法学院、商学院等，院是管理实体，有权处理任用教师、课程设置、颁发学位、开展学术活动等重大事宜。而系是私立高校组织的最低一级单位，它是一个社团式机构，也是最基层的行政单位。[②]

3. 资金来源决定私立高等学校的私法人性质

私立高校最初的资金来源的私人性决定了其私法人性质，该法律地位不因其服务目标的公共性而改变。私立高校的财产是为了慈善目的而捐赠的资金，帮助知识的传播等慈善目的是捐赠者公开宣称的唯一目标，虽然私立高校的服务目标是其所在州的人民，但是捐赠者捐赠的动机从来不是州的特殊利益，州只是在分享它的成果。私立高校享有对自身的所有权和控制权。美国私立高校作为私法人免受政府公权力的干预。政府在处理与私立高校的关系时，须遵循如下前提：立法机关等公权力机构不得因私立高校的财产用于教育这一公共目标而认定大学是公共机构，不得认定大学财产应服从政府的管理，也不得认定受聘于私立学校的教师为公共官员。

然而，私立高校的自治并非是绝对的，政府可以通过立法与公共资助对私立高校进行管理。美国所有大学都会在一定程度上得到来自地方、州或者联邦税收的公共资助。私立高校也通过研究基金、学生资助和免税等形式从州政府和联邦政府得到资助，由于其得到公共财政支持，所以也要受到公共政策的影响和州、联邦法律的制约，需要服从州和联邦

① 参见李巧针：《美国私立大学内部管理体制研究》，载河北大学 2003 年硕士学位论文。

② 参见李巧针：《美国私立大学内部管理体制研究》，载河北大学 2003 年硕士学位论文。

在教育机会平等、环境破坏和职业安全等方面的法律。① 但除此之外不受州立法的限制。如私立高校不受州法对限制高校提高学费或提高学费速度的约束，因而可以不断提高学费，从联邦财政获得越来越多的资金，私立高校还可以采取精确的差异定价体系，提供高额的奖学金吸引优质学生，确保在优质生源和提高学费之间取得平衡。②

综上，资金来源的私有性决定了美国私立高等学校私法人的法律地位。私立高校基于与政府间的契约而建立，宪法对契约的保护是私立高校自治的基础，使其免受公权力的侵害。

（二）公立高等学校的大学自治

美国在 19 世纪中期开始向以州立大学为主体的公共高等教育体系转变，“在整个美国崇尚自治原则的社会和政治体制的大背景下，在私立学院高度自治的榜样倡导下，‘法人—董事会制度结构’向州立大学扩展，州立大学也获得了相当程度的自治”。③ 公立高校虽然享有自治，但与美国私立高校基于法律地位保障的大学自治有很大差别，公立高校不同于私立高校不同的法律地位，使其在自治模式以及内部组织机构等方面具有自身的特点。

1. 公立高等学校是公法人

美国高等教育史上有相当长一段时间，公立高校与私立高校间的界限模糊不清，亚历山大 · 布罗迪认为，区分一个大学是公立还是私立，决定于最终的所有权和控制权。④ 其认为，公立高校与私立高校都向公众开放并被州给予的捐赠所激励，同样担负着公共性的教育职能，二者

---

① ［美］詹姆斯 · 杜德斯达 · 弗瑞斯 . 沃尔克：《美国公立大学的未来》，刘济良译，北京大学出版社 2006 年版，第 9—14 页。

② 陈萦、史秋衡：《从经费结构的变化看美国公立高校的民营化——以密歇根大学为案例》，载 2008 年中国教育经济学年会会议论文集。

③ 和震：《美国大学自治制度的形成与发展》，北京师范大学出版社 2008 年版，第 144 页。

④ Brody.Alexander.The American State and Higher Education：the Legal，Political and Constitutional Relationships.Washington，D.C.：American Council on Education，1935：pp.79-80。转引自和震：《美国大学自治制度的形成与发展》，北京师范大学出版社 2008 年版，第 143 页。

在这一方面没有根本区别。当州本身以其政治能力，以州立大学的形式创建一个它自己的高等教育机构，直接承担教育功能时，州立大学的所有权和控制权毫无疑问地归州所有。而当一个机构被私人创办，资助来源于私人资源，所有权和控制权归属私人之手时，它的私立地位同样是清晰的。虽然在公立高校与私立高校之间存在很多政府和私人共同控制的机构，但在法律上不存在第三种类别，一个高校在性质上不是公立的，就是私立的。

可见，美国公立高校与私立高校之间存在许多相似之处，区分二者的标准在于所有权和控制权的归属。所以，美国公立高校可以定义为由州的直接权威创建，资金源于公共税收（或联邦赠地资金），归州所有和控制。

目前美国绝大多数州中，公立高校依据州的宪法或者普通法律而获得公法人的自治地位。达特茅斯学院案中，斯托里法官论及公法人的特征。依据其观点，公立高校作为公法人，由政府为公共目的而建立，由政府机构直接控制，它的整个利益也属于政府。然而，虽然公立高校与私立高校的法律地位不同，但是，私人财产在公立高校中同样基于契约享有特权。私人捐赠的契约本质，将公立高校中的私人财产和捐赠同样置于宪法契约条款的保护之下，董事会在公立高校所有的私人财产与私人资金上仍享有特权，立法不可剥夺一个公法人的私人财产或者改变其私人资金的用途。

美国公立高校开始建立时，私立高校已作为榜样奠定了整个高等教育模式的基调，公立高校沿用了私立高校的法人—董事会制度。但由于二者法律地位不同，在内部治理上也体现出一些差异：第一，不同于私立高校董事会的自我换届，公立高校的董事会是通过政治任命或选举产生的，董事会成员的进入凭借的是政治关系，而非依靠其丰富的管理经验，对高等教育的认识或责任感。因此，与私立高校相比，公立高校董事会较为缺乏经验，政治成分过高。第二，与私立高校董事会所持的保管人理念不同，公立学校董事会持监视者的态度，鉴于董事选举的政治本质，董事们更重视选民的喜恶而非大学的前途，“事实上，很多公立高校董事会往往只是对特定的政治选民负责。他们更多的是大学的‘统治者’或‘立法者’，而不是‘财产托管人’”。[①]

2. 政府财政拨款的附加条件

公立高校的经费均主要依靠政府财政拨款，立法机构以附加条件的方式拨款，有时会侵害大学自治的权限。由此引发的案件，法院必须就所附加之条件是否合理、是否会侵害大学自治来判断附加条件的有效性。一般来说，合理的立法拨款附加条件包括：使用规定的会计方法、提供合乎标准的报告、完成维持大学所有部门的目的等。无效的附加条件包括：限制学院中某一学系支出的总额、规定某一大学的计划须设立于指定的地区，或者以指定给予特定机构的方式避开大学董事会分配资金的权力等。此外，还有两种情况不可附加条件：一是立法者无权对不属于州立法拨款来源的大学资金附加条件，如联邦赠地、联邦拨款和私人捐赠；二是附加条件若要求事先报告或者赋予行政机构监督、控制大学资金的使用等，皆属违宪或不合理附加。另外，以下事项虽无立法明文规定，但在法院的诸多判决中已承认属于大学自治的权限：超越立法规定的学费比率、对于入学资格设定额外的健康要求等，以及全权任命教师、规定和强制执行学生行为准则、举办有关学生惩戒和教师人事决定的准司法听证等。[②]

综上，政府对公立高校的财政拨款并不能够成为侵害公立高校自治的理由，必要时大学可诉诸法院对政府拨款的附加条件进行审查，以捍卫大学自治。

3. 法律地位决定公立高校的自治程度

由于各州对公立高校的管理集权与放权的程度不同，公立高校的法律地位在各州间又有所不同，可以分为州普通法律上的公法人和州宪法上的两种公法人，两者的自治程度也有所不同。

州普通法上的公法人由州在普通法律上给予公立高校以法人地位，它是政府的一个机构或部门，并处于州议会的立法权力之下。依照州普

① ［美］詹姆斯·杜德斯达、弗瑞斯·沃尔克：《美国公立大学的未来》，刘济良译，北京大学出版社 2006 年版，第 15 页。

② 和震：《美国大学自治制度的形成与发展》，北京师范大学出版社 2008 年版，第 158—161 页。

通法律成立的美国公立高校仅享有法律赋予的自治权，须接受来自立法与行政机关的规制，甚至高等教育协调和治理机构也对此类公立高校董事会具有强有力的规制功能，如纽约州大学董事会。如若纽约州立大学董事会希望开设一种授予博士学位的课程，就必须首先得到纽约州大学董事会的批准。①

州宪法上的公法人性质更为复杂，此类公立高校的管理和地位问题由州宪法规定，使之成为政府的第四个部门。此种管理体制由密歇根州首创。1850 年密歇根州通过新的宪法，规定由公民全体投票选举州立大学的董事会，规定该董事会作为州政府的协调机构，以取代州议会对大学的直接控制而丧失必要的自主性。② 这一规定使得该公立高校的管理机构成为平行并独立于立法、行政和司法三个部分的州政治体制中的第四个部门。这一变化使得由政府对公立高校直接实施的控制，交予了全州人民共同实施。

由州的宪法设立的公立高校具有较高的自治程度，称为"宪法上的自治"，指公立高校的管理机构区别和独立于政府的立法、司法和行政机构，而享有的自治权力的程度。1896 年斯特林诉密歇根大学董事会案（Sterling v. Board of Regents of the University of Michigan, 1896）是通过司法判例维护"宪法上的自治"的标志。③ 此类高校享有相对于州政府的自治，但处在全州人民之下，由公立高校董事会履行州人民的公共信托。它"独立于州的政治权力之外，但是它却不独立于州本身的意志"④，州的公共权力不同于州的政治权力，州立法机关代表全州人民的公共意志而制定法律是行使公共权力的行为，这种行为高于州宪法赋予公立高校的自治地位。

州宪法规定了公立高校的自治地位，但并不意味着"宪法上的自

① 王绽蕊：《美国公立高校董事会的法律地位述评》，载《比较教育研究》2006 年第 10 期，第 1118—1128 页。

② 参见和震：《美国大学自治制度的形成与发展》，载北京师范大学出版社 2008 年版，第 149 页。

③ 和震：《美国大学自治制度的形成与发展》，载北京师范大学出版社 2008 年版，第 157—158 页。

④ 和震：《美国大学自治制度的形成与发展》，北京师范大学出版社 2008 年版，第 161 页。

治”的自动实现。法院对于宪法规定的解释，以及法院对大学自治的态度，对于“宪法上的自治”的落实有时具有决定性影响。“宪法上的自治”在各州不尽相同，其须视州宪法所规定的具体内容以及判例法中法院对宪法规定的解释而定。从许多法院的判例来看，立法机构所制定的关于全州性公共事务或者公共福利的法律，被认为对公立高校的管理仅仅是“附带性的冲击,不至于侵害大学的自治”[①]。这些全州公共性事务包括：劳工的薪金给付、公共雇员的权利、公共健康的标准、州法院听证案件之管辖等。

综上，依据州普通法律设立的公立高校，只能在州法律所规定的范围内，才享有自治权，自治权不能用来对抗立法机关的监督和控制；在宪法上受到保障的公立高校，具有宪法上的自治权限和地位，即使是州立法机关也不得任意侵犯，具有高度的自治权。

学术自由是大学的基本精神，也是大学自治的核心内容，美国通过判例扩展了言论自由的内涵，对教师、学生以及作为机构整体的大学享有的学术自由进行保护，保障了大学自治的实现。美国私立高校与美国公立高校具有不同的法律地位，前者是私法人，私立高校自身享有所有权与管理权，基于宪法保护的契约享有高程度的自治；后者是公法人，所有权与管理权归政府所有，由州宪法或州普通法律授权获得自治。虽然两者具有不同的自治程度，但在学术自由上受到宪法的同等保护。

（四）美国大学制度对我国公立高等学校的改革的启示

近年来，我国高等教育实践中暴露出种种问题，引发了社会对高等教育理念与体制的广泛关注,各种讨论旨在解决高等教育行政化的弊端，推动高校自身的进步。高等教育去行政化问题的提出即是对我国高等教育反思的结果。

《国家中长期教育改革和发展规划纲要（2010—2020年）》（以下简称《纲要》）指出：“推进政校分开、管办分离。……适应国家行政管理

① 周志宏:《学术自由与大学法》，蔚理法律出版社1989年版，第116—119页。转引自和震:《美国大学自治制度的形成与发展》，北京师范大学出版社2008年版，第160页。

体制改革要求，明确政府管理权限和职责，明确各级各类学校办学权利和责任。……随着国家事业单位分类改革推进，探索建立符合学校特点的管理制度和配套政策，克服行政化倾向，取消实际存在的行政级别和行政化管理模式。”从表述方式上看，“政校分开”不同于“管办分离”，它们分别指向教育改革的不同层面。就高等教育来说，“政校分开”是指高等学校与政治分开，高校应免受政治的控制，独立自主地开展各项事务，是大学自治层面的问题。“管办分离”是指政府的管理权与高校的办学权相分离，即高校外部管理去行政化。而“取消实际存在的行政级别和行政化管理模式”指向高校内部管理中的去行政化。可见，高等教育改革具有三个不同的层面，即大学自治、政府规制与高校内部管理去行政化。我国高等教育改革在三个层面上如何开展？我国公立高等教育具有哪些特点？我国公立高校是否可以效仿美国的大学自治？下面依次从三个层面对上述问题分别予以分析。

1. 以学术自由为内容的有限自治

我国高等教育的性质决定了我国高等教育的基本制度。国家出资举办高等学校，并由国务院和各地方政府进行管理。结合我国高等教育法第 30 条的规定，“高等学校自批准设立之日起取得法人资格。高等学校的校长为高等学校的法定代表人。高等学校在民事活动中依法享有民事权利，承担民事责任。”该规定明确了我国公立高校公法人的法律地位。

我国《宪法》第 19 条第 1 款规定：“国家发展社会主义的教育事业，提高全国人民的科学文化水平。”明确了我国教育事业的社会主义性质。随即在第 19 条第 2 款规定：“国家举办各种学校，普及初等义务教育，发展中等教育、职业教育和高等教育，并且发展学前教育。”结合第 19 条前后两款的规定，国家发展的高等教育事业是社会主义性质的，高等院校作为实施高等教育的机构，由国家举办。在如何理解我国高等教育的社会主义性质问题上，结合《宪法》第 20 条、[①] 第 23 条 [②] 以及第 46 条

---

① “国家发展自然科学和社会科学事业，普及科学和技术知识，奖励科学研究成果和技术发明创造。”

② “国家培养为社会主义服务的各种专业人才，扩大知识分子的队伍，创造条件，充分发挥他们在社会主义现代化建设中的作用。”

第 2 款[①]的规定，我国高等教育是国家培养青年全面发展的重要环节，其重要使命在于培养为社会主义服务的各种专业人才，此外，高等教育担负的任务还在于开展各个领域的科学研究与技术发明，高等教育通过输出人才与科技成果来促进包括物质建设与精神文明建设在内的社会主义现代化建设。

我国公立高校是否可以效仿美国私立高校的大学自治？答案是否定的。我国公立高校的法律地位与美国私立高校有很大区别，前者为公法人，后者为私法人。经费上，美国私立高校最初的经费来源是私人捐赠，而我国公立高校主要的经费来源是政府的财政拨款，虽然国家鼓励从多方面筹措经费，但仅依靠后者根本无法维持学校正常运转。在与政府的关系上，美国私立高校与政府之间是契约关系，宪法对契约的保护是私立高校自治的基础。私立高校的经费自治确保了它对自身的所有权与管理权；而我国高等教育的性质决定了我国公立高校的所有权和管理权归政府享有，与政府是领导与被领导的关系。综上，我国公立高校不具备美国私立高校的法律地位，不适用美国私立高校的大学自治。

我国公立高校与美国公立高校在法律地位上具有相似性，二者的经费来源均主要为政府财政拨款，由政府享有所有权与管理权。美国公立高校依据州对教育管理的集权与放权程度不同，又分为依据州宪法授权与依据州普通法律授权的公立高校两类。我国高等教育管理采集权模式，同时也在我国高等教育法中规定了高校的设立条件与自主权等，与美国依州普通法律授权的高校更为接近，基于此可以借鉴其自治模式。在美国，虽然两类公立高校享有的自治程度不同，但在自治的内容上是相同的，均受到宪法对学术自由的保护。

大学自治的核心是学术自由，这是大学应遵循的基本原则。“没有学术自由，大学就不能实现它的一个主要功能：新思想的催化剂和庇护所，包括那些生僻的思想。”[②]我国《宪法》第 35 条规定公民享有言论

① “国家培养青年、少年、儿童在品德、智力、体质等方面全面发展。”

② 世界银行、联合国教科文组织高等教育与社会特别工作组：《发展中国家的高等教育：危机与出路》，蒋凯译，教育科学出版社 2001 年版。

出版的自由，第 47 条规定了公民享有科学研究、文学艺术创作和其他文化活动的自由。明确了作为公民的高校教师、学生享有宪法赋予的学术自由。《宪法》第 47 条规定："国家对于从事教育、科学、技术、文学、艺术和其他文化事业的公民的有益于人民的创造性工作，给以鼓励和帮助。"说明国家对学术活动应给予鼓励与帮助。表明了学术自由是消极权利的同时也是一种积极权利，国家负有立法作为义务，保障学术自由的实现。美国宪法对学术自由保护的宪法文本依据是第一修正案，学术自由是经判例扩展了第一修正案对言论出版自由的保护，并将教师享有的学术自由扩展到学生的学习自由。

对比二者，两国宪法均具备保护学术自由的文本依据，甚至我国《宪法》第 47 条的规定更为明确，对学术自由的保护也更为充分。但从宪法实践上看，美国学术自由之所以能够从第一修正案中衍生而来，是因为违宪审查制度使法院可以对违反宪法文本或精神的立法或行政行为进行审查，也正因为如此，宪法上的学术自由才能对抗立法权、行政权等公权力的侵害，在实践中得以真正实现。我国实行人民代表大会制度，立法是人民最高意志的体现，具有最高地位，司法权与行政权并列其下，不具备分权原则等司法审查的前提。由于我国宪法不在司法中适用，当立法或行政机关制定的规范侵害了教师或学生的学术自由时，无法以宪法上的学术自由诉诸司法保护。

前述论证了我国对学术自由的保护有宪法文本上的依据。虽然无法通过司法审查直接实现宪法的价值，但我国宪法可以通过立法具体化，在相关教育法律中贯彻宪法的价值，从而保护学术自由，保障大学自治的精神实质。宪法规定学术自由的积极权利的性质也说明立法机关有义务通过立法保障学术自由的实现。

我国公立高校的自治应能保障学术自由的实现，这里的学术自由包括教师的研究、教学的自由，也包括学生的学习自由。但大学自治是有限度的，不能违反四项基本原则。坚持社会主义道路，坚持人民民主专政，坚持中国共产党的领导，坚持马列主义、毛泽东思想基本原则是我国宪法确立的政治原则。我国公立高校自治是基于学术自由的有限自治，要以党的领导与管理为前提。

大学自治能够保障大学科学可持续地发展。一方面，从各国高等教育的成功经验来看，教育应远离政治控制，只有当教育不受政党、政府和教育事件的短期政治利益影响时，高等教育才能有效地运转。[①]教学与科研等学术事务的决策权只有交予学术人员按照学术的规律来进行才能获得成功。另一方面，大学自治体现了以人为本的理念。高等教育是以人为中心的，首要的出发点应是鼓励而非压制人的潜能。大学自治之所以是大学的核心精神，就在于大学自治本身就代表着对教师与学生的尊重与信任。教师与学生们为了追求真理，聚集在大学中，给予大学自治的权力，实现其自我管理，意味着认同教师与学生们是理性的、富有智慧的群体，尊重其对自身事务的决策，信任其能够使高校有效地运转及提升。因而，大学自治体现了对人的尊重，这种尊重能够激励人的创造性与活力，有助于大学的发展。

2. 与有限自治相对应的外部政府规制

在保障我国公立高校自治的同时，也应肯定政府规制的作用，但政府规制不能侵害高校自治权，且规制应是必要的。

首先，政府有义务保证高等教育的目标是公共性的，并促进高等教育的平等发展。其次，政府规制能够克服市场利益对公立高校的不良诱导。政府有义务支持并鼓励那些对国家发展具有重要作用的基础研究。如基础科学与人文科学，即使有些研究在短期内没有收益或需要巨大的资金投入。因为这些研究往往是市场不感兴趣或无能为力的。同时，大学自治必然意味着大学具有了更高程度的开放性，在与市场的互动中，由于市场要求利润，可能会导致高等教育偏离其所担负的重要的教育责任。在这一方面，政府规制应能够平衡专利性研究与知识开放性之间的关系，在激励创新型专利性研究的同时，在公共利益的考量上对其范围予以一定限制。再次，旨在对学术成就进行激励的法律法规能够为高等教育创造良好的环境。

政府对公立高校的规制应仅限于外部管理，避免介入高校内部的日

① 世界银行、联合国教科文组织高等教育与社会特别工作组：《发展中国家的高等教育：危机与出路》，蒋凯译，教育科学出版社 2001 年版。

常管理。如事前的指导、事后的监督与定期的评估。同时，政府规制不应侵害大学自治的实质——学术自由。学术自由是宪法赋予公民的权利，因而对学术自由的限制应有立法机关经法定程序加以限制。比如，我国《高等教育法》第10条规定，“国家依法保障高等学校中得科学研究，文学艺术创作和其他文化活动的自由。在高等学校中从事科学研究、文学艺术创作和其他文化活动，应当遵守法律”。明确保护高校教师与学生在科学研究、文学艺术创作和其他文化活动中的自由，即学术自由。同时，“应当遵守法律”应解释为：对这一自由的限制只能由法律设定。由于学术自由是公民宪法上的基本权利，所以此处的“法律”仅指全国人民代表大会及其常务委员会经法定程序制定的规范。除此之外，教师、学生享有的学术自由不应受限。政府对公立高校的规制应是法治的规制，在法律中贯彻宪法的精神，由法律严格限定政府的权力以及规制的方式。此外，政府规制还应是透明而公平的。

3. 弱行政的大学内部管理

公立高校的自治能够避免高等教育行政化。公立高校由政府出资，所有权与管理权归政府所有，其制度的优势在于：第一，国家为高校提供财政经费，使其不必背负经费压力，也能有效地避免市场对高校造成的负面影响。第二，公立高校依据国家政策的指导，有利于统一全国的高等教育质量要求，缩小高校之间的差异，缓解高等教育在地区间的不平等，保证教育的公平。但公立高校的缺陷也是明显的。政府渴望通过对高等教育的控制实现公共目标，公权力本身又具有自我扩张性，在公立高等教育制度下，政府很容易“依托自身合法的权力基础，动态地和不断拓展地管理高等教育”，如扩大人员编制，通过法律、政策和条例，界定高等学校的办学方向、招生标准、师资资格、教育内容、设施要求和经费使用，调整高等教育的运行等，[①] 最终使高等学校完全在政府的控制之下。

美国州立大学法律地位的变化可说明这一点。美国在建立州立大学

① 许庆豫：《理智对待高等教育“去行政化”》，载人民网 http://theory.people.com.cn/BIG5/15133819. html。

时，人民就对政治集权以及政府对教育的控制产生了担心，所以起初的州立大学尽管由政府出资建立，其性质仍被认定为私法人，不受公权力的干预，直至进入20世纪，州立大学作为公法人的地位才得以确立，但其仍具有自治地位，依据各州集权与放权管理的程度不同，分别享有“宪法上的自治”或“州法上的自治”，以抵抗公权力。

大学自治与大学的法律地位紧密相关。一般来说，公立高校获得自治的标志是宪法或法律赋予公立高校以法人资格，使其具有权利能力与行为能力，并能够独立承担责任，在法律授权的范围内拥有独立自主处理自身事务的权利。此时，政府虽然有权对公立高校进行管理，但这并不等于政府有权涉入大学的所有外部与内部事务中，对大学进行全面的控制。它须依照法律避让出高校作为独立法人所享有的自主领域，也即自治权的范围。公立高校的自治地位使其能够对抗公权力，捍卫自己应有的权力，它能够有效地避免公权力的干预，也即行政化倾向；而不具有自治地位的公立高校由于没有法律赋予的“武器”以对抗公权力，无法避免与去除行政权力对大学的干预。从另一个角度来看，公立高校在没有自治地位的情况下，开展去行政化改革也将难以发挥作用，大学自治能够使公立高校挣脱行政化的轨道，建立起真正的现代大学制度。

依据高等教育法的规定，我国公立高校实行党委领导下的校长负责制，内部管理机构包括，中国共产党高等学校基层委员会，校长，学术委员会，职工代表大会。

其中，中国共产党高等学校基层委员会是公立高校的决策机构，也即最高权力机构，按照中国共产党章程和有关规定，统一领导学校工作，支持校长独立负责地行使职权；校长是高校的执行机构，也是法定代表人。校长全面负责本学校的教学、科学研究和其他行政管理工作；高等学校设立学术委员会，审议学科、专业的设置，教学、科学研究计划方案，评定教学、科学研究成果等有关学术事项；高等学校通过以教师为主体的教职工代表大会等组织形式，依法保障教职工参与民主管理和监督，维护教职工合法权益。

我国公立高校的内部治理与美国公立学校相比区别如下。

第一，决策机构的权力分配不同。我国采校党委领导下的校长负责制，美国采董事会领导下的校长负责制。虽然二者都设立一个团体机构作为法人的最高权力机构，同样拥有强有力的职能，但是机构的性质截然不同。我国的校党委是政府的代表，而美国的董事会是一个中介组织，它由政府代表、工商业界、教师和学生等其他利益群体共同组成，董事会成员的多样化构成决定了董事会代表的利益多元化，使其能够在一定程度上独立于各个利益团体，尤其是政府。

第二，权力结构不同。美国公立高校根据分权原理，将权力分配给行政人员与教师，建立二者分工合作、互相制衡的权力结构；而我国实践中，公立高校内部是高度集权式的，行政主导的治理结构。党政系统是最高决策机构，同时掌握大学经费资源，享有学术、财政和人事等方面的决策权。

第三，教师在管理决策中作用不同。美国公立高校内部治理的特色之一在于教授治校，即教师或其组成的团体在大学管理决策中发挥重要作用。我国公立高校中虽然为了使高校教师能够在校党委或校行政领导下行使民主管理和监督的权利，尤其是参与对高校学术事务的管理，设立了以教师为主体的民主管理和监督机构，如教职工代表大会、学术委员会、教师职务评审委员会和学位评定委员会等。但是，此类机构在实践中难以发挥作用。高校教师的意志在高校管理决策过程中得不到充分的体现。教师或教师团体不掌握经费这一重要资源，因而在决策中享有较少的话语权。

第四，内部自我监督机制的作用不同。美国公立高校通过大学章程或其他自主制定的规章进行自我约束，在大学的管理及决策中采取“阳光政策”，保障公平与公开。我国公立高校尚未建立起可有效实施的大学章程等自我约束的规章制度，教职工代表大会等监督机构难以履行职能，学校政务不够公开透明。

我国高等教育体制滋生了种种弊端。行政化的内在缺陷为官商勾结、权钱交易等腐败现象制造了可乘之机，扩大了裙带主义和政治机会主义的可能性。官员化的倾向不利于高校学风、学术氛围的塑造，“学而优则仕”使得学术成就成为步入仕途的跳板，失去了知识应有的神圣性，损害了高校的公众形象，同时，集权式的管理模式也成为学术创造性、教师积极性、创新性人才培养的桎梏。

因而，我国公立高校的内部管理去行政化改革，重中之重应是克服大学内部在利益分配，人员设置等方面的行政优先与行政主导趋势。在这一点上，我国公立高校借鉴了美国公立高校董事会制度的经验。目前，我国已有 200 多所公立高校建立了校董事会，并在党委领导下的校长负责制的基础上逐渐形成了董事会运行机制，但其在沟通与决策、激励与约束、监督与评价以及支持与保障等运行机制上都存在不足，[①] 现有的尝试不甚成功。分析其原因在于尚未将董事会制度与我国高等教育体制相结合。在此提出几点设想。

首先，董事会中介作用的实现。一方面，党对公立高校的领导应体现在董事会的权力结构设计中，并在此基础上实现董事会的中介作用，使董事会应成为党的领导与高校法人治理之间的桥梁。同时，在董事会内部融入党的领导权，强化董事会的权威，也能够保证董事会对外权力的实现。另一方面，一般来说，美国公立高校董事会作为一个独立的机构享有法人地位。州宪法或州普通法律在设立大学时，会对其法人地位、权责结构和运行机制等作明确而具体的规定，董事会独立行使职能。我国应在法律上确立董事会的法人地位。同时，由高校董事会自主制定大学章程，建立会议制度、委员会制度、审计制度、报告制度等各项相关制度，规定各机构在章程规定的范围内开展工作，实现自我管理与监督。

其次，合作管理模式的引入。民主的高校内部治理模式是由教师、学生能够有效地影响对高校的管理决策。在这一点上，可借鉴美国公立高校内部教师参与管理的方式。共享管理（shared governance），也称合作管理（cooperative governance）指专业人员、行政人员、校外人士乃至学生共同参与。这一管理形式旨在保证决策由最有资格的人来做。它要求确保教师在决策中能够发出有意义的“声音”，[②] 尤其是在课程、学术评价等学术事务上，如教师掌握经费，决定经费的使用。要求学生至

① 万清祥、魏海勇：《中美公立大学董事会运行机制比较与启示》，载《中国高等教育》2010 年第 11 期。

② 世界银行、联合国教科文组织高等教育与社会特别工作组：《发展中国家的高等教育：危机与出路》，蒋凯译，教育科学出版社 2001 年版。

少能够在一些影响其生活的领域以及他们能够提出建设性意见的领域参与学校的管理，并能够发挥作用。我国公立高校中，可将科研经费等资源交由学术委员会管理。由董事会对学术委员会进行事后的监督。学生参与管理可通过选举学生代表进入董事会与学术委员会等管理机构的方式实现，学生代表可列席各机构会议，在与学生密切相关的事项上，提出意见建议并参与决策，此外，向全校学生定期公开机构做出决策的原因与过程，使各机构接受学生的监督。

第三节　公立大学法人化改革的目标定位

作为一种组织形态，大学法人制度从缘起至今，几经演变。从以学术自由、团体自治为基础的洪堡大学的设立，到新自由主义的主导下日本国立大学的法人化改革，尽管改革、发展的具体背景有所差异，但通过组织制度的变革回应社会发展的需求，无疑是公立大学制度变迁的共性趋势，因此，大学之变乃制度之变也！

1998 年的《中华人民共和国高等教育法》赋予大学法人资格，但由于缺乏相应的制度机制，仅从形式上完成了对高等学校法人身份的认定，距离大学以独立法律主体的名义处理与政府、社会的关系仍相去甚远。《国家中长期教育改革和发展规划纲要（2010—2020 年）》的通过，标志着中国高等教育改革开始探求“去行政化”之路。顺应改革，如何进行制度借鉴成为我国高等教育实践的焦点。

一、从学术自治到绩效管理：大学法人治理目标定位的变革

法人治理结构的建构是现代大学制度的核心，就治理的目标定位而言，历经了从学术自治到绩效管理的变迁。这一变迁表明现代大学管理

从传统专业主义的管理模式向新自由主义管理模式的调整和转变，体现出现代大学制度对社会需求的回应。

（一）学术自由与大学法人格的缘起

制度与精神决定着事物存在的合理性，两者之间的联系体现为客观外在的规则与其内在价值的关系。虽然，有关制度的阐释众说纷纭，有将制度看作是一种社会基本结构、一种“集体行动”、一种“行为模式”、一种“特定组织”等，但从法学而言，制度是“任何一定圈子里的行为准则”①，是“一种公开的规则体系”②。具体到大学，无疑，学术自由乃大学之精神所在，而法人身份则是其内在精神的制度外化与保障。因此，在《大学的兴起》一书中，哈斯金斯指出“制度是大学传统最直接的表现”③，并与大学之精神——学术自由并列为现代大学生命力旺盛的根源所在。

学术自由源自学术的自律性。此种自律性使得大学对于学术事务必须享有自我决定，免受不当干预的权利。学术事务属于人类内在思想或精神活动的一种表现，本身就含有极高之自律性（Eigengesetzlichkeit）；若人之内在精神活动，受到他人或公权力的压抑与干涉，无法自由形成，从事各种活动，则其难以成为有自由意志而能独立自主、自决的主体④。因此，在现代大学制度缘起的德国，于开国之际，“学术自由、科研自由、教学自由”便被写入《基本法》，而且被列为任何修宪举措均无法撼动的条款。

随着民族国家的建立，教育成为国家公共服务的重要组成。通过组建公立大学实现高等教育的政府保障，成为政府提供教育服务的必要手段。基于“国家必须是文化的综合象征这一德国式的文化国家论和综合

---

① ［德］马克斯·韦伯：《经济语社会》（上卷），林荣远译，商务印书馆 1997 年版，第 345 页。

② ［美］罗尔斯：《正义论》，何怀宏等译，中国社会科学出版社 1988 年版，第 50 页。

③ ［美］查尔斯·霍默·哈斯金斯：《大学的兴起》，王建妮译，上海世纪出版集团 2007 版，第 21 页。

④ 周志宏：《内在精神自由（一）》，载许志雄等著：《现代宪法论》，元照出版公司 1999 年 9 月版，第 109 页。

体系的学术观”[①]，一方面，国家是文化的综合象征，有义务支持作为文化创造之源的大学；另一方面，大学为了能够创造文化，培育民族精神，则必须拥有大学自治与学术自由。因此，在这种国家主义的高等教育模式下，如何处理大学与国家之间的关系，以保障学术自由成为大学治理的关键所在，最终解决问题的核心归结为通过组织制度的建构以落实大学自治。作为洪堡大学的创始人，德国学者威廉·洪堡在提出大学组织计划时曾明确大学的设立必须基于“研究与教育一体性的原则”，指出大学的本质在于大学始终要将学术当作是一个尚未完全解决的问题加以持续地探索，而学术自由则是通往知识与研究的外在保障与内在诉求，因此,大学应当是以“探究博大精深的学术”为立身之本的学术共同体，从而主张国家权力应当保障大学研究和教学的自由，保障大学教师将其探索的真理传授予学生的自由。这一论断确定了现代大学制度的基调，即学术自由和教授治校，并奠定了以洪堡模式为标志的现代大学的组织特征。洪堡模式的兴建体现了近代大学与国家关系的原型，标志着一个大学国家主义时代的到来[②]。在国家与大学的关系中，大学的学术发展应遵循其内在的逻辑，而从物质与经费上为大学的学术发展提供大力支持则是国家的义务。正是在这种国家主义的高等教育模式的保障下成就了柏林大学的奇迹，即在定位于国家机构的同时，公立大学拥有着近乎至高无上的积极的自治与自由。柏林大学以后，大学与政府的关系也基本上维持着近似的逻辑。

基于大学内在的学术性，美国教育学家赫钦斯曾经指出，失去自治，高等教育就失去了精华。所以，“确保大学的学术性犹如确保生物有机体的蛋白质一样,是大学发展延展的核心”[③]。这种基于学术自由而产生的自治奠定了大学的法人地位。在德国法上，自治（Selbstverwaltung）是一个具有悠久传统而且重要的问题[④]，根据德国学者 Reinhard Hendler

① ［日］金子元久：《评价主义的陷阱：模拟市场化和大学评价》，徐国兴译，载《教育与经济》2003 年第 2 期。

② 阎光才：《全球化：一种意识形态》，载《北京大学教育评论》2003 年第 3 期。

③ 张俊宗：《现代大学制度》，中国社会科学出版社 2004 年版，第 139 页。

④ Hendler, Selbstverwaltung als Ordnungsprinzip, 1984, S. 8 ff.

的研究，现代自治思想乃是藉由“参与”概念而逐渐萌芽。自治的渊源可以回溯到 Heinrich Friedrich Karl Freiherr vom und zum Stein（以下简称 Frh. v. Stein）的政治改革思想。Frh. v. Stein 提出了“参与（Beteiligung）”的概念，认为国家应该强化市民对公共事务的参与。“参与”在其改革思想中，始终扮演着核心的角色。Frh. v. Stein 的政治自治思想提出后，Lorenz von Stein、Rudolf von Gneist、Otto von Gierke 等人以其“参与”思想为中心，继续发展了上述政治意义上的自治理论。这些政治上的自治理论，在 19 世纪末开始受到了来自于法实证主义的挑战，进而发展成以 Paul Laband 与 Heinrich Rosin 为代表所提出的法律意义上的自治理论，即团体自治理论（korporative Selbstverwaltungslehre），从而将自治思想导入法律的框架内。Laband 认为，自治是一个介于国家与个人之间的公法主体，被利用来履行国家任务。换言之，就是国家将公权力的行使委托给一个有别于国家的法律主体来执行，并认为这种委托是一种国家任务执行上的自我限制①。Rosin 则部分地接受了 Laband 的自治理论结构，并将自治的政治思想与法律意义区分开来，以“团体（körper）”的形式作为自治的法律特征。Rosin 认为自治纯粹是一种组织的表现而已，是藉由一个组织的法人格地位的创设，去达成公共活动②。依据 Rosin 的见解，“参与”这项元素，只能在政治意义的自治概念里理解。在这种二分法之下，以参与为特征的古典意义自治行政，被归类为政治意义的自治概念，而与法律意义上的自治渐行渐远。Hans J. Wolff 和 Otto Bachof 著名的行政法教科书将法律上的自治界定为，国家之下的主体或其他公行政主体，以自己的名义，独立且不受专业指令监督地履行从国家本身分配或移转出去的公共事务③。这一自治概念的界定，成为传统德国行政法学上的通说。此外，另一学者 Ernst Forsthoff，则将自治直接定义为“国家藉由公法社团、公营造物及公法财团来履行国家自己本身的任务”④。Forsthoff 认为政治参与的观点在法律的自治概

① 赵相文：《由法律观点论自治制度》，载《中原财经法学》第 15 期。

② Hendler, Selbstverwaltung als Ordnungsprinzip, 1984, S. 116.

③ Wolff/Bachof, Verwaltungsrecht II, 4. Aufl., 1976, § 84 Rn. 34.

④ Forsthoff, Lehrbuch des Verwaltungsrecht, 10. Aufl.,1973, S. 474.

念里是不具有意义的，有权利能力的高权主体才是自治的决定性要素。此种团体组织形态的自治，进而构成了法律上自治的主要概念特征[①]。因此，传统德国公法学对于自治概念的探讨，所关注的焦点在于团体的组织地位与组织形态。从这个意义上讲，是否具有法人地位是能否实现自治的基础与标志。

这种自治的理念对公立大学法律地位的界定具有十分重要的影响。在德国法上，大学具有二元法律地位。1976 年德国颁布的《大学基准法》第 58 条规定："高等学校是公法团体，同时又是国家机构。"此项规定，在各邦大学法中获得一致性认可，成为德国公立大学的法定组织形态。巴伐利亚州《高等教育法》则进一步规定，"高等学校以法人的身份处理学校事务，以国家机构的身份履行政府事务"。这种组织上的二元法律地位，正是现代大学肩负"学术自由"与"公共服务"的双重功能的体现。一方面，基于基准法对于学术自由的保障，大学拥有自治权，可以自己的名义，主张宪法所保障的学术自由，并通过公法社团的身份，藉由独立的法律人格与内在组织结构的封闭性，保障研究教学的自由；另一方面，对于"非直接"涉及研究、教学的其他行政事项，例如人事制度、财政结构，则无异于其他行政机关的管理，被视为邦教育部的下属机关。公立大学的经费主要来自国家预算，在编列上，属于邦教育部预算的一部分，年度结算亦受国家审计法的拘束，就人事管理而言，大学教授则由邦教育部长直接任命。这种严格的人事与财务管控的目的在于保障公立大学的公共属性。

可见，大学法人格得以确立的基础在于"学术的自律性"。学术的自律性构成大学自治的必要，同时也形成了大学自治的范围和国家干涉与监督的界限。在德国人严谨细腻的法律思维之下，自治的理论得以充分体系化，并与特定的组织形态与法律地位形成必然的关联性，从而使得法律上的自治最终落实为特定的组织形态与独立的法人地位。因此，从公立大学的制度建构而言，与自治相对应的独立法律人格是大学维持

---

① Schmidt-Aßmann, Zum staatsrechtlichen Prinzip der Selbstverwaltung, in: Selmer/v. Münch(Hrsg.), Gedächtnisschrift für Wolfgang Martens, 1987, S. 249 (250).

思想和学术独立性的前提，是学术自由的本质与制度保障。

（二）绩效管理与大学法人制度的发展

自 20 世纪 80 年代以来，各国开始高等教育改革。在这场变革中，不同国家的政治形态、经济水平以及高等教育的发展阶段虽不尽相同，但变革模式都具有一定相似性，即通过大学法人制度的建构，以保障学术独立、财务人事自主及大学内部组成人员的参与及自治。逐渐调整以往由政府主导高等教育管理的方式；下放政府的管理权力，扩大高校自主权；消除垄断，引入市场机制，引导大学积极回应社会需求，以增强弹性，提高效率。这一变革意味着现代大学法人制度建构的基础从传统专业主义的管理模式向新自由主义管理模式的调整和转变。

从 20 世纪 80 年代开始，新自由主义主导下的新公共管理运动成为各国公共管理改革的主旋律，各种高等教育机构也纷纷卷入这场改革。较之传统的大学管理，新自由主义的管理更强调公共组织的绩效。在管理机制方面，强调市场和竞争。在这一改革浪潮影响下，大学传统专业主义管理模式下基于自由的学术意识逐渐被数量指标、绩效表现、学术考核、策略计划等新公共管理理念所替代。

组织改造蕴含着制度变革的内在诉求。在现代社会中，大学无疑是经济和生活发展的重要驱动力。以新自由主义理念为主导的大学改革正是在全球竞争的国际环境下，民族国家把高等教育作为刺激和拉动经济增长，从而提高国家竞争力的策略之一。首先掀起现代大学法人化改革浪潮的是日本。传统上，日本的整个教育都处于中央政府的控制之下，国立大学被作为政府的一个附属机构而设置和管理。因此，美国教育使节团曾经把日本的国立大学称作是一个“被保护的官僚机构”[①]。法人化之前，从设置形态、预算构成和内部管理权限方面来看，日本国立大学具有“行政管控与学术自治”两方面的特点。

首先，从办学主体来看，日本国立大学由日本中央政府设置和管理。

① Osaki,H.(1997).The Structure of University Administration in Japan.Higher Education, 34,pp.151-163.

文部省是国立大学的办学主体和直接管理者。大学校长由各大学教职员投票选举产生，由文部大臣任命。各大学的事务局长由文部省直接委派，并按照文部省和大学制定的各种章程，通过所属的事务系统，负责管理和监督所在大学的行政事务。在预算方面，国立大学每年度约 60% 的预算来自政府财政。因此，在大学的设置以及人、财、物方面具有很强的行政管控色彩。

其次，从大学内部管理的组织和权限来看，日本国立大学的内部管理组织分为学术和行政事务系统，并相应地划分为大学与学部两个层次。与许多国家国立大学不同的是，在日本国立大学内部，位于学部层次的学术管理权限比较大，特别是学部的教授会，它拥有决定所在学部的预算分配、新任教官的遴选、所在学部教官的升迁、课程设置、学位颁发等权力。在很大程度上，日本国立大学的内部管理与运作主要依靠各学部的教授会执行，而大学校长、副校长、行政事务部门和各校级委员会等学校一级管理机构，则从整个大学角度，根据有关法律与章程，对各学部提交的议案进行审议并决定是否采纳通过。可以说学部教授会的实权化正是日本国立大学学术自治的具体体现。因此，2003 年出版的经济合作与发展组织报告指出，所有经济合作与发展组织成员国中，日本国立大学具有“行政管控与学术自治”的双重特点，即在中央集权管理的基础上存在着一定的学术独立和自治。

由于日本国立大学长期处于政府的保护与控制之下，科层制管理所产生的制度性疲倦导致大学内部人员官僚意识严重、缺乏竞争与社会服务理念，形成了大学对政府的过度依赖，出现了运行机制僵化、缺乏自主权、人浮于事、办事效率低下的弊端，导致大学不能对社会发展的需求做出适时反应。同时，因日本经济衰退，学校所需的科研经费不能及时地解决，致使国立大学的发展陷入僵局。为了尽快使国立大学走出困境，建设一批教育质量优良、个性鲜明的大学，日本教育界开始呼吁改革现有大学治理机制，建立完全独立的“国立大学法人制度”。

从 1997 年改革政策意向的提出到 2004 年相关法律的出台，法人化改革经历了 7 年的酝酿。2000 年 7 月，文部科学省专门成立了“国立大学法人调查委员会”，经过一年多的努力，于 2001 年 9 月提出《关于新的“国立大学法人”形象的中间报告》。该报告在强调大幅度缓和大学组织、人事、预算等方面的规制以及扩大大学自主权的同时，要求采用企业化的经营管理方式来管理大学，并预定从2004年开始正式实施国立大学独立行政法人制度。面对该报告引起的各种社会反响，日本“国立大学法人调查委员会”综合社会各方面的意见，在2002年3月提出《关于新的“国立大学法人”形象的最终报告》，该报告从基本观点、组织业务、人事制度、目标与评价、财务会计制度、大学共同利用机构等七个方面阐明了日本国立大学法人化改革的政策建议以及发展方向，并于2004年7月国会通过《国立大学法人法》，将国立大学从原来文部科学省的附属机构转变为具有独立法律地位的法人实体。

从本质而言，日本国立大学法人化改革是20世纪80年代以来日本政府所推行的新自由主义和新公共管理社会改革的一部分。此次改革是在政府的主导下进行的，其目的在于提高公共资金的使用效率，减少政府开支，强调国立大学的社会责任，建立绩效考核制度，引入竞争机制，通过大学经营责任明确化，实现灵活和富有战略性的大学运营，提高国立大学的教育和研究水平。改革的具体方案是利用法人化所导致的国立大学法律地位上的改变，藉由法人所具有的意志独立与行为自主的法律特征，更灵活有效地管理大学，实现国立大学应有的使命和功能。改革内容包括引进民间经营管理理念、校外人士参与学校管理、教师人事制度改革、外部评价制度以及财政来源渠道的多元化等五个方面。法人化后，政府与国立大学的关系发生了实质性的变化。虽然政府对国立大学仍有较大的管理权和监督权，但国立大学将拥有完全独立的人事权和管理、教育、研究等方面的自治权，其办学自主权得到扩大。这一举动引起了社会各界的强烈关注，日本国内的媒体称此次国立大学法人化改革是高等教育领域的“地震级的变革”，美国《高等教育年鉴》则称之为“100年来最大的教育变革”①。

---

① Goodman, R. Whither the Japanese University?An Introduction to the 2004 Higher Education Reforms in Japan. In J. S.Eades, R. Goodman, & Y. Hada(2005). The ‘Big Bang’ in Japanese Higher Education. The 2004 Reforms and the Dynamics of Change. Victoria Australia: Trans Pacific Press, pp.1-31.

（三）法人化：公立大学改革的共识

针对公立大学的发展现状，1982年，卡耐基教学促进基金会发表了一份题为《高等教育管理》的调查报告，报告在分析美国历史上高等教育的管理体制，以及政府、市场、行会与大学关系的演变历程后指出，大学穷于应付各种官僚机构提出的形形色色的要求，自主决策空间甚微。报告认为，管理学校的自主权应回归学校[①]。其后，联合国教科文组织在1998年的《世界高等教育大会宣言》中呼吁各国政府维护大学自主权利和法人地位。1998年经济合作与发展组织（OECD）在《重整高等教育》的报告中再次指出，当前高等教育应进行管理模式的变革，应当大力倡导还政于高等学校，并鼓励下放权力以及赋予高校自主权，期望国家对高校的管理由以往的微观管理转为宏观调控[②]。其中，大学自主与大学法人地位的问题一次又一次成为大学改革的共同话题。可见，自20世纪80年代以来，无论国家的政治形态、经济发展水平以及高等教育的发展阶段是否相同，公立大学变革的模式都具有很大的相似性，即逐渐调整以往由政府主导高等教育管理的方式，解除政府对公立大学的管制；下放政府的管理权力，扩大高校自主权；消除垄断，引入市场机制，以增强管理的弹性，提高效率；重视高等教育对社会的责任，引导高等教育机构积极回应市场需求。所有这些政策推行的核心归结于建构现代大学法人制度。

在这一背景下，法人地位的确立已经成为大学改革的必然。法国1984的《高等教育法》规定，“高等学校享有法人地位和教学、科研、行政、财务的自主权”，马来西亚在1996年开始了大学法人化的改革，通过议会修订大学章程，重新界定大学法人地位。泰国于1998年通过的新教育法确定了“在2002年，让所有公立大学成为自治法人”的目标。日本国会则于2004年7月通过了《国立大学法人法》，赋予国立大学法人资格。在德国，传统公立大学组织上的二元法律地位，随着大

① The Carnegie Foundation for the Advancement of Teaching(1982).The Control of the Campus.A Report of the Governance of Higher Education.Princeton,N.J.

② OECD(1998).Redefining Tertiary Education. http://wwwl.oecd.org/publications/observer/214/article4-eng.htm,2004-09-16.

学财政赤字的严重化与国际竞争压力的增强而日渐遭到挑战，终于在1998年8月修正了大学基准法第58条第1项的规定，除将大学的法律地位原则上定位为公法社团与国家机构外，同时增列第二句，允许大学亦得以“其他法律形式”设立。授予各邦在公立大学的设置上拥有较大的组织法上的形成自由，得以其他法律形式取代目前之法律地位设立与组织大学[①]。可见通过法人化的方式，使大学免受行政官僚机制与僵化程序的制约，保持相当的自主权，从而增强高等学校适应社会需要的能力,实现绩效管理是20世纪80年代以来各国高等教育改革的共性趋势。

二、从合法性监督到结果导向的目标规制：大学法人治理方式的调整

荷兰学者弗兰斯·范·富格特（Frans Van Vught）曾就高等院校的改革与发展趋势指出：“就院校本身来说，同现代的行政结构和专业管理一起，必须实行高度的自治和责任制。”[②] 而公立大学法人化改革正是落实大学自治的制度保障。从治理方式而言，在新公共管理理念主导下的大学改革预示着大学管理正经历着从传统专业主义模式下的合法性监督向新自由主义模式下的目标规制的转变。

（一）自治与法治的协调：传统合法性监督的核心

学术事务的自律性，一方面成就了大学自治的必要；另一方面也构成大学自治的范围以及国家立法权与行政权干预与监督的界限，因此，自治意味着国家对此领域的管制降低。这种管制的降低表现在监督的范围上，意味着对于涉及自治事务的领域，国家仅能进行合法性监督，审查其行为或决定是否违法。至于非属自治事务的领域，国家可以基于上级监督机关的地位，对于该自治团体同时进行法律监督与专业监督，除

① 董保城：《德国学术自由与大学自治—兼论我国大学法争议—公立大学公法人化》，载《教育法与学术自由》，元照出版公司1997版，第170页。

② ［荷兰］弗兰斯·范·富格特主编：《国际高等教育政策比较研究》，王承绪等译，浙江教育出版社2001年版，第2页。

审查其行为决定的合法性外，亦可对其行为的合目的性进行审查。

学术自治作为传统公立大学法人格确立的基础，将国家对大学的监督活动限缩在合法性监督的范围内，目的在于防止国家侵害大学自治团体“自治的核心领域”，而大学自治“核心领域”的范围即为自治事项的决定空间，应取决于以法律为基准的控制，这种控制构成国家对大学监督的范围，同时也是大学在行使自治权时所不可逾越的界限。因此，这一核心领域划定的意义在于明确自治与法治的分水岭。例如依据德国大学基准法第 1 条规定，大学在保障学术自由的范围内享有自治权。这里“学术自由”的范围即是立法者所设定的控制基准，而国家对于大学事务的监督，均不能逾越此项由立法者所预设的基准，否则即是侵害大学自治的“核心领域”。至于这一基准应如何具体解释，则属于不确定法律概念适用的问题①，取决于法律实践者对“学术自由”的诠释，从而实现抽象、凝固的法律规则与生动、具体、复杂的大学事务之间的相互沟通和契合。

可见，自治与法治的平衡是传统国家对公立大学法律规制限度的决定因素，因此，在建制上，一方面必须保证国家的监督，另一方面必须维护大学法人的独立地位与自主权，这是构建公立大学法律规制范围抑或限度的基本出发点。

（二）目标评鉴：体现结果导向的绩效监督

以法人化为特征的现代公立大学改革自始受到新公共管理和新自由主义思想的影响。较之传统的行政干预，在管理机制方面，新公共管理更强调市场机制；较之传统的注重管理过程与事前规制，新公共管理更强调管理的结果和绩效，即注重对部门所要达到的目标及管理的结果进行事后监督和评估。在管理方式上，相对于以往的直接干预，新公共管理则引入“契约”或“合同”等方式。

具体而言，在日本公立大学法人化改革中，基于绩效管理的目的，以文部科学省为代表的政府与大学签订为期 6 年的中期目标，该中期目

① 李昕：《作为组织手段的公法人制度研究》，中国政法大学出版社 2009 年版，第 227 页。

标体现出文部科学省对大学教学、科研和社会服务等方面的要求。为了实现这一目标，各个大学必须制订相应的中期计划，此计划得到文部大臣认可后生效。在计划执行过程中，涉及国立大学内部具体运营经费和人事等问题则属于大学自主权的范围，文部科学省不再进行直接干预。在中期计划实施结束之后，文部科学省根据中期计划的内容，引入第三者评价制度，由文部科学大臣委托具有社会第三方机构性质的独立行政法人——大学评价・学位授予机构对国立大学的教学和科研工作进行评价，评价结果将提供给国立大学法人评价委员会，最终由国立大学法人评价委员会根据文部科学大臣的委托，结合独立行政法人——大学评价・学位授予机构所提供的评价结果，对国立大学进行包括运营在内的全面综合评价，而文部科学省则根据评价结果确定对该大学的拨款额度。在这种评价机制中，大学与政府必须及时向社会公开评价结果、财务状况、教育研究成果等信息，消除大学与社会之间的信息不对称，从而形成政府和社会对大学的双重监督机制，促进大学推进教育研究和开展社会服务。

目前，来自社会中介组织和政府部门的认证与评估已成为各国高等教育绩效评鉴的主要方式。在美国，除通过六个区域性的大学联合会以及统一的全国高等教育认可委员会对大学进行整体评鉴、认可外，还成立了专门的民间评估机构（如美国高等院校专业鉴定协会）以及美国政府官方管辖的“资格与机构评价办公室”等，对各学校和专业进行质量评价和监督。这些组织的评价在美国高等教育界具有很高的权威性。英国则主要通过高等教育质量保障局（QAA）这一中介机构对高校的教学和研究质量进行评估。为了能在 QAA 评估中获得较好的评价，各高校每 5 年为一周期进行自我评估，其内容涵盖学术与行政两大部分。在一向以“追求学术独立与自由”为目标的德国，大学同样也面临着政府评估的压力，为了建立一个有效率有差别的高等学校体系，德国政府建立了高校业绩评估制度，以此作为国家高教财政拨款和高校内部资金分配的基础。上述改革目的在于在政府、社会与公立大学之间构建起由“市场和竞争”主导的新秩序，并通过“大学的发展规划设定——规划完成程度的评估——财政资源的配置”三者间的联动性制度设计，尝试在公立大学与政府之间建立一种新型的“契约”关系，从而实现对公立大学的管理从“事前规制”向体现结果导向的“事后检查”的新公共管理的转型。

总之，以维护“自治核心领域”为目的，平衡自治与法治是传统国家对公立大学进行法律规制的关键，而新公共管理所推行的大学改革又将目标管理、结果评鉴等契约元素融入现代大学法人制度中，体现出法律规制重心的变迁，导致大学的管理越来越趋向企业管理模式。

三、从学术共同体到知识经营体：大学法人内部治理模式的变迁

组织是达成目的的手段，因此，组织目的决定组织形态，组织形态是组织目的的内化。唯有通过妥当的组织设计，特定的目的和价值才能够有效实现。目的内化为组织是通过一定的客观方式来完成的，并通过特定的组织结构即组织内部的治理模式体现出来。法人化作为治理现代大学的重要手段,其目的的实现依赖于大学内部系统化的组织体制设计，因此，现代大学法人制度应当依合目的性需要进行设计。伴随着大学法人治理目标的调整，公立大学的内部治理模式经历了从学术共同体到经营共同体的变迁。

（一）以自治为核心的学术共同体

单纯法人身份的取得并不能保障大学自治目的的实现，组织目的的达成必须依赖于特定的内部组织构造，因此，组织保障在实现学术自由上扮演着相当重要的角色，是大学“直接实现基本权利的工具”。围绕着大学作为学术组织自身运行的规律和特点——学术自由、学术自治和教授治校构成了近代大学制度的基石，近代德国洪堡大学正是这一组织形态的经典范本。这一模式与德国传统的自治理论相结合，在外部法律地位上成就了大学作为公法社团的法人地位，而在内部治理结构上则奠定了以利害关系人民主“参与”为特征的人合特性，并以此为核心构建起“学术共同体”。

根据德国公法学关于“自治”的理论，在组织体系内部，自治的核心体现在“利害关系人参与”上，而此种参与的要求，又同时成为强化自治团体内部民主结构的方法。因此，大学自治要求自治事务应由大学内部成员共同参与决定。在德国，公立大学具有公法社团的性质，作为一种人合组织，成员是大学法人构成的必备要素，其组织建构的宗旨就是通过成员的组织化实现同一领域的自治，民主参与是公法社团组织结构的内在要求和合理基础，为使成员能够对大学事务发挥决定性影响，在早期的大学内部结构中，通常以各学院为单位，以教授为主要参与者负责对相关学校事务作出决定，故而称之为“教授治校”。第二次世界大战后，柏林大学部分教授与学生因不满苏联当局的专制而发生学潮，并另行建立柏林自由大学，此后，学生取得了大学会议中的参与权。此项改变开启了德国大学内部“利害关系人参与”治理的新时代，并渐次发展出以“教授”“学生”“学术助理人员”同时具有表决权的决策组织模式。在大学发展史上，此种模式被称为“组群大学”。这一模式建立在“自治的正当性来自于每一个利害关系人参与团体意志的形成与决定过程”① 的理念基础上，并进而得到德国联邦大学基准法第 37 条的认可，明确“参与自治事务是所有大学成员的权利与义务”。

（二）作为知识经营体的大学法人

组织体制必须适合组织任务需要的理念是一个不言而喻的行政学和组织法原则。这一原则要求应以任务为出发点，进而判断何种组织形态的内部结构、运作方式，最能确保其目的的正当、有效履行，此即“功能最适宜的机关结构”理论②，澄清组织形态与组织目的之间的这一关联性，有助于理解大学法人结构的合理设计，明确不同时期大学法人制度所承载的个性化价值。

为适应现代大学的使命，在以绩效管理为目标的大学法人化改革中，日本借鉴美国大学治理中的董事会构想，重新调整了公立大学的决策机

---

① Hendler, Das Prinzip Selbstverwaltung, in: HStR IV, 2. Aufl., 1999, Rn. 16.

② 陈爱娥：《行政任务取向的行政组织法》，载《月旦法学教室》第 5 期。

制，以组建董事会的形式吸纳社会人士参与学校决策，打破内部治理结构的封闭性，适应办学社会化的需求，使得大学法人的内部治理从封闭走向开放。

法人化改革之前，日本国立大学是以教授治校为特征的“学术共同体”，强调学术自由，注重基础研究和学理探究，较少关注学术成果的社会效益和经济效益。在新自由主义的影响下，大学管理逐渐从专业取向转向消费者取向。不同于既往，法人化改革更强调大学作为知识载体的经营特征，为此在大学治理中引进了“计划、实行、评价和改善”的经营循环体系，以密切大学与社会各界的联系。为此，大学必须向社会公开相关的教育研究信息，必须接受来自社会各界的监督与评价。

同时，就管理机制而言，根据日本《国立大学法人法》规定，国立大学法人化改革后，参照企业经营的方式，引进董事会作为学校的最高决策机构，国立大学校长为国立大学法人的最高权力者，是学校经营、教育的最高负责人，另设副校长、监事等若干。同时设置教育研究评议会和经营协议会两大咨询机构，分别就大学教育研究以及学校运营等事项进行审议，并向董事会直接负责。在这一改革中，以往由各个学部部长以及教授代表组成的负责审议全校重要事项的评议会，则改组为负责审议有关教学研究事项的“教育研究评议会”，无权审议、决策与学校运营有关的事项。经营事项必须由专门的经营协议会负责审议。为了确保国立大学法人的公益性，在董事会中聘请若干校外董事和校外评议员参与学校管理，并规定经营协议会成员中校外人士数量必须占经营协议会总人数的1/3以上。法人化改革后，政府大幅度减少了对大学的直接干预，经费预算和组织设置权直接划归大学所有，对大学的评估也委托社会第三方机构进行，以保障评估权与审批权相分离，削减公立大学的行政色彩。在放权的同时，文部科学大臣通过任命监事来加强对国立大学的监督，监事由校外人士担任，主要对学校法人的财产状况以及业务执行情况进行监察，并定期向文部科学大臣提供学校法人的运营情况。

这种向社会开放的大学运作机制，打破了以往大学与社会之间的屏障，促使国立大学从“学者共同体”“知识共同体”过渡为“大学企业体”和“知识经营体”。在新自由主义主导下的公立大学法人化改革所强调的大学自治与传统的教授治校不同。在日本，法人化改革所主张的自治是指强化以大学校长为核心的董事会对学校进行管理的权力，而不是传统意义上的“教授治校”。这一目标的转变标志着大学内部组织结构经历了两种极端的现象：一为“学者共和国”（Gelehrtenrepublik），另一为“学术给付企业体”（wissenschaftliches）。前者主要针对大学内部各组群（偏重大学组织内部之设计）；后者着重于大学对外部所呈现企业竞争性格[①]，是大学内部治理由封闭走向开放的体现。

（三）问题与质疑

20世纪70年代以来，伴随着新自由主义以及新公共管理思潮的兴起，高等教育改革开始逐渐进入另一个“话语体系”。虽然“自主性与自律性”仍被视为大学法人制度的核心，但本质与目标却发生了根本性的变化。变革使得大学的存在意义发生了质的飞跃，大学的功能变得纷繁复杂，经典的大学理念受到挑战与冲击，大学形象也日渐模糊。

传统源于学术自由的大学自治根植于学术与研究的本质。这是大学独立于政府权力，作为承担社会职责的“知识共同体”的基础，而市场化改革在提高大学办学“绩效”的同时，却使得大学的存在目的与基础受到非议。人们质疑“这些意识和实践或许会对经济发展起到一定的推动作用，尤其在短期内会表现得更明显，但对于经典的大学精神会是一种侵害”[②]。这也是新自由主义主导的大学法人化改革遭到诸多学者强烈反对的根源。在日本，公立大学法人化所带来的社会冲击十分巨大，以至于遭到大学基层群体及教授们的强烈抵制，悲观者认为“目前在日本大学法人化中所发生的是促进日本高等教育崩溃的危机性问题”，认为改革造成了“社会变动的要求与大学本身研究、教学的自在逻辑之间的恶性冲突”，并忧虑“这是大学改革在过渡时期所面临的阶段性问题，

---

① 董保城：《从“学者共和国”到“学术企业体”之两难——论新版大学法草案》，载《法治与权利救济》，元照出版公司2006年版，第326页。

② 田爱丽：《现代大学法人制度研究》，上海教育出版社2009年版，第125页。

还是大学改革根本性的结构性问题”？[①]理论界质疑这一改革将使大学从行政的附庸转变为市场的附庸，担心在科层化与市场化的双重影响下，传统的大学自治与学术自由将受到不可避免地侵害。在这些质疑声中大学改革举步维艰、前景迷茫。按照伯顿·克拉克的说法：“全世界的大学已经进入一个看不到尽头的令人感到混乱的时期。……高等教育丧失了它可能一度具有的稳定状态。”[②]

现实的困境促使人们探寻在扩大大学内部的行政管理权的同时，如何确保大学的学术权力不受损害？如何在市场化的背景下，保持学术自由？如何在强调社会服务的基础上，确保那些不能直接产生社会经济效益但对社会的长远发展不可或缺的学科的发展？这些问题的最终归结点在于如何协调大学的公共性与法人化之间的矛盾与冲突，以维护学术自由，保障学术组织自有的运行规则，这也成为大学法人制度发展所不可回避的问题。面对变迁的现实，制度的安排永远无法臻于完美，但目标决定了我们应当做出怎样的回应。

四、大学法人制度的完善：我国高等教育改革的核心

雅斯贝尔斯曾断言：“大学只能作为一种制度化的实体才能存在”[③]，因此，有效的组织制度保障是大学发展的关键。大学法人制度的建构并无一成不变的固定模式，鉴于各国历史、体制、法律传统的不同，大学改革的路径与制度安排也各不相同，这种差异无疑是各国大学制度个性化的体现，但当我们面对共同的挑战时，差异并非渐行渐远，而是日渐弥合，这种相通之处正是制度借鉴的前提。

具体到我国，高度行政化成为制约高等教育发展的制度障碍，无论是归结于内生的需求，还是外在的压力，改革已是当务之急。在风起云

① ［日］牧野笃：《知识人的幸福和大学法人化》，载田爱丽：《现代大学法人制度研究》，上海教育出版社 2009 年版，第 4—11 页。

② ［美］伯顿·克拉克：《建立创业型大学：组织上转型的途径》，王承绪译，人民教育出版社 2003 版，第 1 页。

③ ［德］卡尔·雅斯贝尔斯：《大学之理念》，邱立波译，上海世纪出版集团 2007 版，第 108 页。

涌的世界性高等教育改革的浪潮中，我国公立大学改革既具有同其他各国改革的共性之处，也具有特有的属性和需求。制度的借鉴需要从本土化的角度审视制度借鉴的成本与合理性问题，因此，完善我国大学法人制度建设，必须考虑到我国大学管理的历史传统、文化氛围和现阶段我国大学法人制度所面临的困境，并借鉴各国公立大学法人制度改革的经验，通过法人治理结构的完善，构建现代大学制度。这是我国高等教育发展的必然选择，亦是高校去行政化改革之需。

（一）从单位到法人：我国高校去行政化改革的实质

中华人民共和国成立以来，我国对高等教育采取高度集中的计划管理体制。这种体制在特定的历史时期发挥着重要作用，但是，随着我国市场经济体制的引入，这种高度行政化的管理体制已经不能适应高等教育发展的需要。20 世纪 80 年代以来，分权、放权成为我国高等教育体制改革的核心，并通过法律确立了高等学校的法人地位，逐步归还大学应有的办学自主权，进而着力于现代大学的法人制度建构。

从组织体制而言，公立大学单位化是我国大学的最大特色。单位是一种高度行政化的社会组织形态。中华人民共和国成立以后，作为一种整合、动员社会资源的方式，单位体制迅速成为中国社会的组织手段。在这种体制下，整个社会组织按职能被区分成行政单位、事业单位与企业单位，并一律纳入科层管理体制中。国家通过垄断所有自然资源、社会资源的控制调配权力，并以“单位”作为中介实行社会配给，从而将整个社会内化于政府。这种管理模式导致各种类型的“单位”成为国家行政体制的基本单元，并以国家政治组织“延伸体”的形式而存在，也使得所有的行政、事业和企业单位所承载的功能具有某种程度的一致性和同构性，从而将必要的社会分工和分层淹没于单纯的一元化的社会结构体系中，造成了社会组织的“官僚同构”。作为国家政治组织的“延伸体”，上令下从、高度隶属、层级节制是“单位”组织管理体制的共性。在这种体制下，作为事业单位的公立大学具有浓烈的行政色彩，也渗透出很强的官僚主义弊端。政府对高等学校采取以行政命令为主的管理方式，包揽了从举办到管理、监督的一系列权力。虽经多次改革，公立大学的单位化仍是我国高等教育发展中诸多难解问题的根本所在，大学行政化、官僚化的现象依然十分严重。

自改革以来，由于体制变革和社会发展动力机制的开发，我国传统的单位体制开始分化。这一分解首先以政企职责分离为突破口的，进而打破“单位”作为国家官僚行政组织的延伸的传统模式，并在此基础之上，明确行政、事业、企业单位各自的社会角色及功能。改革所引发的社会结构性变迁，反映到法律层面可以概括为由官僚化的单位治理模式向自主化的法人治理模式的演变，体现为法人作为一种组织形态与治理模式在实践中得以逐渐落实。在这一背景下，我国从 20 世纪 90 年代开始提出确立高等学校法人地位的问题。1985 年 5 月，中共中央作出《关于教育体制改革的决定》，指出我国高教管理体制中存在的弊端，强调要“改革管理体制，在加强宏观管理的同时，坚决实行简政放权，扩大学校的办学自主权”。1986 年我国《民法通则》则从民事法律关系的角度明确了我国公立大学的法人性质，即事业单位法人。1992 年颁布的《国家教委关于直属高校内部管理体制改革的若干意见》首次正式提出，“国家教委直属高校是由国家教委直接管理的教育实体，具有法人地位”，同年的《国家教委关于直属高校深化改革、扩大办学自主权的若干意见》再次强调“逐步确立高等学校的法人地位”。1993 年 2 月 13 日，中共中央、国务院颁布《中国教育改革与发展纲要》，提出：“在政府与学校的关系上，要按照政事分开的原则，通过立法明确高等学校的权利和义务，使高等学校真正成为面向社会自主办学的法人实体”。1998 年的《中华人民共和国高等教育法》第 30 条规定：“高等学校自批准设立之日起取得法人资格。高等学校的校长为高等学校的法人代表人。高等学校在民事活动中依法享有民事权利，承担民事责任”，从而对高等学校法人地位给予再次确认，但这种确认更多体现为民事主体地位的认可，从民事法律关系的角度明确了高等学校的权利、义务，但并未从根本上解决高等学校与政府之间的关系，也未完全厘清科层管理与法人治理在具体制度上的差异。

根据《中华人民共和国高等教育法》的规定，高等学校拥有以下自主权：（1）根据社会需求、办学条件和国家核定的办学规模，制定招生方案，自主调节系科招生比例；(2) 依法自主设置和调整学科、专业；(3) 根据教学需要，自主制订教学计划、选编教材、组织实施教学活动；(4) 根据自身条件，自主开展科学研究、技术开发和社会服务；(5) 按照国家有关规定，自主开展与境外高等学校之间的科学技术文化交流与合作；(6) 根据实际需要和精简效能的原则，自主确定教学、科学研究、行政职能部门等内部组织机构的设置和人员配备；(7) 按照国家有关规定，评聘教师和其他专业技术人员的职务、调整津贴及工资分配；(8) 对于举办者提供的财产、国家财政性资助、受捐赠财产，依法进行自主管理和使用。由于现有的法律规定过于笼统和概括，权利的范围、尺度、规则不明，实施、监督等缺乏相应的保障机制，加之，长期以来我国大学缺乏自治的传统与经验，校内缺乏有效的机制来确保大学自主权的落实，官僚体制的制度惯性仍根深蒂固，导致我国大学空有法人之名而无法人之实。这一切意味着我国法律仅仅从形式上完成了对学校法人制度的认定，距离大学以独立法人身份处理与政府、社会关系仍相去甚远。由于主体地位尚未建立起来，我国公立大学仍属于国家科层体制的组成部分，官僚体制依然从根本上制约着大学功能的发挥，高等教育仍未摆脱传统体制，从而形成真正符合大学自身发展的运行机制。因此，理顺政府与大学之间的关系，寻求高等教育“去行政化”的具体路径，遏制我国公立大学的“官僚化”倾向，以学术自治和办学自主权为核心建构现代大学法人制度，应当是我国高等教育体制改革的实质所在。

（二）多元因素的平衡：完善我国大学法人内部治理结构的关键

作为一种组织，法人与其说是法律人格，毋宁更近于一种组织手段与制度，因此，法人化是大学治理的组织手段，而法人内部治理结构的建构则是现代大学制度的核心。长期的高度行政化管理造成我国高等教育规模迅速扩大、教育经费投入不足、教育质量滑坡等一系列问题。如何通过高等教育体制改革，提高大学管理的效率和决策的科学性，高效合理地运作有限的资源，已成为学界普遍关注的焦点。这不仅要求政府理顺与大学的关系，通过建立大学法人制度充分实现大学自治，同时，也需要大学理顺内部的各方利益关系，构建有利于实现有效治理的内部组织结构。回顾既往改革，我国大学改革的目标与核心一直围绕着落实高校办学自主权，纠结于分权与放权之间。随着高等教育管理体制改革目标的确立，更为现实的问题是如何健全大学法人内部治理结构，以承接相应的权责，这无疑是实现大学自主权的关键。

法人内部治理结构构建的目的在于通过制度安排，形成明确的权责分配和制衡机制。在现代社会中，大学的发展越来越受到诸多因素的影响，因此，通过组织形态的建构，在多方利益主体博弈间寻求平衡，协调多元因素是完善我国大学法人内部治理结构的目标。

一方面，身处高等教育改革浪潮中，我国公立大学必须面对高等教育的世界性危机与共性挑战。目前，“在社会转型的过程中，影响教育活动的主导性因素正在发生深刻变化，教育领域正在形成影响教育运行的三种制衡力量，这就是学术力量、政府力量和市场力量，其中市场力量是一种新兴的、对教育构成巨大影响的力量。……在这种情况下，如何使这三种力量达到适度的平衡，如何在教育、政府、市场的复杂关系中给教育做出新的社会定位，并根据这种定位对教育做出新的制度安排，就是当前教育所面临的一个新课题”①。面对这一新课题，如何在多重使命和多元因素影响下，保障大学作为一个学术组织的运作符合其自身运行的规律和特点，成为当今大学改革不可回避的问题，也成为当前我国公立大学组织变革必须回应的新挑战。

另一方面，完善我国大学法人制度建设，必须考虑到我国大学管理的历史传统、文化氛围和现阶段我国公立大学所具有特有的属性和需求。结合我国实际，将法人治理模式的完善与党委领导下的校长负责制相结合，在大学内部建立起决策、执行与监督三权制衡的法人治理机制，合理界分大学内部行政权力与学术权力的界限，通过权力制衡实现利益合理分配和协调，将党委领导、校长负责、教授治学、民主参与都纳入法人治理结构之中，在多元利益主体博弈间寻求平衡，处理好科学管理、

① 劳凯声：《我国教育法制建设的宏观改革背景》，载劳凯声主编：《中国教育法制评论》（第1辑），教育科学出版社2003年版。

民主参与与专家治学等多重关系，实现政府干预、大学自治、市场推动和社会参与之间协调运行，是完善我国公立高等学校法人制度的重点。

总之，在知识经济的背景下，大学制度已经到了重新解读和构建的时代，大学的发展承载着越来越多的使命，而改革的目标则仍需在渐进中得以探索与明确。法律地位是目的与结构的合成体，对组织的制度性结构进行功能分析，既是对既往大学制度变迁的总结，也是成熟经验积淀、内化的过程。诚然，组织形态的改变与法律地位的明确并不能必然促使制度的演进与大学的创新，但毫无疑问，这是大学改革的原始动力与契机。

第三章

以去行政化为标志的公立大学改革

当前我国高等学校学校的行政化问题主要表现为政府对高等学校的行政化控制和高等学校内部的行政化管理体制二者之间的相互结合，它是政府干预、市场竞争以及学术共同体缺失等多方面因素交互作用的结果。要改革高等学校的行政化问题，不能仅仅依靠政府放权，也不能片面诉诸以学术权力取代行政权力，而是应当在尊重教育自身规律和市场竞争规则的前提下，创新体制环境，从调整政府与学校关系、改革学校内部管理制度和培育专业自主精神等方面，创建一个以公共利益为目标，以学术自由为核心，以大学自治为形式，以自我负责和社会控制为保障的体现公共性的现代大学制度。

第一节　公立大学法人治理模式变革的目的

法人制度既是公立大学改革的方向，也是公立大学改革的法律技术手段。大学治理不仅包括内部权力的分配、协调和行使制度，同时也包含大学与外部环境的互动，因此本书对于治理模式的研究也主要沿着两条线进行。一是大学与外部环境，即大学与政府、社会的关系；二是大学的内部治理结构。

一、法人制度构建的目的在于理顺大学与政府、社会的关系

在当今阶段，大学与政府基于不同的立场对彼此之间的关系持不同的看法。政府一般以行政等手段加强对大学办学的影响力度，希望大学应更多地担负起社会责任、为国家的发展做出贡献；而大学则从大学理念出发，为了减少来自政府的干预与影响，强调在担负社会责任的同时保持办学独立性。但必须要明确的是，政府可以要求大学承担其公益性的责任，但不能忽视大学的独立性；与此同时，大学有其自身的特色，但已不能像中世纪大学那样完全游离于社会与政府的监督之外。因此，恰当地处理大学与政府的关系就是要在大学与政府之间保持一种必要的张力，以维持两者关系的动态平衡。① 以法律视角分析，就是要从立法上将大学的法人地位落实，大学作为一个法律主体，才能落实自己与政府各自的法律权利与义务界限。

（一）公立大学的法人身份维持着政府与大学之间的张力

政府与大学之间要保持一种必要的张力，其根本原因在于两者在组织性质上是完全不同的。政府与大学要和谐相处，大学的法人身份就是两者的缓冲器。

1. 政府组织是一种凌驾于社会之上的政治组织

政府是政治领域的集中代表，在西方国家政府也是一种法人组织。但在我国法律制度领域暂时还缺少公法人理念。不可回避的是，在实际生活中政府就是一种法律意义上的主体。当然人类社会还存在着许多非政府组织，这包括经济领域的企业和文化领域的大学以及大量的其他社会组织。在国家这个大环境里，政府和其他非政府组织在理论上是平等

---

① 胡建华：《必要的张力：构建现代大学与政府关系的基本原则》，载《高等教育研究》2004 年 1 月第 25 卷第 1 期。

的。在国家利益之下，任何合法组织都被允许拥有自己的利益，而不同的组织也都有自己的游戏规则。在法律的范围之内，应该允许任何合法组织按自己的游戏规则自行运作。而政府科层制用某个组织的规则去要求其他组织是不符合民主与法治精神的。

如果模糊了国家与政府的关系，那么政府对社会管理就会出现“缺位”与“越位”的现象。过去尤其是在“文革”时期，“全能型政府”主导了整个社会的发展，其他所有的组织都被政府的行政权力不受限制地渗透并控制，行政命令成了管理其他组织的唯一手段。随着社会的发展，各种问题层出不穷，政府不可以也不能够管理好所有的事务。“全能型政府”的观念需要转变，政府的能力毕竟是有限的，基于分权与自治公法人制度恰恰是实现“小政府、大社会”法律途径。①

2. 大学组织是一种学术性社会组织

从西方大学起源的历史来看，大学自治和学术自由是西方的大学在诞生之日起就具备的特性，具有一定的组织原生性。不同的社会组织其独特的组织原生性是这个组织存在的根本。如果不存在此特性，即便形式上存在，那也失去了该组织原有的作用与职能。就我国所处改革阶段而言，现阶段呼唤大学作为学术组织的原生性特点就格外的重要。

大学作为一个学术组织，它要求发挥专业人员的主动性和创造性，它们本质性地规定着大学必须是一个充分自由与自主的机构。因此大学权力结构不能用科层制来诠释，大学是一种“松散的结合系统”（Loosely Coupled System）②。它是一个由教师、管理人员、学生和校友共同构成的权力共同体。

3. 法人身份的“平衡性”功能

作为政治组织的政府和作为学术组织的大学各自特点大相径庭，在处理两者之间的关系时既不能以政治的科层制来要求大学，也不能以学术“松散的结合系统”来要求政府。政府与大学必须在法律的范围之内享有权利，履行义务。

---

① 李文兵：《角色理论视野中大学与政府的关系探讨》，载《辽宁教育研究》2009 年第 6 期。

② 20 世纪 70 年代初，科恩（M.Cohen）韦克（K. E. Weick）等人用来描述教育组织的特征，提出了“松散结合系统”（Loosely Coupled System）这一术语。

大学要有独立的法人地位是非常必要的。赋予法人身份是大学保持独立、自主性的法律技术保障。“公法人地位的赋予，其最根本的意涵在于减少传统科层体制下的绵密细致地监督，以法律身份的独立，保障行为的自主。”[①] 这样大学在人事、预算、财务、采购方面才有较大的弹性空间，政府对大学的监督应以合法性监督代替层级节制。大学独立的法人地位和建立健全法人组织机构是实现大学良性运行的先决条件。目前实践中我国大学还缺乏应有的法律地位。外部问题则集中在政府和大学的关系上，政府与大学的关系没有理顺，政府在很多方面限制着大学的自主发展，大学的办学自主权没有得到真正地落实。 进一步分析，大学法人改革实际是政府行政改革的重要一环。类似大学这类身份独立、行为自主的公务组织的改革，意味着分担公共管理职能的行政主体逐步由一元走向多元。政府走出事事管又管不好的困境，实现“小政府，大社会”的良性管理环境。[②]

（二）公立大学的法人身份有利于扩大社会对大学治理的参与

本书所指的“社会”是狭义的社会，是政府行政部门和大学等教育机构之外的所有社会公众、团体组织及其学生家长等，是相对于政府和大学来讲的“第三股力量”。我国的高等教育作为一种准公共产品是由政府控制的，政府与大学之间是一种封闭的关系，社会力量缺少必要的介入机制。大学间缺乏竞争机制，其资金主要依靠政府的投入，民间资本没有得到有效利用，不但抑制了非政府组织、个人参与的积极性；也剥夺了其他社会组织、团体、个人参与大学事务的权力，大学在管理过程中的民主性缺失。

社会参与对大学而言，是由外而内的过程。大学治理，需要社会力量作为外部资源给予支持。同时，只有确立大学的法人身份，才能确立大学治理的董事会制度，才能吸引社会力量进入董事会，参与管理。

1. 公立大学法人身份鼓励社会利益相关者参与投资

长期以来，大学的主要办学资金来源于政府财政。这种现状有利有

① 李昕：《法人概念的公法意义》，载《浙江学刊》2008 年第 1 期。
② 李昕：《法人概念的公法意义》，载《浙江学刊》2008 年第 1 期。

弊：一方面，政府财政支持大学办学资金稳定，同时便于政府对大学的控制，也使得大学的公益性更强；另一方面，大学受制于政府，政府管控过严，又何来学术自由，这不利于大学的长远发展。

大学教育已由精英化走向大众化造成社会对大学教育的高需求和高要求，依靠政府的投入，略显大学办学资源的匮乏。追求大学自治，首要就是充实大学的办学资金。从法律上，承认大学的法律地位，使大学作为一个权责自负的法律主体，而不是政府的行政附属。大学法人作为一个法律主体，法人人格是其法律身份，而权利能力是大学法人人格具体体现。大学具有独立的权利能力依法自主接受社会投资，与社会资金投入者建立合作机制。此时，社会投资者将大学作为一个完全法律主体，大学在此种法律制度中也不必向教育行政部门层层审批。大大方便了社会资金向大学流入，大学与社会各类主体实现互惠互利。

2. 公立大学法人治理制度向社会利益相关者开放决策权范围

当然，仅确立法人主体地位是远远不够的，还需要建立法人治理模式，使得投入的社会资金在民主化的管理下合理利用。法人内部治理最重要的一部分就是董事会制度，理论上说董事会中的成员不仅包括政府代表、大学教授代表、大学行政机关代表，还有一类人便是社会投资者。而投资资金便是社会投资者进入董事会的“敲门砖”，他们有权利也有义务参与大学的发展，合理利用资金，回收成本。

3. 公立大学法人身份有利于第三方评估的公正公平

社会力量中除了投资者（包括企业与个人）外，还有一部分对大学相当重要的组织，这便是中介组织，建立必要中介机构作为“缓冲器”（buffer）是很重要。中介机构属于非政府组织（NGO），既不隶属于政府，也不依附于大学。中介组织介入大学评估的前提是确立大学的独立地位，大学办学的社会效果如何，由中介机构来评价。[①] 这样才能保障评估的公正公平，评估结果可以引导政府和企业或个人确定投资对象，使大学之间形成竞争机制，推动大学的发展。

① 李文兵：《角色理论视野中大学与政府的关系探讨》，载辽宁《教育研究》2007年第6期。

二、法人制度有利于优化大学的内部治理

公立大学基于其学术自由的目的和组织特性，从国家的一般公共职能中分离出来，组成新的独立法律实体。大学成为独立的法人，意味着原属于教育行政机关的部分行政权转到具有独立法人地位的大学，并与大学的教育管理规律相结合，形成符合大学特质的自治权，从而优化大学内部治理。

（一）大学的松散联合性要求施行法人治理

松散联合的性质是大学组织内部蕴含的一种必然性。应该说，实现大学的目标——发展高深学问、培养高尚人格、引领社会不断走向完善，以及基于其知识和学科的特点，都需要松散联合的组织模式。

大学的基础性资源是知识，知识掌握在教师手中，大学中基本的教学、科研和社会服务职能都是由教师具体承担的。所以，大学的重心在基层，同时大学的管理权力下移于院系，院系相对于学校具有独立性。知识的专业使得各院系之间的联系趋于松散，相对于其他院系较为独立，导致了大学组织的松散联合。

松散联合组织具有一系列特征。托尼·布什将松散结合系统的特征概括为 9 个方面：组织目标不明确；组织管理的手段和程序不清楚；组织中不同机构间虽然存在联系，但相互间的影响比较小，机构和成员有相当程度的自主权，独立性强；组织结构不确定，规模越大，复杂程度越高的组织，其权力结构越复杂模糊；越是高度专业化、规模较大、有多种目标的学院组织，其组织内部运作越无序；组织管理中参与者的流动性强，很难明确各人的责任；组织对外部信息的把握具有不确定性，决策过程模糊；组织的决策是无计划的决策；强调分权优势。[①]

松散联合对于大学的发展是有益处的：第一，松散结合有利于大学对每一细小变化做出反应，较为敏感；第二，松散结合系统便于大学局

① ［英］托尼·布什：《当代西方教育管理模式》，强海燕译，南京师范大学出版社 1998 年版，第 168 页—177 页。

部活动，局部适应相对于整体调整而言，灵活机动，承受风险小，代价低；第三，在松散结合的系统中，院系基层的局部病变也不会影响到大学的其他部分；第四，松散结合的系统可以为大学的内部成员尤其是科研人员提供更开阔的自主空间。

（二）大学行政权力与学术权力冲突的解决需要法人治理

目前就世界范围而言，大学治理普遍面临一种困境——行政权力与学术权力的冲突日渐加剧，但必须意识到两者中一方权力形成的局限性恰恰是另一方权力形成的合理性。

1. 学术权力存在的必要性

学术权力（Academic Power）指专家学者拥有的影响他人或组织行为的一种权力形式，它“产生于学术权利及其民主形式，包括个人的学术权利及由享有学术权利的个人集合而成的组织的权利”[①]，其权力来源于科学和专业知识，基础是权力行使者所掌握的学术知识和具有的学术背景。也就是说学术权力是否存在的关键在于专家的学术背景而不是组织和任命，其权力的形式主要是一种影响力。作为一种影响力，它的权力主体是多元的，包括教授、学者、学术机构、学术刊物等。对大学而言，其权力的主体是教学、科研人员，尤其是那些代表了大学最高学术水平的教授及由他们组成的团体。

大学作为学术组织，学术主体的学术活动是其重要的活动之一。自由性，是不受领域、内容、权威的限制去探索和认识世界。人类所面临的世界是无限的，一切未知的东西都是可以去探索、需要认识的。自主性，是指主体在学术活动中始终处于主动的、自觉的状态。任何学术活动都是以个体的独立思考、自主探究为基础的，即使有团队合作也是如此。知识的生产通常表现为创造者个人的业绩，是有知识产权作为保障的。因此，保障学术自由的学术权力是必须存在的。

2. 行政权力存在的现实意义

“行政权力（Administrative Power）一般特指国家行政机关的权力，

---

① 秦惠民：《高校学术管理应以学术权力为主导》，载《中国高等教育》2002 年第 3 期。

即国家行政机关依靠特定的强制性手段，为有效地执行国家意志而依据宪法及其原则对全社会进行管理的一种能力，但常常也用来指社会组织中的行政权力，即社会组织中的行政机构和人员为实现组织目标，依照一定的规章对社会组织自身进行管理的能力。”① 相对于学术权力而言，我国公立大学行政权力是与科层制相联系，它更多的是依靠国家法律和政府意志等强制手段支配大学内部成员和机构的一种权力形式，其主体为大学行政管理人员与机关，大学的校长、副校长、院长、处长、科长等都是行政权力系统的组成部分，他们通过行使行政权力来维持大学的运行。“去行政化”并不意味着取消行政管理，大学的运行需要行政管理。

3. 学术权力与行政权力缺一不可

学术权力和行政权力是不能互相替代或以一种权力掩盖另一种权力，两种权力在大学都有其存在的必要性和局限性。大学中学术组织和学术人员广泛参与大学学术管理事务，才能提高行政决策的科学性和民主性。而由于大学职能的多样化，大学组织的复杂性，行政权力是大学组织正常运行不可或缺的因素，需要有强有力的行政权力发挥作用。大学行政权力还能够弥补学术权力的不足，克服学术权力的局限性。因而在这两种相互冲突的权力系统中要寻找一个平衡点。

（三）法人制度有利于平衡大学内部权力关系

通过上述分析，明确了大学是学术权力和行政权力共同影响和相互支配下的特殊组织。为了应对行政权力中科层体制的弊端，要充分利用法人制度，以分权与绩效管理为出发点对大学进行改造。因此，就大学内部管理而言，重要的任务就是协调均衡两种权力关系，确保大学整体目标的顺利实现。

确立大学法人地位，实施法人化治理模式是解决大学内部治理矛盾的出口。大学内部治理中最重要的部分就是决策，学术权力与行政权力冲突的重心就在决策权的争夺。决策的主要事务包括行政事务、学术事务、人事任免、财务工作等。通过下面的图表，现简要表明法人制度相

① 秦惠民：《高校学术管理应以学术权力为主导》，载《中国高等教育》2002 年第 6 期。

对于现今制度的优势[①]。

法律定位	行政机关	大学法人
自治任务	部分政府任务之法定分配	部分政府任务之法定转移
决策	政府（具体到学校内部由掌握行政权力方主导）	董事会/理事会（主要由行政权力和学术权力的代表组成）
行政自主权	必须配合上级机关的命令行事	免除政治干预，监督机关仅为“适法性监督”，不得为“适当性监督”
学术自主权	课题的申请和经费的拨用都须经过行政部门的审批	由教授委员会行使学术权力，免除行政过分干预
人事自主权	包括政府任命和学校招聘，具有准公务员的待遇	学校自主招聘，合同制管理
财务自主权	受国家预算和审计的约束，主要财政来源为政府拨款，使用资金需政府审批	董事会/理事会决定，资金来源更广泛

1. 法律定位与决策的转移

在法律体系中自然人和法人具有“权利主体”地位，基于实现一定的行政目标可创设具有权利义务的组织，称为法人。大学法人，赋予其享有权利、承担义务的资格，这是大学法人的权利能力。而大学作为行政机关在法律上并非权利义务的最终承担者，相当于民事法律体系中的“不完全行为能力人”，需要政府（监护人）的批准。大学内部行政权力是政府行政权力的延伸，这种现状激化了大学内部行政权力与学术权力的矛盾。

采用法人治理模式，内部决策权在董事会/理事会。董事会/理事会的组成包括多种权力利益的代表，其中就包括行政权力和学术权力的代表者。当两种权力体系发生利益冲突时，董事会/理事会就可以成为解决问题的平台。更重要的是大学内部行政权力的行使者不再是政府行

① 王玉芳:《政府与大学关系之调整——试析台湾公立大学行政法人化》，载《教育学术月刊》2011年第9期。

为的延伸，其宗旨中的服务性将逐步高于管理性，在一定程度上缓和了大学的内部矛盾。而学术权力也有实际的决策权，不单单是学术方面的事务，还可以延伸到大学的各个领域，为大学的学术自由争取到良好的氛围。董事会/理事会制度有利于大学的民主治理。

2. 法人制度扩大大学的人事自主权

当前我国公立大学人员录用还是以事业编制为主，其不利影响包括两点。一是行政人员编制与政府部门接轨，大学内部的行政部门官僚主义广泛存在。二是影响学术进步，事业编制使得教师的流动性弱，助长了一部分教师的惰性。

对应分析，大学法人治理在人事任用方面将自订人事规章，依专业需要聘用，不必具备准公务员资格。有利于激发大学活力，不论是行政人员还是学术人员，其工作目标是大学的长远发展，而不是这份“铁饭碗”。

3. 法人制度提高大学的财务自主权

为了防止贪污、浪费并提升采购效率与质量，政府在会计与采购的作业规定繁文缛节，往往束缚学术研究。大学法人治理中，不论行政还是学术用度，可以拟具财务规划书向董事会/理事会报告。财务决策权在于董事会/理事会，会议中的行政代表或学术代表更了解其资金用度的使用价值。免除政府审批过程，不仅提高资金使用率，学术成果也更丰厚。

大学的发展不能没有“大学之魂”，行政化的管理方式是与大学精神相违背的。我国的公立大学改革一定要与大学精神相融合，因此大学的法人化改革就必然成为一种趋势。

大学从建立初期就一直在争取外部独立与内部的自由，在法制时代大学不可能再像中世纪那般脱离社会与政府，但法人化的治理在目前可以最大程度地保护大学的自主与自由，促进大学的长远发展。具体到我国，社会对公立大学出现的例如学术贿赂、就业率较低等种种问题都指向大学的行政化管理。政府管得多，反而招致的问题和矛盾也多，政府可以从“教练”的身份变为“裁判”，只在大学发展偏离政策方向时予以指导。而法人化治理模式就提供了这样一种方式。将法人制度作为一种法律技术手段管理具有公益性的公立大学。

法人制度可以很好地分配与制衡公立大学中的各种权力关系，实现了从大学的高度集中的“集中制”向决策、监督系统与行政执行系统适度分离转换。即作为学校最高管理决策机构的董事会、行政机构、学术机构的适度分离。权力的分离才能达到权力的制衡，在国家法治范围内，保障大学的办学自主与学术自由。大学去行政化的真正含义应该是：解决学术和教育问题不能用行政管理的手段，而应该按照教育的规律、学术发展的规律和人才成长的规律来办教育，大学只有回归其本来的发展规律，才有利于为国家培养创新文化，才能形成一个良好的人才培养环境。综上所述，大学法人治理模式是基于大学特质设立，不仅有利于大学自身的发展，对政府行政管理及今后的政府行政管理方式的改革都有积极意义。在当前情况下，大学改革势在必行。

第二节 高等学校行政化的问题及其改革

高等学校的行政化是当前我国高等教育的热点问题。有人认为高等学校之所以被行政化，其原因就在于过多的政府控制，因此要求政府进一步放权，实行大学自治；也有人认为行政化是因为在高等学校内部的行政权力对学术权力的压制，因此要求以学术权力取代行政权力，实行教授治校。究竟应该如何理解高等学校的行政化，行政化背后的原因是什么，如何改革当前我国高等学校的行政化问题，这对于深化高等教育体制改革，重构政府、市场与学校关系具有重要意义。

一、高等学校行政化的内涵和表现

“行政”一词的本义原为执行与管理，但其在不同的语境下含义也会有所不同。在威尔逊与古德诺的“二分法”中，行政作为与政治对立的范畴专指政府在执行和操作性的部分，仅仅涉及国家意志的执行功能；而在组织社会学研究中，行政又往往专业相对立，泛指为以主要目标为导向的一切组织和管理活动。高等学校行政化有两种不同的含义。其一被用来指代高等学校与政府之间紧张关系，它源于院校自主与政府控制这样一对基本的矛盾。一方面，高等学校承担着文化生产与知识创新的社会功能，这种社会功能的发挥客观上要求一个较为宽松的社会环境，使得大学能够作为一个法人团体享有相对独立的办学自主权，能够在大学内部实行学术自由和大学自治，按照学术规律处理学校内部各项事务，最小限度地接受外界的干扰和支配。但另一方面，由于高等学校所从事的知识生产和技术创新在促进经济发展和社会进步中的作用越来越大，国家基于政治、经济和文化因素等众多因素的考虑，通过经济调节和行政干预强化对高等学校的控制成为一种普遍的趋势。行政化另一种含义涉及高等学校内部，它反映了以科层制为特征的行政化管理模式的泛化和滥用，把大学当作行政机构来管理，把学术事务当作行政事务来管理。[①]就应然的角度而言，学术与行政本身并不矛盾。学术的价值在于保存、传递和创造知识，而行政的目的在于对学校组织的运作进行组织、计划、协调、管理，并最终服务于学校功能的发挥和学术价值的实现，行政职能的发挥不是妨碍而是有利于学术价值的实现。特别是由于现代社会的发展，高等学校功能的急剧扩张和组织结构的日益复杂，行政专业化成为提升组织效率和实现组织功能的重要手段，客观上要求赋予行政机构以更多的权力。但由于行政本身所具有的权威性、强制性、优先性等特征，高等学校中行政权力的过度强化又往往会与学术权力的运行相互冲突。特别在缺乏有效监督与规制的情况下，掌控行政权力的行政机构和行政人员极易导致异化，使得行政权力反客为主凌驾于学术权力之上，从而产生过度行政化的问题。

从现实情况来看，这两种不同意义上的行政化问题在我国高等学校都有着相应的表现。其中，政府与高等学校关系上的行政化主要表现为政府将高等学校作为行政机构或者行政机构的附属物来进行管理，依据行政机构设置决定高等学校等级、人员编制和机构设置；通过设定学校

① 钟秉林：《关于大学“去行政化”几个重要问题的探析》，载《教书育人》2010年第33期，第4页。

领导的行政级别来强化官本位的特色；依赖行政命令对高等学校进行管理，自赋权力随意干涉学校内部事务等方面。而高等学校内部管理上的行政化则主要体现在行政权力的集中化，学校组织的科层化以及由此而导致的学术权力弱化、学术组织缺位等方面。在实践中，这两种不同意义上的行政化的相互结合还使得高等学校内部逐渐产生了权力集中和利益分化的局面。高等学校的管理阶层为了维护自身特殊利益和追求行政管理的便利，强力推行以行政方式统一管理学校所有事务，客观上使得高等学校正在被异化成为以官僚机构模式运转的机构。他们以行政方式分配研究经费和学术资源；以行政方式组建学科和专业；以行政方式确定研究方向和研究项目；他们还通过简单量化评估的方式进行学术评价并分配学术荣誉。正是这样一种完全行政化的管理方式，使得高等学校内部充满一股浮躁的气息，教师难以按照教育自身规律进行人才培养和科学研究，严重影响了教育质量的提升。总之，由于在政府与学校关系以及高等学校内部管理体制上的行政化，造成了行政逻辑逐渐取代学术逻辑在高等学校中居于支配性的地位，使得高等学校越来越偏离了其作为学术性组织的特性，严重影响了高等学校人才培养、科学研究和社会服务职能的发挥。

二、高等学校行政化的原因和背景

我国公立高等学校的行政化问题有着深刻的历史原因和背景。众所周知，我国高等教育发展的历史与西方大学产生与发展的历史进程之间存在着巨大的差异。西方大学最早产生自中世纪时期教会与国家权力的缝隙，作为市民社会的组成部分，拥有大学自治与学术自由的历史传统。而在我国，真正现代意义上的大学是在政府的推动下才得以发展起来的。长久以来，公立高等学作为高等教育的主体与政府之间一直存在着一种密切的关系。特别是在中华人民共和国成立初期，受传统计划经济体制的影响，我国逐渐形成了一个政府举办、计划调控、封闭办学、集中统一的教育体制。国家通过行政手段对高等学校实行国家化改造，把所有的院校都统合于国家计划体制之中，通过计划对高等教育实行调控。在这种情况下，高等学校只是政府的下设机构，是不具备独立法律地位的社会组织，没有独立自主的办学权力。①

公立高等学校的这种制度设计与法律定位在推动高等教育发展和扩大公民受教育权利方面发挥了很大作用，但随着社会变迁与经济体制的改革，显得越来越不能适应经济和社会发展的需要。特别是在 1993 年之后，随着传统计划经济体制向社会主义市场经济体制的转变，《中国教育改革和发展纲要》（以下简称《纲要》）设计了“建立适应社会主义市场经济体制和政治、科技体制改革需要的教育体制”的改革目标，并提出了一系列市场化改革的措施，从而赋予了 20 世纪 90 年代以来的高等教育改革一种市场化的特征。作为经济体制改革在高等教育领域的扩展和延伸，这一改革和整个的社会的变革一起，逐渐将不同类型的社会组织卷入市场经济的广阔领域之中，并使其按照市场经济的基本规律进行活动，深刻地改变了现代政府与高等学校的社会定位与相互关系，也迫使我们不得不从一种政府、市场与学校三者之间的互动关系网络来解读当前高等学校的行政化问题。

（一）政府过度干预与高等学校的行政化

通过法律的方式确立高等学校的独立法人地位并赋予其以相应的办学自主权，这是我国 20 世纪 90 年代高等教育改革的一项重要举措。改革的目的在于通过对政府与学校关系的调整实现简政放权，从而达致转变政府教育职能，实现学校自主办学的目标。但由于改革的不彻底性，政府与学校之间的关系并未完全理顺，学校面向社会自主办学机制发育尚不成熟，政府对于高等学校的过度干预仍然屡有发生。首先，政府仍然保留着涉及高等学校办学与管理的许多重要权力。《教育法》和《高等教育法》虽然以列举的方式赋予了高等学校的若干办学自主权利，但却没有对高等学校的办学权与政府的管理权做出明确区分，实际上政府与学校之间的权限划分仍不明晰，其结果是政府仍然掌握着很多直接影响高等学校管理和运行的重要权力，高等学校的办学自主权难以落实。

① 劳凯声：《尊重学术自由，培育大学精神》，载《教书育人》2011 年第 3 期，第 11 页。

如，按照《高等教育法》第 23 条规定，高等学校依法自主设置和调整学科专业，然而由于教育部仍掌握着颁布统一专业目录并严格审查新设专业的权力，实际上使得高等学校难以适应社会需要进行专业设置和调整，不利于学校办出特色。又如招生自主权，由于在招生计划、收费标准等问题上，存在着学校、教育行政部门、和地方物价部门之间的不协调问题，这就使得高等学校的招生自主权受到极大限制。此外，在教学管理、财务自主、文凭发放和国际学术交流等方面都不同程度地存在着政府与高等学校之间的权利重叠问题。其次，传统对高等学校所进行的事无巨细的指令性行政调控方式仍然存在。教育体制改革所导致的政府与学校关系变化客观上要求政府积极转变职能，逐渐建立起一种以经济和法律调控方式为主，并辅之以必要行政调控方式的调控机制。然而，由于制度建设的滞后性，这一与市场经济相适应的调控方式还没有完全建立起来，以至于在面临高等学校的权力滥用导致权力失控时，政府往往为了追求行政效率和行政便利倾向于采用直接行政调控。再次，对于政府财政资源依赖导致了高等学校的自我行政化。由于高等教育的公共财政投资体制尚不完善，市场融资和社会捐赠渠道孱弱，国家财政投入在高等教育经费中仍然居绝对主导地位，这就使得高等学校在教育经费上不可避免的依赖于政府。除此之外，政府还掌握着支配高等学校发展的许多重要资源，如重点学科、研究基地和研究实验室的设置和投入，研究经费和研究课题确定和划拨，等等。基于资源依赖的不可或缺性，高等学校各项组织和运作都不得不跟从政府行政所主导的方向。

（二）市场化改革与高等学校的行政化

在传统的计划经济体制时代，高等学校作为国家全额拨款事业单位，其所需办学经费全部通过行政计划加以配置和使用，此时的高等学校与政府之外的其他社会组织并不发生直接联系，具有非经济性的特征。1993 年以后，随着高等教育财政投资体制的变化和高等教育的大众化进程，高等学校的经费收入结构也开始相应地发生变化。由于财政拨款在高校办学总成本中所占比例的逐年下降，高等学校不得不面向市场寻求教育经费。然而，市场不同于政府，它是一个受价值规律支配的，以商品的自由交换关系为基本特征的领域。市场机制在高等教育中的引入和发挥作用，不仅带来了政府与学校关系的变化，而且引起了高等学校在组织结构和行为方式上的深刻变迁。

1. 市场的不确定性推动了高等学校的行政化

从纯粹经济学的角度而言，人们参与市场竞争的根本动力和目标是为了通过商品交换获取最大收益。但是，竞争者的预期利益目标并不是总能实现的，实际上，竞争本身也会使竞争者面临不能实现其预期利益目标的危险，甚至在经济利益上受到损失。这种现实利益与预期目标发生背离的可能性，就是竞争者面对的风险。[①]在高等教育市场中，由不确定性因素而造成损失或获益的可能性也是同样存在的。高等学校在通过提供教学、科研和社会服务获取教育经费的过程中，同样也会因为决策失误、竞争加剧等原因而蒙受经济损失，形成经营风险。一方面，由于市场竞争中的不确定因素大量存在，风险本身是不可避免的。而且这种风险的大小取决于竞争的规模、激烈程度和竞争方式，它和高等学校的主观因素和市场运行状态无关，其可能的损失及其程度也无法测量，因此只能通过高校对自身决策和经营活动的调整加以规避。另一方面，由于高等学校自身的特征，高等学校作为文化保存与文化传递的机构，它所具有的适应学术研究需要的分散化决策机制和扁平性组织结构使其在遭遇急剧的社会变迁时往往持被动保守态度，因而在面临市场变化时必须借助于强制性的制度变迁才能避免因反应迟缓可能带来的损失，而权力集中和科层制的组织机构在决策和执行上具有某种天然的优势，可以提高对不确定风险的反应力和决策的执行力，因此在组织变革的初期往往被奉为规避风险的理性选择。这就使得高等学校在适应市场机制的过程中，往往倾向于收权并将传统的学术组织行政化，改革为富于行政化色彩的科层体制和权力运行机制。

2. 对效率目标的追求加剧了高等学校的行政化

对于任何一个社会组织而言，目标和使命往往是影响其权力结构和行为方式等基本特征的重要因素。组织适应环境的过程往往改变组织本

① 金锡万：《企业风险控制》，东北财经大学出版社 2001 年版。

身的目标，而且还要调整达标的手段。[①] 高等学校区别于企业的一个重要特征在于企业以赚取利润为目标，企业的运行完全取决于赢利的多少，并由此衍生出相应的企业权力和结构模式及其管理制度。因此，在企业之中，管理人员负责指导组织的主要目标活动，居于主导地位，而专业人员只就目标活动提供所需知识居于从属地位。但高等学校却没有一个类似的目标。与企业不同的是，高等学校的学者们不仅依专业自主开展活动，也负责确定和维护组织目标，而管理人员却只负责辅助活动，其主要责任不是去控制学者，而是作为助手服务于教学和研究需要。[②] 从组织适应性的角度而言，高等学校所具有的这种特征，可以说是由其所处的外界环境所决定的。一旦大学所处的社会环境发生改变，大学的目标就会发生相应的转移，并能够引起组织机构、行为方式乃至文化的一系列连锁反应。从现实情况来看，不管其大学被设置和举办的目的为何，一旦进入市场，大学必须被界定为市场主体并且依照市场的普遍规律开展活动。在自由市场内部，来自于教学、研究和社会服务诸领域的竞争会迫使大学不得不考虑效率目标。特别是当大学试图主张其自主权并挣脱对政府的依赖，或是希冀与其他院校展开竞争的时候，效率对高等学校所具有的意义会越来越重要。如果缺乏一个基于公共性的有效规制，效率目标的重要性因为竞争的压力和对经费的渴望逐级增长乃至会成为高等学校的支配性目标。它会要求高等学校本身依据效率的原则进行重构，并且借鉴企业的管理方式重新界定行政与学术二者之间的关系。可以说，由于市场机制的引入，当前我国高等学校正普遍经历一种组织变革进程，对效率和责任等理性原则的强调可能导致两种不同的结果：一方面，它能够使得高等学校摆脱传统事业单位的形态，合理的配置资源，提高资源利用率和强化竞争力；另一方面，它也可能导致行政权力一家独大和不受控制，造成对学术权力的压制和戕害，使得高等学校偏离公共性的目标。

---

① 闫洪芹：《公共组织理论：结构、规则、行为》，北京大学出版社 2009 年版。

② [英]亚伦·博尔顿：《高等院校学术组织管理》，宋维红译，江苏教育出版社 2001 年版；[美]罗伯特·伯恩鲍姆：《大学运行模式——大学组织与领导的控制系统》，别敦荣主译，中国海洋大学出版社 2003 年版。

3. 高等学校的市场化发展战略强化了大学的行政化

由于市场是一种受价格机制引导，通过商品与服务的需求和供给来实现资源配置的机制，它具有自由选择、自愿交换、自由竞争的特点，因此高等学校想要从市场中获得教育经费就必须处理好两种不同性质的关系：其一，高等学校必须作为商品的生产者和服务的提供者以市场为导向进行生产并提供相应的教育、研究和社会服务，与消费者之间构成平等交换关系；其二，高等学校还必须与其他院校之间就学费、研究经费和其他服务性收入展开竞争，并与其构成一种竞争关系。在激烈的市场竞争中，高等学校想要获得优势地位和充足的教育经费就必须如同企业一般，制定商业化的发展战略，这主要包括三个方面的内容：其一，对内加以调整和改革，集中整合一切可利用资源，形成比较优势，以适应市场竞争的需要；其二，改革学校内部管理体制，压缩控制生产成本，实现效益最大化；其三，采取综合性发展策略，全面回应来自社会不同层面的需求，寻求规模经济和规避风险。然而，从实践来看，这些市场化的战略与传统的组织结构和行为模式存在着某种不相容性。在实施市场化发展战略的过程中，高等学校往往发现，要想只有如同企业一般在竞争中取得优胜和实现利益的最大化，只有采取行政化方式组织和开展活动，极力压低学校内部交易成本，才能实现对经济、效益和效能等管理主义价值目标的追求，这只会更进一步导致高等学校内部管理主义的盛行。从另一方面而言，高等学校的市场化发展战略也要求学校必须完成自我的行政化。因为在面临市场压力的情况下，为了推动大学组织变革，改变学术研究重点和经费分配方案，高等学校必须如同企业一样成为自我负责的完全组织，必须要具有完整而强大的行政权力，才能解决学校内部的不确定性问题。

（三）学术共同体缺失与高等学校行政化

在世界高等教育发展的历史进程中，学术共同体及与之相伴的专业精神在维护大学的学术自由与大学自治之中始终发挥着不可替代的重要作用。而在我国高等教育史上，由于政府与市场机制的交替支配效应，高等学校之中的学术共同体长期遭到抑制并处于萎缩状态，难以获得独立地位，这也是造成行政权力泛化的重要原因。首先，我国的高等学校缺乏学术自由的历史传统，大学自治缺乏明确的法律保障。从我国高等教育产生与发展的历史来看，公立高等学校作为实现国家目标的创造物，与政府之间一直存在着一种密切的关系。在相当长的一段时间内，政府集举办者、办学者和管理者三种角色于一身，对高等学校的实际运行和管理发挥着绝对的主导作用。高等学校之中基于专业自主的学术自由和大学自治缺乏明确的法律保障。我国《宪法》第47条仅仅规定了一般公民“进行科学研究、文学艺术创作和其他文化活动的自由”，《高等教育法》第10条拓展了宪法的有关规定，确认了“国家依法保障高等学校中的科学研究、文学艺术创作和其他文化活动的自由”，但其内在含义与学术自由和大学自治相较仍具有较大差距。其次，在学校层面，高等学校的学术性组织孱弱，不能依职权开展活动，体现大学文化生产与知识创新要求的学术权力缺乏明确的运行机制。以学术委员会为例，虽然高等教育法明确规定了大学中设置学术委员会，但是在大学中往往没有明确的制度或规章具体规定学术委员会的组成、权力和责任。在现实中，学术委员往往由行政决定其组成人选，由行政决定其领导，由行政决定其会议的召开和议程，因此，这种制度安排决定了学术权力隶属于行政权力，造成了学术委员会经常形同虚设的形象。再次，作为高等学校之中从事教学和研究工作的学术人员，大学的教授和普通教师对于大学的专业精神缺乏足够的认同。由于学校的事业单位性质，长久以来，我国公立学校教师被定位为事业单位工作人员，比照公务员制度进行行政化管理，他们更多将自身定位于事业单位的工作人员，而非专业人员。在管理制度上，大学教师更多地受到来自于教育行政部门人事管理，而不是来自于专业团体和职业精神的规约，从而造成了专业精神的式微。而各级学术性组织局限于开展常规学术交流活动，其组织规则较为松散，缺乏对其成员的必要约束。这些使得在大学内部和学者之间没能形成一种专业自主和自我负责的精神文化。

三、高等学校行政化的改革和对策

高等学校的行政化问题源于政府、市场与学校自身等多方面因素的交互作用。从组织理论的角度而言，它是高等学校在社会变迁中自我调适的结果，是高等学校对内改革、自我组织、自我负责以应对市场竞争的必然产物。因此，要改革高等学校的行政化问题，不能仅仅依靠政府放权，也不能片面诉诸以学术权力取代行政权力，而是应当在尊重教育自身规律和市场竞争规则的前提下，创新体制环境，从调整政府与学校关系、改革学校内部管理制度和培育专业自主精神等方面，创建一个以公共利益为目标，以学术自由为核心，以大学自治为形式，以自我负责和社会控制为保障的体现公共性的现代大学制度。

改革高等学校的行政化问题，首先需要重构政府与学校关系，建立政府与学校关系的法律调控机制。一方面，作为传递深奥知识、探索高深学问和进行社会服务的机构，高等学校的发展关系到民族国家的整体利益和社会成员的普遍利益，作为社会公共利益的代言人和主要实现机制的政府必须通过对高等学校的调控和干预来履行其高等教育职能，保障教育公平和社会正义的实现。另一方面，高等学校作为学术自由的主体，在享有自由权利的同时也必须履行相应的社会责任，这又要求政府必须以其公共利益的责任人身份对高等学校实施必要的监督。但是，政府对高等学校的调控和监督不能被等同于事无巨细的直接行政管理。在市场经济体制下，随着社会结构的转型和政府职能的转换，政府对高等学校的管理职能也应当相应地加以重新调整和界定。在理念上，政府应当以公共服务为基本理念和价值目标，积极实现由管制行政向服务行政的转变，以确保高等学校的公共性为前提，尊重高等教育自身规律，充分发挥高等学校自我组织和自我管理的作用。在内容和范围上，政府应当从过去无所不包的直接管理转变为负责统筹规划、宏观管理和监督协调，切实履行好加强教育立法、提供经费支持、保障教育质量和实现教育公平等具体职能。在方式和手段上，应当秉持法治国家的要求，实现行政法治，使政府在严格遵守法律的前提下运用经济和法律手段来实现对高等学校的调控和监督，排除随意性行政干预。为防止政府对高等学校自治事务的入侵和政府越权现象的出现，必须落实高等学校法人地位，清晰界定高等学校的举办者、办学者和管理者三者之间的权利和义务及其相互关系，通过法律限定政府干预的内容和范围。

改革高等学校的行政化问题，其次应当改革学校内部管理体制，建立以民主和分权为特征的法人治理结构，完善教师参与管理和民主监督机制。市场经济是法治经济，法律在市场运行中发挥着重要的作用。法律不仅提供了市场竞争的游戏规则，创设了市场主体自主活动的空间，还要求在其内部依法配置各方主体之间的权利义务关系，建立起相应的法人治理结构。特别是对于以公共利益为目标的社会组织而言，法人治理结构的建立有利于最大限度地节约组织内部交易成本，更好地实现其社会功能。高等学校内部管理体制涉及学校内部在具体管理和运行过程中的权力分配问题。1998 年的高等教育法在确定了学校的法人地位和办学自主权的同时，规定了我国高等学校的内部管理体制为党委领导下的校长负责制。根据高等教育法的有关规定，高等学校的校长具有“全面负责本学校的教学、科学研究和其他行政管理工作”的权力，而学术委员会的权利仅仅局限于“审议学科、专业的设置，教学、科学研究计划方案，评定教学、科学研究成果等有关学术事项”。这就使得过去原本由政府所行使的权利在下放的过程中为学校管理集团所接管，造成了权力过于集中而又缺乏监督的局面。要改革高等学校内部的行政化问题，必须改革这样一种过于集中的权力分配机制。第一，从应然的角度来看，政府所下放的权利应当被视为学校的法人权利，这一权利应当根据学校法人治理结构在其内部实行分权，而不能由学校管理集团所垄断和独享。分权的维度可以包括两个不同的层面：一是实行行政权力的分散化，要通过组织变革和结构调整实现院系结构的扁平化，通过权力下放和分散决策赋予院系以下的基层学术机构以更多自主权力并规范其行政管理行为。二是实行学术权力与行政权力的相对分离。在保障行政权力正常运行的同时，要加强和完善高等学校内部学术性组织建设，明确规定学术委员会等学术组织的性质和职权范围，并为之建立起相应的议事规则和活动规则，明确规定组织中学术性人员所占比例，改变目前学术管理机构只有审议权没有决定权的局面。第二，要完善教师参与学校管理和民主监督机制。高等学校要根据自身的具体情况，制定比较详细的制度，将教师参与管理权利的实施范围具体化、可操作化。不仅要明确规定哪些是必须要吸收教师参与管理意见的重要事项，还应从参与管理的途径和程序等诸方面完善教师参与管理的制度，实现对高等学校管理者的行政权力和各项管理活动的制约和监督。

改革高等学校的行政化问题，最后还应当加强学术共同体建设，培育自主管理和自我负责的专业精神。高等学校是以生产、保存和传递高深专门知识为主旨的学术共同体，知识生产和知识创新是高等学校区别于其他社会组织和教育其他阶段的重要特征。高等学校功能的发挥客观上要求在大学内部实行学术自由，允许在不同意见之间进行自由的交流和讨论，从而实现对真理的不断追寻和探索。对于高等教育制度的改革应当充分认识到学术研究与高等教育的特殊性，应当充分认识到现代法律对于维护学术自由和大学自治的价值和意义，应当积极推动以宪法和高等教育法保障高等学校的学术自由。高等学校的制度设计必须要对高等教育学术性特征及其对于大学组织结构和管理制度的特殊要求予以充分考量，应当为市场化改革设立必要的底线，维护高等学校的公共性价值与学术性目标。此外，学术共同体的建设还有赖于学者本身作用的发挥。一方面，要通过政策、法律和制度明确大学教师的专业地位，保障其专业权力；另一方面，要推动和建立专业组织，使其承担起相应的专业责任，逐渐培育起自我组织、自我管理、自我负责的专业文化和自治精神。

第三节　我国公立大学法人治理结构的完善

我国现行的大学管理体制奠基于 20 世纪 50 年代，在建构和运行上实行的是行政体制。大学管理体制直接来源于政府的行政体制，是一种国家集中计划、中央部门（条）和地方政府（块）分别办学并分别直接领导管理的体制。这种体制将所有的大学置于政府的领导之下。[①] 大学

① 劳凯声：《教育体制改革中的高等学校法律地位变迁》，载人大复印报刊资料《高等教育》2007 年第 5 期。

隶属于政府，国家及教育行政主管部门是其办学主体。我国大学的内部管理体制沿袭了政府对大学的行政领导和管理模式，内设机构偏多且机构重叠，机关管理干部队伍臃肿。

一、我国公立大学法人化的现状

在计划经济体制和“官本位”思想影响下形成高度集权的大学管理体制。政府对大学的管理主要通过行政权力来实现，大学相当于政府的附属机构。大学内部的管理也沿袭“上令下行”的行政管理方式，行政权力一支独大，学术权力一直没有发挥应有的作用。大学的内部矛盾日益激化，从大学基建腐败到“中国最大的博士群体居然在官场”，再到学术腐败和招生的种种丑闻。大学行政化日益成为学者和社会批评和抨击的“靶子”。

中华人民共和国成立后，我国大学管理体制照搬“苏联模式”，大学相当于政府的附属机构，对大学的管理以行政管理为主。改革开放以来，市场经济体制逐步完善，大学管理体制改革也在深入推进，由于体制存在的惯性，大学行政化现象虽然有所改善，但依然不同程度地存在着。政府管理大学还习惯于用行政管理的方式和逻辑，大学内部组织的设计还往往习惯于按照行政机构的组织模式，在对校、院、系进行权力分配的同时赋予其相应的行政级别，从而确立大学管理中的服从和隶属关系。服从与隶属的关系体现在政府与大学之间关系的方方面面，这在无形中又影响着大学内部行政机关和学术组织之间关系的确立。可以说，当前大学管理中在很大程度上仍然是计划经济思维延续的行政化倾向。中央政府通过计划、法律、拨款、监督等手段调节高等教育活动，地方及各大学则接受国家权力的指导和监督。高等教育被控制在过分机械的行政色彩浓厚的气氛之中，国家对高等教育的投资、行政管理统得过死、包得过多，行政权力泛化，学校没有自主权。大学的党务和行政干部都由上级教育行政部门任命或任免，其机构设置与各级党委政府的设置如出一辙，这为公立大学行政化倾向铺垫了深厚的政治基础。

（一）公立大学外部关系现状及原因分析

为理清公立大学外部关系的现状，笔者进行了相应的调查问卷。

<table>
<tr><th>问　题</th><th>选　项</th><th>行政人员（%）</th><th>教师（%）</th><th>数据分析</th></tr>
<tr><td rowspan="5">你认为下列哪些反映出政府对大学的行政化管理？</td><td>各级政府都设立了机构庞大的管理大学的教育行政机关</td><td>16</td><td>21.7</td><td rowspan="5">就政府对大学的行政化管理而言，35% 以上的人认为政府对大学的行政化管理集中体现在政府对大学的行政审批过多。</td></tr>
<tr><td>校级领导由政府任命，有行政级别</td><td>28</td><td>26.1</td></tr>
<tr><td>财政主要由政府投入</td><td>8</td><td>15.4</td></tr>
<tr><td>大学升格、更名、考核、评估，都要经过上级行政机关审批或操办</td><td>40</td><td>36.8</td></tr>
<tr><td>其他</td><td>8</td><td>0</td></tr>
<tr><td rowspan="3">具体到财政方面，你认为政府能否独立满足大学的资金需要？</td><td>能，但需要财政继续大力向教育投入倾斜</td><td>30</td><td>22.2</td><td rowspan="11">政府财政投入不足，并倾向于社会团体与企业增加对大学的资金投入。</td></tr>
<tr><td>不能，应鼓励社会各界投资学校教育</td><td>60</td><td>77.8</td></tr>
<tr><td>其他意见</td><td>10</td><td>0</td></tr>
<tr><td rowspan="5">纵观世界名校，大学财政来源多元化已成必然趋势，你认为大学的财政来源可以有哪几项？</td><td>政府</td><td>25</td><td>26.1</td></tr>
<tr><td>社会团体</td><td>40</td><td>30.4</td></tr>
<tr><td>企业</td><td>20</td><td>26.1</td></tr>
<tr><td>个人</td><td>15</td><td>13.0</td></tr>
<tr><td>其他</td><td>0</td><td>4.4</td></tr>
<tr><td rowspan="3">你认为政府单独出资会有哪些弊端？</td><td>使大学去行政化受到限制</td><td>38</td><td>44.5</td></tr>
<tr><td>政府通过资金干预学术自由</td><td>60</td><td>52</td></tr>
<tr><td>增加政府财政负担</td><td>2</td><td>3.5</td></tr>
</table>

续表

问　　题	选　　项	行政人员（%）	教师（%）	数据分析
现行由教育部主导的大学评估制度是否必要？	必要	25	66.7	对于政府对大学的教育评估是否必要，数据比例分布差距不大。关于评估制度不合理的原因，都较为倾向于认为形式性过多。反映出的问题是，评估制度有不合理之处，但其制度存在是必要的。
	不必要	75	33.3	
	其他	0	0	
如果认为大学评估制度不合理，那不合理的原因是什么？	为“迎评”，“造假”的试卷、论文、实习报告、听课记录等最基础的原始材料	25	24.1	
	“劳民伤财”。参评学校提前两年做准备，各种大小会不断，耽误学生们的课程	35	27.6	
	评估由政府强制，评估方案不一定适合所有大学	20	27.6	
	评估目的有一部分达到了，但总体而言还是形式大于内容	20	20.7	

政府与大学的外部关系中，主要问题包括以下几个方面。

（1）政府对大学的行政化管理中，所占比例较大的是政府对大学的行政审批过多。行政审批的内容涉及大学管理的各个方面，因此行政人员与教师对此的不满也较多。

（2）政府财政拨款是大学行政化的根源。我国国民收入不断增加，但国家财政预算中对教育的拨款，并不能保障大学的良好发展。政府对大学是直接划拨拨款，包括两块：一是综合定额，按学生人数划拨，弹性小；二是专项补贴，按项目划拨，弹性很大。因此在项目划拨中，为了拿到更多的拨款，此时管理经费的政府官员，会成为学校去攻关的对象。在这一过程中各种权力寻租也由此滋生。大学要生存需要政府财政支持，就必须听命于政府的行政管理。

（3）校长的行政任命制。在我国《高等教育法》第40条规定，“高等学校的校长、副校长按照国家有关规定任免”。实际上我国大学校长选拔是由政府决定的，学校与政府是上下级关系，通过任命大学校长来实现政府对学校组织控制。这强化了大学的行政属性，忽略了大学相对独立的地位和特殊的大学工作性质。

（4）教育评估的行政化。我国的高等学校教学评估具有：强制性，评估客体即大学必须接受评估主体的工作安排、评估结论和评估建议；直接性，由政府直接实施各种类型的评估，直接体现政府的意志，无社会参与性。相对而言，大学对于评估较为被动，评估又揉合进检查与监督，加大了大学工作强度。①

近三十年来，我国政府将重点放在经济体制改革上，从计划经济体制向市场经济体制转变。按照市场机制的要求，政府的各部门及组织不断开放，逐步市场化。但是，大学仍然是一个十分“封闭”的部门。政府对大学的管理机制仍保留着强烈的计划经济时代的色彩。大学仍被视为附属于政府的一个机构，其组织的学术特性被忽视，大学的学术职能常置于政府职能领导下，导致大学缺乏自主能力。作为学术性组织，大学要求自治的根本目的是为了学术的质量与效率。忽视学术发展的基本规律，仅靠政府管理机制发展学术，严重阻碍学术的质量与效率，也严重影响大学的健康发展。

社会大众参与大学治理的积极性不高。政府与大学之间形成了社会完全依赖大学、大学完全依赖政府的办学思想，缺乏主动性。现代大学制度的发展中，社会这一必要参与元素的缺失导致服务性和监督性十分薄弱。只有拥有社会参与的办学管理机制，大学自主的积极性才能充分调动，使大学得到持续发展的外部动力和力量，还有外部约束和权力制衡的力量。因此，我国大学外部治理主要集中于政府放权，大学法人自治，社会监督这三个方面。

---

① 肖立莉：《论我国高等教育评估的完善与发展》，载《沈阳师范大学学报》（社会科学版）2009 年第 3 期。

（二）公立大学内部治理现状及原因分析

我国公立高等学校的治理结构与上述国家以及世界其他国家有较大差异，这种差异主要体现在学校管理权力的高度集中和内部监督机制的薄弱。

问　　题	选　　项	行政人员（%）	教师（%）	数据分析
你认为下列哪些情况属于大学内部管理中行政化的表现？	大学内部按行政机构设置管理部门，有官僚化倾向	23	28.6	就大学的内部行政化管理表现状况，行政人员的问卷数据分布较为平均，而教师的问卷中比例较高的是“内部按行政机构设置管理部门，官员很多，官气很重”。这种现象恰恰是行政人员与教师工作内容不同的表现。
	学术管理行政化	21	21.4	
	党政不分，权力过于集中	23	10.8	
	教授和教职工权力边缘化	20	17.8	
	学生无参与学校管理的渠道	12	21.4	
	其他	1	0	
就你所了解，下列哪些人事管理方式是大学行政化的具体体现？	大学有等级，校内的各级干部也有等级，待遇高低取决于等级的高低	40	53.8	关于人事制度的行政化表现，数据比例较高者为“大学内部的人事待遇等级制度”，之所以这一选项比例较高，说明其阻碍了大学自由的风气，使大学中的氛围官僚化。
	大学领导的产生方式一般由政府任命，或由党政机关的干部转任到大学担任领导人	35	38.5	
	工资与所聘岗位直接挂钩，实行岗变薪变	24	7.7	
	其他	1	0	
就你所了解，现在大学中对教师的聘用由谁决定？	院系基层权力部门	7.6	30.5	
	校级领导层面有最终决定权	69.2	69.5	
	其他意见	23.2	0	

续表

问　　题	选　　项	行政人员（%）	教师（%）	数据分析
你是否了解大学内部管理体系？	很了解	7.6	15.4	根据统计数据分析，认为大学内部权力中党委权力处于最高地位的占 60% 以上；有 75% 以上的人认为行政权力强于学术权力；而认为行政权力强势的原因与政府密不可分的占到 60%。
	了解一点	84.8	76.9	
	不了解	7.6	7.7	
你认为以下哪几种权力是具有实际管理权力的？	政治权力——党委会	50	40	
	学术权力——学术委员会	20	20	
	行政权力——校务委员会	30	33	
	民主权力——职工代表大会和学生代表大会	0	7	
你认为以下哪种权力处于最高地位？	政治权力——党委会	90	66.6	
	学术权力——学术委员会	0	0	
	行政权力——校务委员会	5	22.2	
	民主权力——职工代表大会和学生代表大会	5	11.2	
你认为现有制度下学术权力与行政权力，何者较为强势？	行政权力	75	100	
	学术权力	25	0	
你认为下列哪些是行政权力较为强势的原因？	行政权力与政治接壤后有集权的、组织庞大的行政组织为支撑	60	64.4	
	高等教育法中将学术权力机构学术委员会被定位为咨询机构，不具备决策权	30	5.1	
	教学科研人员为了维护自身利益不得不投入更多的精力去经营“权术”	10	30.5	
	其他意见	0	0	

续表

问　　题	选　　项	行政人员（%）	教师（%）	数据分析
你认为教师同时担任行政职务是否合理?	合理，教师担任行政职务可以更好地为学术服务	55	44.4	对于教师是否应同时担任行政职位，数据比例分布也比较平均。结合个人访谈可知，教师同时担任行政职务，可能会分散教师的精力，但同时也能更好的为同学和教职员工服务，利弊相当。
	不合理，教师担任行政职务会分散教学精力	35	55.6	
	其他意见	10	0	

大学的内部关系中，主要问题包括以下几个方面。

1. 学校法人权利的高度集中

高等教育法规定，大学具有招生权、学科和专业设置与调整权、科研与社会服务权对外科技交流与合作权、人事权、财产的使用受益权。但由于我国现行法律、法规没有明确大学的独立法人地位，在大学内部各权利主体之间没有进行合理的分配与制衡，导致学校运行过程中党政和行政职能部门大权独揽。学校党委行使人事和重大问题的决策权，校长行使教学、科研、人事、财物等行政管理权。基层院、系和教职工代表大会、学术委员会并没有得到应有的权利；学校的内部监督机构——纪检、监察、审计部门也难于实施对上级党委、行政的有效监控。

2. 高等学校的学术权力不断萎缩

我国教育法和高等教育法没有对大学学术组织的权利作出刚性规范导致学术组织功能退化。在我国高等教育法中，虽然对学术组织的性质规定过于原则而刚性不足。法律规定高等学校要设立学术委员会，但对学校、院系学术委员会的组成，以及如何开展学术活动没有规定。使高等学校在学校学术委员会的组成、程序的安排、内容的确定等方面具有自由裁量权。一般在学术组织中的负责人，既是教师身份，具有专业技术职称，又是学校、院系的行政管理者。同时，关于高等学校学术委员会的产生办法、学术委员会委员的任职资格、学术委员会的构成、学术委员会委员的任期与增补等事项法律未作出刚性规定。

因此，解决问题的关键是要强化学术委员会对学术事物的决策权，规范大学学术委员会的运行机制。

二、法人化治理理顺大学外部关系

改革的目标应是针对制度中最不满意的部分，在坚定大学理念的基础上，使大学发挥其本来的价值意义。

通过问卷分析可知，就大学的外部关系中，不满意度较高的为“政府对大学的行政化管理过多”和“社会参与大学管理和监督较少”。

（一）政治改革推动公立大学法人化改革

纵观世界大学改革，无论是英国的“下一步计划”，还是日本的大学改革，无不是政府行政改革中的一部分。正是政治较量与对经济利益的追求，推动了政府从角色职能和编制的改革，大学改革正是其中重要一环。

就我国而言，政府在大学改革中所起的作用是主导性的。计划经济时期政府无所不管的思想仍在影响当今社会，需要政府主动将大学推向独立自主办学。

大学承担着重要的公共利益，基于此项公共利益政府对大学所实施的政府行为具体在宏观指导与事后监督上。而这两种行为的实施，必须在法律规定的范围内。

就此，我国公立大学改革中，政府与大学关系改革的部分轮廓清晰浮现。首先，在政府改革的推动下，由立法机关制定严谨的法律制度，明确大学独立的法人地位。这是防止政府过度干预大学自治的前提。修订教育法，明确地规定学校的法律主体地位、权利以及义务。我国《教育法》第 31 条规定：“学校及其他教育机构具备法人条件的，自批准设立或者登记注册之日起取得法人资格。”结合《民法通则》，教育法中的“法人”实际是“事业单位法人”。学校应是一个独立于政府的法人，并在上述法律制度中严格规定政府事前宏观指导的范围和事后监督的范围与处罚力度。政府管理权必须依法行使，具有合法性，法律中尽量减少自由裁量的空间。即使在行政自由裁量空间中，也需具备正当性，政府对高等学校法人的管理须经由法律授权，基于正当理由和正当程序。

具体而言，完善的关系体系结构来自政府职责的合理界定划分。政府对大学的职责划分为两个主要方面：一是横向上界定政府教育部门对大学管理职责范围；二是纵向上政府内部系统对教育权职责的划分。

由于大学的公共属性和大学自身的组织特性，必须明确政府对大学的管理是有限的、服务性的。因此政府的职责范围，主要包括四个方面：宏观规划、法律制度和法制环境建设、财政支持、事后监督。其一，宏观规划是指导性的，要有整体性、深远性和科学性。大学不遵从指导，只会丧失一些优惠条件的取得而非承担行政处罚。其二，政府应综合运用法制手段，保障大学各项事业发展的公平性、公开性、公正性。营造法制环境，通过法律理顺教育关系框架，有利于大学的稳定发展。其三，大学法人制度下的政府财政职责并不在于利用财政拨款直接干预大学的事务，而源于大学的公共属性。政府的财政政策应满足大学发展的基本需要；同时以社会评估为准倾向性财政拨款，激发大学之间的竞争意识。其四，监督职责让政府以裁判者的身份，以更客观的视角审视大学的整体发展，既确保大学发展不偏离规划的方向，也为大学自主办学留出更大的空间，保障大学自主办学的权益。“在高等教育法规确立了各级各类高等学校设置标准、学位标准、校长及教师任职资格标准和审批程序、新专业设置的条件和要求等之后，政府还必须承担起监督这些标准和要求实施情况的责任。只有立法，而不管监督，立法就很容易流于形式，不能起到应有的作用。从这点说。政府的立法权和监督权是统一的。”①

我国高等教育的职责应由中央政府和地方政府分别负担。在市场经济发展到今天，不同地域的经济特点、发展水平、人文环境、社会氛围

① 徐辉、毛雪非：《论现阶段我国政府、社会与高校的关系》，载《高等教育研究》1994年第2期。

等差别很大，仅靠某一级政府的单一管理不可能在下面各级大学管理机构产生同等效应，难免顾此失彼。政府的职责体系应由中央与地方两级政府构成既统一又有所分离的整体。在政策上，中央政府负责大学整体中长期的发展规划，而地方政府以中央政府的政策为指导，结合本地区大学的具体情况，制定大学发展的短期计划。在办学方向上，中央政府负责中长期大学发展的目标，地方政府按照中央规划的目标，根据本地区具体经济发展的职业需求状况，有所偏重地定位地区大学的发展。在财政上，结合财政制度改革，建立以中央财政与地方财政并重，社会资金不断加重比例财政机制。不但能减轻中央的财政负担，还能发挥地方财政和社会资本作用，提高各种资本运作效率。大学的良好发展促进社会经济发展，提升地方政府支持地方大学发展的决心。在监督职责上，中央政府负责各项监督标准的制定，以及对部分国家级重点院校的监督执行工作。地方政府参照国家标准，在宪法和法律的框架内，负责对地方大学的办学质量进行监督。政府管理职权的合理分层，提高了管理的灵活性，提高了政府宏观管理的效率与水平。

（二）建立社会参与公立大学治理的机制

在以市场为导向的经济背景下，现代大学的外部关系结构不再只由政府构成，社会的积极参与是完善大学外部机制的重要条件。社会参与大学办校机制要求一系列的制度设计，包括参与投资制度、参与决策制度、参与管理制度、参与评估制度。决策与管理将在大学的内部管理中论述。现代大学与社会的外部关系中，最重要的就是投资制度与评估制度。

“高等教育财政投资所占比重逐年减少，通过收取部分培养费、学校的服务收入等财政外资金收入逐年增加，并有取代财政投资的趋势。高等院校作为独立法人的办学实体，自身筹资功能不断增强，高等教育办学经费多元化格局已经形成。”[①] 就社会参与大学投资而言，独立的法人地位使大学作为一个权责自负的法律主体，而不是政府的行政附属。大学可以依法自主接受社会投资，与社会资金投入者建立合作机制。此

---

① 王冲、叶子荣：《高等教育投资与公共财政》，载《教育发展研究》2004 年第 4 期。

时，社会投资者将大学作为一个完全法律主体，大学在此种法律制度中也不必向教育行政部门层层审批。大大方便了社会资金向大学流入，互惠互利。

目前的教育评估中问题比较严重，各校为了教育部主导下的评估费尽心思；但结果却不尽理想。由于评估过程不够公开，得到的结果也难以公正、公平，达不到良好的社会效益。大学自身在迎评过程中，虽说“以评促进”，但实际上却是形式大于实效。

针对这一问题，建立社会第三方评估机制是必要的。此时，大学的法人治理与社会评估密切相关。大学只有确立了独立的法人地位，社会评估才能不受政府的干预，才能保证公正公平。社会第三方评估机制的建立需要从以下几个方面完善：(1）健全评估法律制度。在教育评估领域，特别是在评估的实施过程中，制定专门的法律规定各评估主体的职责、评估检查的内容、标准和程序，使实施中有统一的规范。(2）转变政府角色。政府应从“运动员”转到“裁判员”的“角色”。政府通过建立合理、公平、透明的规则，切实维护大学利益主体竞争秩序。改革初期政府要花大力气培育中介评估机构，并对其进行监督。(3）建立多元评估指标体系。大众型高等教育阶段要满足社会多层次教育需求。各种类型的高等学校有各自的特色和发展方向。因此分类型、分层次、分学科的评估体系才能确保评估的公正。

公立高等大学法人权利外部关系的两种主要形式——法律制度的制衡和社会参与的制衡。法律制度的制衡侧重于公平机制，而社会参与的制衡侧重于效率机制。具体而言，政府和大学的关系设计应当反映社会（公众作为权利人的整体）对公立高等学校公平性的期望，而大学与社会投资者和利益相关者关系设计则应当反映相关权利人对公立高等学校的效率和效用的期望。

三、法人化治理完善大学内部权力配置与运行

从法学的视角讲，高等学校法人治理结构主要研究权力配置和权力运行机制的构造问题，即高等学校法人各权利主体之间的权利配置与权

利运行机制问题。《中华人民共和国教育法》（以下简称《教育法》）和《中华人民共和国高等教育法》（以下简称《高等教育法》）在依法确立高等学校法人资格的同时，对我国高等学校法人的权利机制，即高等学校法人内部各主体之间的权利与义务配置关系作了相应的安排。对中国共产党在高等学校中的地位，高等学校校长、学术委员会、教职工代表大会等主体的职权作了初步设计，目的是在高等学校法人内部建立起决策、执行与监督制衡的法人治理机制。

（一）董事会制度完善公立大学的民主决策机制

学校法人治理制度与公司法人治理有相似之处。在公司中董事会便是由各方利益代表者组成，形成民主决策。董事会制度是体现法人独立行使管理权的比较好的形式。在问卷与访谈中，多数人对董事会制度都不了解。其实我国在1949年前就有不少大学设有董事会。1949年后，建立以党的领导为核心的大学领导体制，不再设董事会。但改革开放后，随着高等教育改革董事会重新进入大学。20世纪80年代，“产学合作教育”的模式诱发了大学董事会制度。先后有汕头大学、洛阳大学、武汉工学院、安徽大学、中国矿业大学等组建了高等学校董事会。

目前公立学校的董事会类型大致包括三种：（1）半决策型，董事会有权审议决定学校的重大事务，但无权任命校长，只能提名校长或副校长人选报政府批准任命。（2）监督、指导型，这类大学的办学经费主要由国家下拨，这类董事会一般由上级主管部门批准成立，指定聘任董事长。（3）行业对口型。董事由聘请的企业领导、行业对口单位组成，对学校进行行业指导①。

我国大学内部权力体系中，无法回避的是党委权力。大学管理体制改革并不是完全排斥党对大学行使决策权。笔者建议将党委代表纳入董事会组成人员中。国家首先必须立法保障董事会的法律地位，承认其是大学的最高权力机构。大学董事会的成员构成，可借鉴三三制原则：三分之一为政府任命的党委和行政人员，三分之一为教育专家、企业代表、

---

① 钟晓东、陈洪涛：《我国高校董事会运行机制研究》，载《黑龙江高教研究》2004年第12期。

基金会、财团和社会名流等，三分之一为学校教授、教工和学生代表。三三制组成的董事会搭建了党委权力、行政权力、学术权力和民主权力（教职工、学生和社会利益相关者）四种权力博弈的平台。而这其中并不违背党委的领导，一方面董事会中有党委代表，另一方面许多老师和学生都是党员，这就能保证大学发展方向不偏离国家政策。董事会在行使职责时，不但能体现政府的宏观教育指导，还能反映社会对人才的需求方向，大学在权力制衡中保障办学的独立性。董事会的制衡作用在于，既可以保持大学与政府、社会之间的稳定、有效的联系，保证办学资金持久充实地流入和接收到社会需求的有效反馈，又可以防止政府对大学的行政化管理及企业对学校的市场化控制，同时又约束学校过多卷入经济市场和政治舞台，保证高等学校的学术自由性质。笔者建议大学董事会的主要权力和职责集中体现在大学章程和发展规划的制定，财政的预算和审批，还有人事任命。

（二）建立高效性行政权力运作机制

1. 行政管理的必要性

大众教育阶段，办学规模不断扩大，大学内部行政管理权力需要重新分配与合理调解。去行政化并不意味着排斥行政管理，我们要充分认识到大众化时代高等教育行政权力的合理性，承认行政管理对于高等教育发展的必要性，改革一味追求学术权力的片面观点。行政管理的意义在于优化配置包括人、财、物在内的教育资源为学术权力提供活动空间。

2. 高效行政的宗旨

行政人员在行使权力的过程中，要促使一定的规则制度化：一是尊重学术权力的地位和权威，树立服务保障意识；二是要合法合理界定学术权力和行政权力各自行使权力的领域；三是要确立民主原则，在管理过程中积极听取相关利益人的意见，防止权力的滥用，做到行政权力和学术权力相互尊重，共同发展。

3. 行政权力基层化

行政管理的运行必须以学术的进步为出发点和归宿，大学的行政人员，都要由“管理者”转变为“服务者”。构建一个服务型行政组织，在行政人员中明确并强化服务职能，提供有效的学术保障服务，为师生的学术活动创造条件并提供保障。

在大学组织团体中，学术力量集中于基层的学者，他们在学习和生活中有较强的自主性和对科层管理的抵制。这就要求大学必须尽可能地提供他们的思维空间，按自己的方式展开工作与科研。笔者建议可在院（系）一级建立以院长为首的由教师组成的院务委员会，讨论决定院系内学术发展等重大问题。有利于加大学科带头人和课题组负责人在人、财、物方面的权力。[①] 因此，扩大基层的行政自主权，有利于基层学者发挥其能力，相反权力过于集中在上层领导手中，会使基层缺乏安全感，影响科研的积极性，有碍学术的发展。

（三）完善教授治校制度

教授治校始于中世纪大学，在西方有着悠久的历史。在中国，蔡元培和梅贻琦两位校长是推行教授治校的最大贡献者。蔡元培在 1917 年到 1923 年任北京大学校长期间，贯彻并完善了教授治校制度，形成了以教授为主要管理者的评议会、教授会、行政会议二级管理机构[②]。在清华大学教授治校制度则经历了一番曲折，1925 年成立教授会，直到 1931 年梅贻琦任校长期间，才完全接受了教授治校的管理方式，全力加以扶植[③]。

近年来，随着高等教育的改革，教授治校的理念得到了越来越多的关注。2004 年苏州大学材料工程学院成立了江苏省首个教授委员会。由该院 16 名正教授出任教授委员会委员，他们对材料工程学院发展方向、发展规划、专业设置、人才引进、重要改革措施等拥有重大事项的决策权；委员们还有对学院各项管理工作和决策进行建议、批评和监督的权力，及时反映师生呼声、维护师生合法权益。[④] “但在中国这样一个官员治校的组织中，教授委员会的设立并不是学术自由、教授治校的

---

① 康全礼：《治理理念与教授参与治校》，载《理工高教研究》2004 年 4 月第 23 卷第 2 期。
② 陈发美：《蔡元培的“教授治校”思想与实践》，载《中国高教研究》2000 年第 6 期。
③ 李硕豪：《梅贻琦的高等教育思想和办学实践》，载《高等教育研究》1998 年第 4 期。
④ 《中华人民共和国重要教育文献（1976—1990）》，海南出版社 1990 年版。

自然产物，而是领导批准，依然处在行政权力之下，因此很难享有真正的独立性和权力”。[①] 让教授治校不单单是一种办学理念和管理思想，而且能够转化为相应的机构和体制，大学要做出很大的努力。要建立适合中国国情的教授治校的管理模式，我们从理论和具体措施两个方面进行探讨。

1. 明确教授治校的管理思想

无论现代大学如何变化，大学是学者的共同体这一本质不会改变。大学学术权力的骨干是教授，他们对大学学术问题有着深刻的理解，对大学学术发展规律有准确地把握。因此，教授治校是符合大学的内在逻辑的。

教授治校与校长治校是没有冲突的，而是紧密联系、共同促进的关系。教授“治”的内容应该是有关的学术问题，指的是教授在学术管理方面要有绝对的发言权，而以校长为代表的行政机构则应为此提供合理的条件和保障。教授治校不能代替校长治校，校长治校也不能忽视教授治校。

教授治校的重要路径就是教授委员会。教授委员会主要以教授和副教授等学术人员组成。教授委员会主要承担学术事务的决策权，体现了大学的学术自治权，同时也体现了学术权力在学校管理中的作用。教授委员会和行政系统是两个相互制约却又相互平衡的机构。它们一起形成了一种相互均衡的分权制管理结构。

2. 健全教授治校的管理模式

面对我国当前的大学内部管理的现状，我们要探讨建立适合中国国情的教授治校的管理模式，采取相关的举措。

（1）完善教授治校的法律制度。在 1998 年《高等教育法》第 42 条中，确立了高等学校学术委员会的权限，规定要求高等学校设立学术委员会，审议学科、专业的设置，教学、科学研究计划方案，评定教学、科学成果等有关学术事项。在第 43 条规定，高等学校通过以教师为主

---

① 吴玫：《也谈北大教师聘任制改革——组织的视角》，载人大复印报刊资料《高等教育》2004 年第 1 期。

体的教职工代表大会等组织形式,依法保障教职工参与民主管理和监督,维护教职工合法权益。

虽然《高等教育法》明文规定了学术委员会在相关学术事务中的决策性权力，但这些权力相对有限。在法律层面上，学者个人和群体并没有实际意义上的决策权力。高等教育的相关法律要为教授治校提供法律保障：明确赋予大学独立法人地位；维护教师（特别是作为学术权威的教授）参与学校决策的权力。

（2）要建立以学术权力为主导的运行机制。应在有关学术管理的制度设计中明确学术权力的主导地位，但主导地位不等于无限制，学术权力同样需要制约。尤其是学术权力作为一种管理手段，借助或通过命令的方式发挥作用的时候，一样需要程序的约束和规制。要使其保持在合法和合理行使地限度内，避免学术权力行使过程中的随意性。

（3）大力发展学术管理机构，扩大学术管理的覆盖面。大学的主要功能在于探究高深知识，培养高级人才。许多事务都与学术息息相关。我国大学一般设有学术委员会，职称评审委员会，课程建设委员会、学位委员会。由于学术管理机构设置太少导致管理覆盖面过窄。可在学校一级建立由校长、各院院长、各系主任、教授代表构成的大学学术决策机构——教授委员会，涉及学校的教育方针、学校的各项建设、系科的增减等均由委员会讨论成形，再交由董事会最终决策。建立和健全专业委员会及学科委员会制度，以弥补学术委员会在学术事务决策和管理中的不足。教授委员会下设分委员会如财务委员会、教学委员会、科研委员会、人事委员会等，同时在院系中各学科设立学科分委员会，指导本学科的教学工作，具体议决本学科教学方针，编订课程，向教授委员会建议系科的增废，规定学生成绩标准等本学科重要事项。

（4）要实际赋予学术管理机构决策权，让学术权力真正进入管理领域，改变目前学术管理机构只有审议权没有决定权的局面。建立适合中国国情的教授治校管理体制，要处理好三种关系：党委与学术之间、学术与行政之间、院校系之间的关系。我国现今是党委领导下的校长负责制，按照笔者以上的改革建议，党的代表集中于董事会，教授治校并不排斥党的主要工作。与此同时，教授治校有利于让学校中的党组织要从过去那种包揽一切的状态中解脱出来，把党委工作集中到加强党的建设和加强思想政治工作上来。学术事务与行政事务不可能绝对分开，但要以学术事务为主，通过法律制度赋予教授团体和学术组织的应有之权，确保教授切实参与有效的决策和管理，发挥学术委员会、学位评定委员会等学术组织的积极作用。建立以院为主的学院制扁平化管理模式，切实扩大院系办学自主权，推进学术管理重心下移，构建科学合理的矩阵组织。

教授治校是实现学校内部治理中民主管理理念的体现，强调尊重知识、尊重人才。教授治校并不是要求教授都要担任行政职务，目的是淡化“官本位”观念，强调管理的民主意识和服务意识。各级领导要运用手中权力对教学和科研实施强有力的组织和保障①。但必须意识到，现代大学需要高效的治理，教授治校既是一个民主的过程，同时也是一个低效率的过程。因而，现代大学需要以大学校长为首的行政权力治校与以教授为首的学术权力治学相辅助，才能创造出更为良好的教学科研成果及良好的治理方式。

（四）强化监督机制

监督体系包括两类：一是源自大学外部的监督；二是源自大学内部权力制约监督，监督委员会监督，包括纪检、监察和教授委员会等代表各方权力监督力量。这两类监督共同组成监督体系，在高等学校法人治理中发挥类似于公司治理结构中监事会的作用。

1. 成立由政府派出的监事会进行监督

由国务院或教育部或地方政府派出的监事会对派出政府或政府机构负责，主要职责在于监督高等学校的财务状况与高等学校的办学方向，主要目的在于执行政府的公共管理职能，因此不涉及高等学校依法自主办学的其他事务。

2. 建立大学内部的长效监督机制

仅仅依靠外部监督是不能解决所有问题的，更重要的监督来自学校

---

① 韦凯：《杂谈“教授治校”》，载《广西政法管理干部学院学报》2002 年第 4 期。

内部的长效监督机制，分别是：代表了党委或上级党委的纪检机构，对高等学校治理中党务工作及党员的监督；代表着上级行政的监察机构，对高等学校治理中行政权力是否合法行使的监督；代表着教师群体的教授会，对高等学校治理中的学术问题尤其是教育质量的监督。

在这样的权力分配与制衡关系中，监事会监督与高等学校内部监督（纪检、监察、工会、教代会、教授委员会）相结合，建立了比较完善的监督网络，有效地解决了高等学校权力监督弱化的制度缺陷，从而有利于大学法人机制的完善与机构健全。

第四节　以董事会为模式的公立大学内部治理结构改革

随着社会的发展，产学研合作为越来越多的高校所重视，高校与社会的联系越来越密切，高校需要了解社会的需求，社会各界期望高校培养满足其需求的各类人才，从而推动我国传统高校治理结构的变迁，吸纳社会人士成立董事会就是这方面有益的探讨。《国家中长期教育改革和发展规划纲要（2010—2020 年）》肯定了这一尝试——“探索建立高等学校理事会或董事会，健全社会支持和监督学校发展的长效机制。”必须注意的是，产学研合作只是我国公立高校董事会产生的原因之一，但董事会的职能并不在于或者主要并不在于推动产学研合作，其存在是为了完善高校法人治理结构。高校董事会是美国大学治理的重要内容，如何借鉴其成熟经验，不断完善我国公立高校的治理结构，已经成为我们必须解决的难题之一。

一、我国公立高校董事会的实践

治理结构是大学制度的核心。由于历史、文化等因素影响，世界各国高校采取了不同的治理结构。目前，我国公立高校实行党委领导下的校长负责制。这种治理模式的优点就是注重效率，缺点就是行政化倾向浓厚：外部严重依赖政府，内部充斥着行政等级观念。这在高校体制改革初期是必要的，不过随着高校体制改革的深化，其弊端就逐渐暴露出来，一些公立高校就开始了治理结构改革的尝试。1987 年 2 月，汕头大学在全国高校中率先成立了董事会。之后，诸多高校成立了类似董事会的组织。

高校董事会的建立和发展获得了国家的政策鼓励与引导。1990 年后，国家陆续颁发《高等教育法》《中国教育改革和发展纲要》等法律、法规，强调高校要进行体制改革，增强学校办学的自主性和适应性。1992 年，原国家教委在《关于加快教育改革和发展的若干意见》中指出："要大力加强学校与科研部门、企事业单位的密切合作，争取社会各方面更多地参与高校人才培养工作。"1993 年，中共中央、国务院颁发《中国教育改革和发展纲要》强调了高等教育的分权化方向，提出："在政府与学校的关系上，要按照政事分开的原则，通过立法，明确高等学校的权利和义务，使高等学校真正成为面向社会自主办学的法人实体"，"建立起主动适应经济建设和社会发展需要的自我发展、自我约束的运行机制。"1994 年，原国家教委在《关于国家教委直属高校积极推行办学与管理体制改革的意见》中明确提出"条件成熟的学校，还应积极组建由地方政府、企业集体、科研单位及社会各界参加的学校事业发展基金、院一级董事会或建立校董事会，逐步探索面向社会办学的路子"。这为高校董事会的建立和发展提供了良好的政策环境。2010 年 12 月国务院办公厅下发《关于开展国家教育体制改革试点的通知》，北京大学等 26 所部属高校承担了"推动建立健全大学章程，完善高等学校内部治理结构"改革试点任务。

可以说，20 世纪 80 年代以来国家的政策、法律为我国高校进行体制改革、增强学校办学的自主性指明了方向，为高校董事会的建立和发展提供了良好的外部环境。不过无论《教育法》还是《高等教育法》都未对公立高校董事会的法律地位作出明确说明，使得看似蒸蒸日上的高校董事会发展遭遇到角色定位的困境：董事会在高校治理结构中处于何种地位？如何妥善处理与党委领导下的校长负责制的关系？

二、公立高校董事会的角色定位

“在其位，谋其政”。公立高校董事会的角色定位决定着其功能的发挥。从我国公立高校董事会运作的实际出发，可以发现其定位主要有两种类型：一是咨询指导机构，处于此种角色的高校董事会居多数；二是半决策机构，处于此种角色的高校董事会并不多见。

角色类型一：咨询指导机构。虽然高等教育改革的相关政策促进了我国公立高校董事会的发展，但相关法律并未给予董事会明确的法律地位。依据我国《高等教育法》的规定，公立高校实行中国共产党高等学校基层委员会领导下的校长负责制。有鉴于此，公立高校董事会均在法律范畴内运作，将自身定位于咨询指导机构。南京师范大学董事会就是其典型代表。该董事会章程第 6 条规定：“董事会为非行政的常设机构，其行为不影响南京师范大学原有的办学机制、性质。”第 26 条规定：“董事会是为南京师范大学筹集办学资金、提供管理决策咨询、评议学校工作，以及通过提高办学水准为董事单位提供所需人才或其他服务的非常设机构。”当然这并不意味着高校董事会没有任何决策权，既然各高校成立董事会的初衷在于筹集办学资金，董事会拥有这方面的决策权也就顺理成章。南京师范大学董事会章程第 27 条第 4、5 项赋予了董事会一定的决策权：审议董事会资金的使用和管理状况，参与学校大型基建项目及其他重要工程的咨询、审议。① 显然高校董事会其实对高校发展的重大事项并不具有发言权，同国外特别是美国高校董事会有着本质的区别。从高等教育管理体制改革的背景出发，国内学者指出，“由于我国国有高校中的董事会不可能凌驾于党委领导下的校长负责制这种体制之上，因此，……在这一领导体制下设立董事会，应当把董事会定位在为学校决策提供咨询、指导，为学校拓展对外联系空间、筹集办学资金、

① 《南京师范大学董事会章程》，载 http://www.njnu.edu.cn/dsh/2002083010210917341_409.htm。

密切产学研合作而设立的一种组织。就其性质而言，高校董事会是校长工作的一个辅助机构。”①

角色类型二：半决策机构。如果说咨询指导机构性质的董事会对高校重大事项决策几无发言权，那么半决策机构性质的董事会则对高校重大事项决策产生了重要影响。华侨大学董事会就是其典型代表。该董事会章程第 1 条即指出：“华侨大学董事会，协助政府办好华侨大学，对华侨大学的建设和发展提供实质性的支持，并对学校重大事务起决策和审议作用。”这与南京师范大学董事会的定位迥然不同，强调董事会的决策权。第 3 条第 1、3 项进一步说明了董事会的决策权：提名华侨大学校长人选，报请国务院侨务办公室任命；就学校办学方针、规划、教学、科研、基建、财务等重大问题，进行指导和审议。虽然校长无须向董事会负责，但董事会有权定期听取校长的工作报告，可以对校长形成一定的监督。② 值得注意的是，拥有半决策机构性质董事会的公立高校并不多，除了华侨大学，还有暨南大学、汕头大学等。这些高校大多接受了华侨的大量捐助。为了鼓励热心教育事业的华侨更好地参与这些公立高校的建设，更好地服务海外及港澳台地区的需要，经政府批准这些高校董事会拥有了一定的决策权。从这种意义上说，半决策机构性质的董事会只是一个例外而已。

从运行的实际效果看，无论哪种类型的董事会均为我国高校的改革和发展做出了重要贡献。不少学者在赞同高校董事会制度的同时，进行了深入的反思，对高校董事会的角色定位形成不同的认识。除了赞同上述角色定位的见解外，诸多学者并不认同高校董事会的实然角色，提出了高校董事会的应然定位：扩展高校董事会的权限，使其成为真正的决策机构。为行文方便称之为角色类型三。

角色类型三：决策机构。持该种观点的多数学者认为，我国应当借鉴美国高校董事会的运作经验，公立高校董事会宜成为学校最高的权力

① 张佑祥：《高校董事会在高校内部的运行模式探索》，载《建材高教理论与实践》2001 年第 6 期，第 41—44 页。

② 《华侨大学董事会章程》，载 http://www3.hqu.edu.cn/ about/2005-10-18/8.shtml。

机构，而且民办高校董事会的运作表明董事会完全能够承担起决策机构的职能。进一步而言，董事会是高校的决策机构，审议学校发展的重大事项，但不直接参与高校的日常管理；校长为首的管理团队受董事会委托对学校进行日常管理。个别学者认为，高校董事会应成为协调服务型的高校决策机构和权力机构，应成为高校的改革者、执行者、培育者、协调者和服务者，体现其管理、服务、协调的功能。[①] 笔者认为这一见解虽有合理性，但赋予了董事会太多的职能，董事会无法承受之重，既作决策者又作执行者，有悖于引入董事会完善公立高校治理结构的初衷。

接纳董事会决策机构的角色定位，我们将面临一个难题：目前我国公立高校实行党委领导下的校长负责制，而董事会领导下的校长负责制缺乏明确的法律依据，如何妥善解决这一问题呢？学者提出了不同的解决方案。一是将党委制与事业法人治理结构相结合，一方面将目前学校党委在学校管理方面的决策职权移交董事会，使其成为真正意义上的高校重大问题决策机构，另一方面设置必要程序，保证党委政治核心作用的发挥，保证党委对学校的办学方向以及稳定等重大问题负责。[②] 二是合理确定董事会成员。“考虑到目前我国高校中公办高校占大多数的情况，校董事会成员主要由中央或地方政府委派人员、党代表、教育专家、教师代表以及社会知名人士等人员组成，以保证高校资产的国有性和党对一高校的领导。”[③] 三是建立健全相关的法律规范，明确公立高校董事会的性质、地位及运行机制是未来公立高校董事会制度存在和发挥作用的首要前提。[④] 笔者认为，这三种提议均具有其合理性，从我国教育体制的实际出发，第一种提议更为可行。正如英国著名学者阿什比所说：

---

① 吴景松：《论高校董事会角色定位》，载《江苏大学学报》（高教版）2003 年第 1 期，第 20—23 页。

② 龙宗智：《依法治校与高校领导体制的改革完善》，载《北京大学学报》（哲学社会科学版）2005 年第 1 期，第 144 页。

③ 潘燕：《美国高校董事会制度及其启示》，载《教育科学》2004 年第 2 期，第 42 页。

④ 李其原、廖成中：《公立高校董事会治理结构的优化对策》，载《四川省干部函授学院学报》2010 年第 1 期，第 81 页。

"任何类型的大学都是遗传和环境的产物。"[①] 我国公立高校"生于斯长于斯"，受其成长环境的影响，不可能脱离我国实际而存在，短期内我国公立高校将会继续实行党委领导下的校长负责制。当然成长环境也会不断改变。随着教育体制改革的不断深入，掌控着基本的办学经费与办学资源的政府的管理模式将逐渐转变，董事会将逐渐从目前的咨询指导机构演变为决策机构。以建立现代企业制度为目标的国有企业改革表明，治理结构的变革是一个缓慢的演进过程。建立现代企业组织机构并不等于现代企业，只有这些组织机构形成了合理的运行机制，实现不同组织机构之间的分工配合、相互协作、相互监督，国有企业才真正蜕变为现代企业。公立高校治理结构的变迁亦不例外。因而，公立高校董事会应定位于决策机构。在目前立法框架下，通过党委书记进入董事会等方式，协调党委和董事会的关系，进而不断扩大董事会的职权，从重大事项审议到财务预决算最后到人事任免。我国改革开放的实践证明，渐进式的改革更容易取得成功。

同时，董事会在高校治理结构中的地位也支持其角色定位。高校的治理结构分为内部治理结构和外部治理结构。高校与外部利益相关者之间的决策权配置模式为高校的外部治理结构，外部利益相关者主要包括政府、中介组织或团体、社会有关人士；高校内部利益相关者的决策权配置模式为高校的内部治理结构，内部利益相关者主要包括党委及其常委会、校长办公会议、学术与学位委员会、教职工代表大会等、教师、行政管理人员、学生。而从公立高校董事会成员来看，主要包括企事业单位、社会团体、政府部门、社会名流和本校的领导及教师代表，囊括了主要的外部和内部利益相关者，从而为沟通校内外资源提供了便利。可以说，董事会发挥的作用越大，高校就获得更多的资源，外部和内部利益相关者就越能实现其诉求。只要利益相关者认识到这一点，董事会将逐渐演化为决策机构。

---

① ［英］阿什比：《科技发达时代的大学教育》，滕大春、滕大生译，人民教育出版社 1983 年版，第 7 页。

三、优化公立高校董事会发展的对策

谈及公立高校董事会发展中存在的问题，不少学者从立法等外部环境出发，探究完善公立高校董事会的相关对策。笔者认为，在高等教育体制改革背景下，政府给予了高校董事会发展的空间，不妨从完善高校董事会自身出发，通过完善董事会内部环境强化其决策职能，反过来推动立法的变迁。基于此，明确了公立高校董事会的定位，则了解了其决策职能。董事会内部环境的建设将致力于保障其决策职能的实现。从我国高校董事会发展的实际出发，不难发现功利化的影子，高校董事会似乎仅仅成为高校的筹资工具。如何去除单纯筹资工具这一异化现象?

第一，树立高校董事的非营利观念。我国高校董事会发展过程中过多地强调了互惠互利，高校为董事提供了诸多利益，如优先选择毕业生、子女入学优先录取，等等。这显然已经背离了董事不为自己谋私利的基本义务。反观美国，大多数校董不仅没有从学校获取利益，反倒对学校有巨额捐赠。也许正是因为忽视了董事的非营利性特征，实践中有的高校董事过多地干预学校的具体事务，工作越权，甚至出于自身的某些需要，要求学校改变正常的教育秩序和教学规定。[2] 为此，必须正确看待高校和董事之间的关系，董事不能因为捐资助学而要求高校回报，只能要求高校合理合法使用捐款从而为社会培养人才。从这种意义上说，高校董事类似于公司独立董事。

第二，改革我国高校董事的选任机制。美国公立高校董事的遴选方式主要包括任命和选举，部分人士因其职务而成为董事会的当然成员，这些当然成员多为政府官员和高校代表；私立高校董事的遴选方式以现任董事选举继任董事为主，辅之以校友或者其他利益相关者选举、依职务当选等方式。① 可以说，选举是美国高校董事的重要产生方式之一。借助选举，董事候选人可以展示其教育理念和治理才能。例如 2006 年 3 月，来自江苏扬州的经济学博士生叶茂以中国思维当选为美国康奈尔

① 王绽蕊：《系统性：美国高校董事会制度的基本特征》，载《比较教育研究》2010 年第 8 期，第 27 页。

大学的校董事会学生董事，从而成为常春藤名校有史以来首位来自中国大陆的校董。① 而我国高校董事通常通过指定或者邀请产生，特别是企业家似乎只要出资助学就可以受邀成为董事，其能否将高校的整体和长远利益放在首位进行决策颇值得怀疑。南京师范大学董事会章程第10条规定："董事会本着平等协商、自愿参加的原则，凡向南京师范大学提供一定数量经费、物资或其他方面支持并有志于同南京师范大学联合发展的各类企业、事业单位、政府部门、高等院校、科研单位、海外基金会和财团以及私营实业家，均可通过以下方式获得董事会成员资格，拥有董事会一个席位，每届任期为4年:（1）南京师范大学邀聘、延聘，经董事大会批准。（2）由有加入董事会意向者，提出申请并向南京师范大学提供不低于20万元的资金或物资支持，经董事大会批准。"[1] 与此同时，国内不少高校将董事会网页置于校友网板块之下，这也就难怪有人将高校董事会称之为名人校友会或者名流顾问团了。因此，高校董事会欲摆脱单纯筹资工具的尴尬就必须从改变董事的选任机制入手，除了政府代表、本校代表外，其余董事均可通过董事会或者相关利害关系人选举产生。

第三，建立健全高校董事的退出机制。董事有选任机制，就应当有退出机制，以督促其认真行使权利和履行义务。我国高校董事会章程均有董事的选任机制，而很少有董事的退出机制。一般而言，董事与高校之间系委任关系，董事处于受托人地位，当然也可以因为自身原因辞去委托。董事一旦上任，即承担着忠实义务和注意义务。前者要求董事忠实履行职务，维护高校利益，不得利用高校董事身份为自己或者他人谋取非法利益；后者要求董事谨慎、勤勉地行使董事权利，像处理自己事务一样处理高校事务，达到"善良管理人"的标准。当董事违反忠实义务或者勤勉义务，则存在免职的可能。实践中，高校董事因种种原因往往对学校事务并不知情，也就失去了科学决策的依据，同时也违反了董事勤勉义务的基本要求——知情。更有不少董事上任后几乎没有参加过

① 2007年中国留学生叶茂当选为美国康奈尔大学校董，见 http://news.sohu.com/20070319/n248822433.shtml。

董事会会议，这也违反了董事勤勉义务的另一基本要求——亲自行使权利。类似情形若发生在公司实务中董事将可能被免职。不少上市公司章程规定：公司董事连续两次未能亲自出席，也不委托其他董事出席董事会会议，被视为不能履行职责，可依程序予以撤换。该等规范在我国高校董事会章程中未曾出现，可以考虑予以设立。广东外语外贸大学董事会章程对董事退出事宜作出了相对完善的规定，值得其他高校借鉴。该章程第 9 条“董事会成员变更”指出：“（1）因工作变动或健康等原因不能继续履行职务的董事，可在任期内申请辞职，经主席会议同意即可离任。（2）董事在任期内，其所在单位需要变更人选的，可由董事所在单位提出，经主席会议同意后即可离任。（3）因董事行为不当严重损害董事会及学校声誉或利益，经主席会议决定，可以免职。”①

总之，公立高校董事会制度的健全完善并非一日之功。我们应立足于我国高等教育体制改革的现实，借鉴国外成功经验，解决好高校筹资和高校公益性之间的矛盾，以逐步推动董事会向决策机构转化，构建完善的高校法人治理结构。

第五节　高校董事会与原有管理体制的良性互动

一、我国高校引入董事会的必要

高校董事会制度起源于西方国家，发展于美国高校。美国高校的发展过程受到了董事会制度的重大影响，董事会制度也在美国高校发展过程中得到了充分的实践与丰富，衍生了辉煌的成功经验。我国随着经济

① 《广东外语外贸大学董事会章程》，见 http://alumni.gdufs.edu.cn/20091213/z_firstlm_view.asp?flm=%D0%A3%B6%AD%BB%E1&id=839。

发展水平的提高，国力日益增强，政府开始思考职能的转变。教育管理体制的改革即为政府转变职能，扩大民主参与，面向社会自主办学的重要体现。而使得美国高校良性发展的高校董事会制度即为我国教育管理体制改革提供了可靠的参考标准。

（一）美国的成功经验

经过数百年的发展，美国高校董事会制度形成了鲜明的制度特色。民主参与、完善的法规、校内外的充分沟通交流，严格的职能、程序、分工要求等等都为学校实现较好的发展创造了条件。可以说在美国高等教育发展的过程中董事会制度的作用是举足轻重的。

J.V. 鲍德里奇等人曾经指出："理解校外人士的管理在美国高等教育中所起的作用是理解当代美国学院和大学管理的关键。"[①] 美国特色的外行董事会对高校管理的影响是显著的。多元化的校董保证了广泛意义上的民主，对高校的决策、资金、运行、监督等一系列问题提供了保障。同样，多元化的校董也使得高校与社会的沟通与交流变得更有效、更充分。各种社会需要直接反映到学校管理的过程中，高校也获得了充分的资金和外部的信息，从而办学方向与社会发展需求高度一致，这使得学校的"产出"适应社会的需求，实现了高校的良性发展。再者，董事会在高校与政府之间起缓冲作用。美国是个分权制国家，高等教育由各州主管，董事会制度可以让高校举办权和管理权分离，举办者不直接介入大学事务，而是通过中间机构董事会来承担具体办学任务。政府举办的公立学校交由董事会负责，私立院校由多方面人士组成的董事会管理，投资者本人不介入大学的直接管理，大学拥有充分的自主权[②]。最后，明确的立法决定了董事会制度在高等教育管理体制中不可动摇的决策性地位，这是董事会制度在美国高校发展过程中起作用的根本保证。

① 陈学飞主编：《美国、日本、德国、法国高等教育管理体制改革研究》，教育科学出版社 2001 年版，第 2—4 页。

② 张俊宗：《现代大学制度—高等教育改革与时代发展的回应》，中国社会科学出版社 2004 年版，第 180 页。

（二）董事会制度扎根中国高校的现实可能性

董事会制度的优越性与我国教育管理体制改革的迫切需求为“董事会”制度扎根中国高校提供了现实可能性。

1. 法律和政策依据

《中国教育改革和发展纲要》指出：“要改革办学体制，改革政府包揽办学的格局，逐步建立以政府办学为主，社会各界共同参与办学的新体制”；“国家对民办教育采取积极鼓励、大力支持、正确引导、加强管理的方针。”①

《高等教育法》在“总则”中也指出：“国家鼓励企事业组织、社会团体及其他社会组织和公民等社会力量依法举办高等学校，参与和支持高等教育事业的改革和发展。”② 这为高校设立董事会提供了法律保障和政策依据。

2. 实现多元化办学模式的需要

高校管理由单一的政府办学模式向多元化的社会共同办学模式转变，是当务之急。利用社会办学力量办学，实现高等教育投资多元化、办学模式多样化和办学主体多样化，解决我国教育经费短缺问题，创建具有社会主义模式的高等教育。高校设立校董会，能够形成教育市场、教育投资、教育产品、教育经济效益的良性循环，能够较好地理顺投资者、经营者、受益者之间的经济与责任关系，能够正确处理好高校扩招过程中招生数量增加与人才培养质量的关系。因而，它的设立有利于加强教育成本核算，提高教育产品质量，满足教育投资者对高等教育的需求③。

3. 引导办学方向与社会需求相适应的要求

建立高校董事会制度，可以加强社会与学校之间的沟通，从而使得

---

① 孙鹏：《民办高校董事会领导下的院校长负责制刍议》，载《扬州大学学报》（高教研究版）2004年10月第8卷第5期。

② 叶光煌：《现行体制下公立高校设立董事会之我见》，载《集美大学学报》（哲学社会科学版）2006年9月第9卷第3期。

③ 杨红梅：《浅谈高校董事会的设立》，载《长春理工大学学报》（高教版）2009年第4卷第10期。

社会需求可以直接反映到学校中，学校董事会能够依据当时的社会需求形成决议，引导办学方向与社会需求相结合。高校的发展随时适应社会发展的需要，实现高校的良性发展。而我国高校在信息沟通交流方面欠缺较大，一些社会上没有市场的专业仍在设立，落后于或者不符合社会发展需求的教育仍在进行，导致大量高校毕业人员无法适应社会需要。我国高校迫切需要引进董事会制度，以加强与社会的互动，促进学校管理的良性发展，保持办学方向与社会需求的高度一致，只有这样，学校才能健康发展。

4. 缓解高校资金短缺的需要

我国高校办学经费不足是一个现实问题，单一的办学体制单纯依靠国家投资，但国家毕竟力量有限，不可能满足所有需求。高校要发展，必须积极寻求其他出路，即面向社会，利用社会力量办学，实现国家投资，自身发展及社会力量支持的有机结合。高校董事会为学校走向社会化办学提供了可靠途径，为市场和社会对教育和科技进步的导向和推动作用提供了有力支持，为促进科研、教育与经济的有机结合提供了保障。高校董事会是多渠道筹集办学资金的绝佳途径。

综上所述，美国高校的董事会制度为我国高校教育体制的改革提供了参照，对满足我国高校的良性发展需求有着重要的意义，引入高校董事会制度是必要的，高校建立完善的董事会制度是必要的。但高校董事会是西方社会发展的产物，要能较好地融入我国高校的发展体系中，还应从我国的实际国情出发。

二、我国高校董事会现存弊端

我国高校董事会具有象征性之嫌，只具有董事会制度的名义，而不具有实质意义，即使现有的一些职能，也只是其作为被边缘化机构的最好例证。

（一）董事会设立目的往往偏重于“筹措资金”及“就业合作”

为高校的发展提供资金支持，为学校提供好的实习岗位及工作、就业机会，是高校董事会制度重要的作用之一，但并不是全部。参照我国多数高校大学章程规定，我国现有高校董事会的主要设立目的即为筹措资金和就业的相关合作，而对于董事会对高校管理其他方面的功能视而不见，也使得董事会往往成为学校的“提款机”和“人才销售部”，而不是一个立体的有机运作的组织体。这种设立目的在我国高校的普遍存在，致使董事会在建立之初的方向就有失偏颇，从而不可能使董事会制度健康有序的发展，成长为学校的发展助力。

（二）相关立法缺失，董事会地位、职能模糊

《中华人民共和国高等教育法》第 39 条规定，国家举办的高等学校实行中国共产党高等学校基层委员会领导下的校长负责制。高等学校基层委员会按照中国共产党章程和有关规定，统一领导学校工作，支持校长独立负责地行使职权，讨论决定学校内部组织机构的设置和内部组织机构负责人的人选，讨论决定学校的改革、发展和基本管理制度等重大事项。第 40 条则规定，高等学校的校长、副校长按照国家有关规定任免。由此可见，高校的管理框架及权责范围已经非常明确，没有给“董事会”留下权责空间,也没有片言只语提到“董事会”[①]。没有法律明确规定，董事会的建立便无法可依，所以董事会的地位也就很模糊。没有明确的法律地位，则相应的职能也无法明确，我国现有的高校董事会处于学校管理的边缘地带，主要作为高校的咨询机构，只是拥有有限的参与权，而董事会对高校的能动作用是现在所处的地位无法完全实现的。

（三）运行机制与管理模式的不健全

我国高校的大学章程中关于董事会章程的部分篇幅较少，大致在 16 条到 26 条之间，且规定的内容模糊，相关内容缺乏，大多是原则性的规定，可操作性不强。而且在这短短的篇幅中还存在着较大比重的关

① 赵文莉：《对我国高校董事会的定位及职能的思考》，载《中华女子学院学报》2009 年第 21 卷第 1 期。

于筹措资金的条款。这就造成了我国高校董事会在制度层面上存在先天缺陷，存在较多的实际问题：组织机构不健全、工作体系不完善、组织管理缺乏专业化、资金管理不规范、组织权责不明确，成员参与的热情不高、缺乏必要的沟通协调、制约监督等机制。运行与管理机制的不健全，相关机制的缺乏，必然导致董事会组织生命力的委顿，久而久之也就成了可有可无的形式主义。

（四）行政化的教育管理体制是董事会全面发展的拦路虎

我国目前的高校管理体制是在计划经济体制下形成的。我国大力发展社会主义市场经济的同时，高校管理体制却没有相应地做出改革与发展。现存的高校管理体制已经无法满足社会发展的需求，存在很大的弊端。首先，强化高校的行政级别。高校领导的选拔、考评政府一手包办，甚至直接从行政系统指派到高校，导致高校无法摆脱行政气氛的笼罩。其次，高校的内部管理行政色彩也很明显，深入到高校的每项管理日程，小到日常的工作，大到教师职称的评价。甚至一些学术工作也受到行政的干扰，比如高校实行“绩效管理”，硬性规定每位老师的学术任务，要求规定时间内必须完成的学术成果数量，等等。这已经严重损害了高校的学术自由和学术质量，致使学术的发展有可能向着应付任务，敷衍了事的方向发展。这无孔不入的行政管理，无论是从内部还是外部，都牢牢掌控着学校的管理权力。董事会在这种情况下，是根本没有生存环境的。为此，要实现董事会的全面发展，高校管理的去行政化也是极其重要的一个环节。

三、我国高校董事会的改良性思考——与原有管理体制的良性互动

美国高等教育三百年的历史向我们证明了高校董事会的成功，美国高校董事会的各种独特之处值得我们学习和借鉴，很多制度是我们高校所缺乏的。但这是不是意味着，我们就能直接将美国的高校董事会制度复制到中国来。美国高校董事会制度并不是一个简单的概念和制度构成，

也不仅仅是一种高等教育管理机构设置，它是一系列制度安排包括法律制度、私人制度等形成的一个复杂的系统。系统的各个要素之间相互联结，强化了董事会制度的真正功能，提高了董事会治理的效率[①]。而美国的这一个整体的严密的相互配合的系统是几百年的积淀与实践的成果。因此，我国高校董事会的发展是不可能一蹴而就的，应从长计议，结合我国自身的国情，走高校董事会改良之路，发展“中国式”的高校董事会制度。

（一）我国高校需要的是一种什么制度

纵观美国国高校董事会制度，它有着一系列鲜明的特征：明确的立法、董事会的决策作用、民主参与、集体决策、运行机制和治理结构清晰、能较好地沟通社会与高校、由外部人士构成的有效地避免了权利拥有者的自我管理、董事需要为决策负个人责任还有系统的外部社会环境，等等。

实质上讲，我们所要引入的美国高校董事会制度是一种以“集体决策、个人负责”为特征、拥有完全自主权但又受到充分的信息披露制度制约的、在法律上代表高校且具有最高决策权威的治理制度[②]。只要具备这些特征的治理制度，无论其名称如何，都有可能解决我国现存的与高校管理制度改革问题。

所以，我国高校董事会制度的改良思路应该结合我国高校的具体实际从这些美国高校董事会的核心特征入手，实现与现有高校校长负责制的良性互动，渗透进行政化管理的环节，以曲线救国的方式寻求突破。

（二）我国高校董事会的改良思路

1. 董事会制度设立目的的明确

美国的高校董事会制度，是在漫长的三百年时间里，从实践中，历

---

① 王绽蕊：《中国能否借鉴美国高校的董事会制度？》，载《董事会》2007年第8期，第55—56页。

② 同上注。

史积淀中总结出来的。所以美国高校董事会制度是最适合美国高校及其社会环境的制度，从而实现了对美国高校发展的极大推动和发展作用。而我国高校董事会设立的根本目的也应是在适应我国的实际国情的前提下，适应我国高校，适应我国总体社会环境的需要，而不是单纯地效仿表面化的美国经验。我认为我国高校董事会的设立目的应为：从我国社会实际出发对高校管理体制进行改革，寻求一种可以有效适应我国高校需求的，能够实现多元化主体办学，实现高校与社会的良好沟通，使高校的办学理念与社会发展需求相适应,从而实现高校的良性发展的制度。所以，高校董事会建立的目的不是为了建立而建立，也不一定是美国式的结果，但一定是最有效地推进我国高校教育体制改革，实现高校良性发展的尝试。

2. 变“决策者”为“改良者”

目前我国高校实行的行政管理方式，不可能给予董事会决策权力，没有任何行政领导愿意看到自己的行政权力旁落受限，从政策主导者、制定者变为政策执行者[①]。我国现有的高校教育管理制度由来已久，其历史积淀非常深厚，人们对其有着长达几十年的习惯性。以一种外来的新制度，在没有法律和政策强有力的保障且不需要改革者完全自愿让位的情况下是很难挑战旧制度的权威的。揭竿而起,唱对台戏是不可取的。与其旗帜鲜明地站在对立的层面，不如逐渐渗透进行改良。但是，“决策”变“改良”不意味着失去立场。董事会科学的制度本质不能改变，不是对旧制度的一种屈服，只是表达方式的一种改良。高校董事会制度走改良道路，董事会的决议要以一种特有的方式影响高校管理模式的运行。

首先，要在科学构建高校董事会的前提下，提高董事的积极性和责任意识，突出董事会的建设性作用。

现有董事会的董事构成缺乏科学化和多元化。而且，董事会董事只是把作为一个高校董事会董事当作一种“名誉性”的职位。董事的形式

① 赵文莉：《对我国高校董事会的定位及职能的思考》，载《中华女子学院学报》2009 年 2 月第 21 卷第 1 期。

作用超过了实质作用。这就导致董事对其本身的权利、义务和责任缺乏清楚的认识，这种情况下，董事会董事是不可能做出具有建设性意义的决策的，董事会本身作用的体现是董事会发展的基础，如果董事会本身无法运作，成为形式主义的产物，也就没有引入的必要了。所以，我们要科学构建高校董事会，使高校董事会的构成呈现多元化、科学化的特点。既要有政府官员、社会名流、教授、学生代表也要有企业家，成功人士，等等，从而能够代表社会的发展前沿，更好地为学校的发展起到沟通和导向作用。

其次，在董事会科学构建的基础上，提升董事的积极性和责任意识。只有董事清醒地认识到自己的权利、义务和责任，积极参加学校的管理，才能把学校的发展与社会发展的需求相结合，才能使董事会的沟通和导向作用体现出来。

最后，要与原有的管理体制形成良好的沟通交流和互动。可以把学校实质上的一把手吸收进董事会，推举为董事长，将党的领导与校董会体制结合，将社会最前沿的需求反映到学校的决策机构，形成董事会与原有决策机构的良性互动。董事会提供信息反映，决策机构吸纳然后做出办学方向的调整，学校也可以及时地将自己的办学需求与董事会沟通合作。

这就实现了董事会与原有机构的良性沟通，在一定程度上实现了董事会对高校管理的影响。虽然不如自身作为决策机构那样直接有效，但可以是尝试的第一步。这样的思路下，就可以避免两者对立从而使董事会流于形式的尴尬，另一方面也是曲线救国，可以以一个改良者的身份影响高校管理，以解燃眉之急。在独立成为决策者在短时期内不能实现的情况下，不失为一种有价值的尝试。

3. 完善董事会章程，明确董事会与校长的权责关系。

“改良者”的地位也是需要明确的权责制度支撑的。只有明确权责关系，明确董事会与校长的权责范围，才能更好地明确自己的职责，有的放矢。才能更好地与校长的管理形成相辅相成的局面，从而形成良性的交流，使得董事会的作用与校长的管理有机地结合起来。权责关系不明，会使董事会的目标混乱，削减董事的积极性，从而从另一个方面导致董事会的流产。

在我国现有情况下，董事会是无法在高校管理体制改革中占主导地位的。在与校长的权责关系中，校长的权责无疑还是处于主导地位的，董事会发展的初期应致力于与校长形成良好的交流模式，尝试起到辅助与影响作用，在学校改革发展的过程中逐步使校长与董事会同化，使校长成为董事会的一部分，两者在权责明确的基础上有机结合，推动学校管理的有效进行。

现有董事会章程对于董事会的权利、义务规定的较为模糊，而且均为建议、咨询、指导、监督等单向的权利规定。对于董事会与校长之间的权责关系更是涉足甚浅。这与我国现有的高校董事会制度的形式化有关，应完善董事会章程，将董事会与校长的权责关系明确化，为董事会制度作用的实现提供制度性的保障。

4. 规范董事会运行机制和治理结构

高校董事会本质上是对企业管理中董事会制度的一种借鉴，是故也是属于董事会的，只不过由于教育事业的特殊性使之与企业董事会有所区别。但董事会的本质决定了其运行方式，即在民主协商的基础上形成决议，由执行机构落实决议，沟通学校与董事之间的意见，达成共识，最后协助董事与学校完成决议内容落实的相关事宜。这个过程即应为新时期高校董事会改良思路运行的模式。在这个过程中董事会与校长的交流互动直至最后达成共识是关键的环节。

在这个过程中，董事会会议的召开，会议内容的决定，对学校过去一段时间工作的实际了解，董事建议的提出、审议，大会讨论的过程，决议的形成，就决议内容与校长的交流，以及与校方意见共识的达成以及决议的落实实施，等等。这一系列的内容都需要一个明确、规范、有效的运行机制才能较好完成。所以，董事会运行机制的规范化是董事会制度良好发展的内部要件。

高校董事会与其他组织大不一样，不能有任何行政指令，全凭董事们的理念与共识、自觉行为来推进董事会的工作。董事会一般一至两年召开一次会议。会议由校长向董事报告一年来学校主要工作，对今后工作提出思路，接受董事们的审议。此时，董事们以主人翁的姿态，对学校工作提出意见和建议，根据董事们的意见和建议，经过大会讨论和商议，最后，对学校工作形成决议。这个决议就是董事们指导学校建设与发展的具体体现。全面落实董事会的决议就成为董事会办公室一年的主要工作。在这个过程中可能会形成几项主要的或标志性的工作，抓住这些工作，不断地保持与董事们的沟通、协商，达成共识，然后，具体落实和实施相关事宜。从而使工作获得成效，使学校得到发展，使董事们看到希望，对学校建立起坚定的信心[①]。

综上所述，我国高校教育体制的改革势在必行。实现办学力量多元化和高校发展与社会发展需求的相适应是必然的目标。美国高校董事会的成功经验为我国提供了参考，但我国高校董事会的建立应在从国情出发的基础之上，以推进高校发展为目标，寻求我们自己的改良道路，高校董事会制度的发展不可能一蹴而就，必然要经过长时期的磨炼与实践的检验才会成熟，从而成为真正适应我国国情，成为高校良性发展的制度性助力。

① 吴健豪：《对我国高等学校实行董事会制的思考》，载《教育探索》2010 年第 10 期。

第四章

作为制度载体的大学章程

章程是个体学术自由转化为以团体人格化为特征的大学自治的象征，是形成大学团体意志，实现大学内部组织化的秩序规范。章程自主权构成大学团体自治的核心要素，决定着章程的功能定位。不同的大学治理基本理念下，章程自主权存在差异，这种差异最终以章程的法律属性和效力位阶的形式体现出来。“大学只能作为一种制度化的实体才能存在”[①]。作为大学制度的载体，章程是大学设立的基本要件，其功能在于实现大学内外部关系的法秩序化。2015 年 10 月，教育部印发《统筹推进世界一流大学和一流学科建设总体方案》，指出“完善内部治理结构”是当前改革任务的重要方面。这在治理理念层面上提出了一个明确的改革方向：“建立健全高校章程落实机制，加快形成以章程为统领的完善、规范、统一的制度体系；加强学术组织建设，健全以学术委员会为核心的学术管理体系与组织架构，充分发挥其在学科建设、学术评价、学术发展和学风建设等方面的重要作用；完善民主管理和监督机制，扩大有序参与，加强议事协商，充分发挥教职工代表大会、共青团、学生会等在民主决策机制中的作用，积极探索师生代表参与学校决策的机制。”至于具体如何落实，需要各高校结合自身现实情况，参考国际成

① ［德］卡尔·雅斯贝尔斯：《大学之理念》，邱立波译，上海世纪出版集团 2007 年版，第 108 页。

功经验，探索出与自身办学需要相切合的治理结构。那么当下，我国大学内外部秩序是否可以通过章程建设得以实现？大陆与英美法系有关章程法律属性的分歧是否影响着章程的功能定位？阻碍我国当下大学章程功能发挥的障碍是什么？如何以法学视角来阐释上述问题，理解章程的功能？这正是有关大学章程研究的目的所在。

第一节　大学治理中章程的功能定位

“大学只能作为一种制度化的实体才能存在”①。作为大学的制度载体，章程是大学设立的基本要件，是大学组织、运营规则的凝聚。对外，章程彰显大学的法律地位；对内，章程凝结大学的组织机制。因此，章程是现代大学治理的基础，它不仅承载着大学的历史，而且构筑着大学的未来，是制度理性的体现，引领着大学的制度文明，发挥着明确大学目标、凝聚组织力量的功能。

一、章程是大学的制度载体

“社团之章程为社团之宪章，系社团组织与实现其目的之准则”②，有关大学章程的表述有 Charter、Bylaws、Legislation、Statute、Ordinance、Organic—law 等。总体而言，可以分为两类：一类是单一型大学章程，即由一个统一的大学章程或总领性规章（charter、ordinance 或 bylaws 等）来统领大学事务。另一类是复合型大学章程，一般由一个总领性规章和一个实施细则（bylaws、statute 或 legislation 等）共同组成。虽称谓不同，但功能与属性基本相似。对于大学而言，章程是其成立的制度

① ［德］卡尔·雅斯贝尔斯：《大学之理念》，邱立波译，上海世纪出版集团 2007 年版，第 108 页。

② 刘清波：《民法概论》，开明书店 1979 年版，第 58 页。

基础和行为要件，是大学“精神构造上的骨骼”和制度载体。

（一）自治决定着大学章程的价值基础与制度空间

制度是“任何一定圈子里的行为准则”[①]，是“一种公开的规则体系”[②]，而“价值这一概念是从人们对待满足他们需要的外界物的关系中产生的”[③]。正如美国学者 E. 博登海默（Edgar Bodenheimer）所言：“任何值得称之为法律制度的制度，必须关注某些超越特定社会结构和经济结构相对性的基本价值”[④]。制度的价值折射着主体设定制度的目的、归宿，蕴含着制度运行的宗旨。作为大学的制度载体，章程的文本之后必然承载着一定的制度理念与价值目标，寄托着制度功能的期许。

1. 自治是大学章程的价值基础

自治制度是大学传统最直接的表现[⑤]，这一传统源于大学的学术自由。大学是一个由学者和学生组成的致力于寻求真理之事业的共同体。它的自治权来自一个具有超国家、普适性特点的不朽理念：学术自由。学术自由是一项特权，它使得传授真理成为一种义不容辞的职责，它使得大学可以横眉冷对大学内外一切试图剥夺这项自由的人[⑥]。正是基于大学内在的学术性，美国教育学家赫钦斯曾经指出，失去自治，高等教育就失去了精华。荷兰学者弗兰斯·范·富格特（Frans Van Vught）就高等院校的改革与发展趋势指出，基于现代行政结构和专业管理，必须实行高度地自治和责任制[⑦]。因此，学术自由乃大学之精神所在，而大学自治则是学术自由的制度保障。这种精神与制度并列为现代大学生命

---

① ［德］马克斯·韦伯：《经济与社会》（上卷），林荣远译，商务印书馆 1997 年版，第 345 页。

② ［美］罗尔斯：《正义论》，何怀宏等译，中国社会科学出版社 1988 年版，第 50 页。

③ 《马克思恩格斯全集》（第 19 卷），人民出版社 1965 年版，第 406 页。

④ ［美］E. 博登海默：《法理学：法律哲学与法律方法》，邓正来译，中国政法大学出版社 1999 年版，第 5 页。

⑤ ［美］查尔斯·霍默·哈斯金斯：《大学的兴起》，王建妮译，上海世纪出版集团 2007 年版，第 21 页。

⑥ ［德］雅斯贝尔斯：《大学之理念》，邱立波译，上海世纪出版集团 2007 年版，第 19 页。

⑦ ［荷兰］弗兰斯·范·富格特（Frans Van Vught）主编，《国际高等教育政策比较研究》，王承绪等译，浙江教育出版社 2001 年版，第 2 页。

力之所在。综观大学的发展史，从历史上的师徒共同体到受到国家主义思潮影响下的公共机构，以及近年来知识经济所带来的大学产业化，大学制度的演化和创新可谓沧海桑田，然而无论角色如何演变，作为精神的学术自由以及作为制度核心的自治传统却经久传承。

任何厚重的理念必须借助具体表现形式来实现。自治是以法秩序为前提的自由。学术自由构成了大学自治的实质正当性，而作为规范性文件的章程则是抽象自治理念的制度载体。章程的源起可追溯至大学诞生的中世纪。当时，经由特许状而获得法人资格是设立法人团体的唯一途径。为保障学术自由，巴黎大学的教师经过艰苦斗争从教会逐渐获得了当时行会所拥有的特许自治权，使大学成为最早的特许法人之一，拥有了开设课程、招收学生、聘请教师、制定学术标准的自治权力。这些特许状是大学自治传统形成的重要制度起点，由于当时的特许状内容不仅涉及大学自治的权限范围，而且包括大学内部管理事宜，与当时的教育立法处于混合状态，并非今天规范意义上的大学章程，但是特许状作为中世纪大学取得合法自治权力的载体，已经勾勒出现代大学体制的基本轮廓，在形式和内容上具有了大学章程的雏形，开启了大学章程的历史先河。

随着大学制度的发展，以成文法的形式赋予大学自治权，授予大学可以自行制定章程成为明确大学法律地位的主要方式，例如，《俄罗斯联邦教育法》有 44 处之多提及教育机构的章程，明确“教育机构注册机关因该教育机构不能完成章程规定的任务而有权做出撤销该教育机构的决定”。《法国高等教育方向法》规定，“公立科学文化性机构及其所属教学与科研单位，依据本法及其实施法令的规定，确定各自的章程”。1993 年 7 月，澳大利亚的维多利亚州启动了“未来大学计划”，其中最重要的一项内容就是要求每个大学制定一份“大学章程”（School Charter），明确大学的发展规划、发展目标、发展重点、教职员工和学生的行为准则、大学的各项财务预算、评估等。在高度的国家主义下，日本大学一直属于政府机构的组成部分，因此，作为自治标志的章程并没有足够的存在空间，伴随着 2004 年 4 月正式实施的大学法人化改革，从明治时期开始 100 多年来日本政府对大学的传统管理模式发生了翻天覆地的变化，章程作为大学法人地位的体现成为大学治理的重要手段，2003 年 3 月 18 日召开的东京大学评议会通过了《东京大学宪章》，之后各国国立大学纷纷效仿。

学术自由是大学之精神执守所在。大学的历史渊源流长，大学的精神生生不息，而章程正是承载这一精神实质，落实自治权，体现大学法律地位的制度载体。因此，章程是大学自治的标志，是大学自治理性化、制度化的体现。

2. 章程自由是大学自治的基本要素

在法律上，大学自治具体体现为取得一种受法律保护的自由和手段，使大学获得自主决定、实现其意志的可能性，意味着大学具有型构自身制度的自由度，这种自由首先体现为大学拥有通过制定内部章程建构制度的空间，因此，章程自由是大学自治的手段与形式。

大学章程是伴随现代大学的产生而发展起来的，它是大学制度与文化的凝聚。秉承着同样的理念与宗旨，大学章程具有共性的使命，即通过自身作用的发挥体现大学自治精神，实现大学理念与规范之间的连通。同时，大学自治意味着大学之间既存在同质性也存在差异性。自治是大学制度的共性，在此基础上国家与大学的具体关系，以及各大学内部的治理模式均具有一定差异，这种差异是大学制度的个性体现。对于大学而言，只有最适合而没有一般性的完美的大学治理结构。法律对这种差异性的认可正是章程发挥作用的空间，体现着大学制度中共性与个性的融合，其目的就是在法律规定的一般合理性的基础上实现个别最优，因此，章程自由是大学自治的基本要素，没有章程自由就无法体现章程存在的价值。

追溯源起，特许状是最初确立大学自治地位的依据，随着成文法的发展，以制定法明确大学自治权，赋予大学制定章程进行自主管理的权利成为大学自治权的主要来源。因此，如何界定大学章程的自由度涉及法律与章程关系，意味着章程与其效力来源的法律之间存在着相关互动、此消彼长的关系。章程体现着大学在多大程度上能够意思自治，而法律则体现着政府权力能够对大学自由进行干涉的限度。同样是作为大学治理的规范性文件，章程因其所具有的建构内部制度的自由度，承担着法律所无法取代的功能。大学的运作仰赖内部自治章程，以自治章程作为内部管理的基本规则。可见，大学基于自治而产生的自我决定的权限，主要体现为章程自主权（Satzungsautonomie），意味着自治权的一个核心要素就是所谓的“章程自由”，即对于“自治领域”内的事项，透过订定“章程”的方式予以规范的权力，体现为通过行使章程自主权，大学可以订立规范，设立执行自治任务的机关，形成内部组织结构，规范大学成员的权利义务。因此，章程自由是大学自治权的核心，是大学行使自治权的必要手段或工具，是自治的基本要素。

（二）治理理念决定着大学章程的法律属性与效力基础

制度并非一成不变的。回顾大学的发展，大学制度的演变交织着自由主义和国家主义的政治理念的冲突和融合，从而影响着章程法律属性的界定和效力基础的确认。

1. 自治法与契约两种法律属性的对撞

对章程法律属性到底是自治法还是契约，英美法系与大陆法系的认识不同。这种性质认识的分歧根源在于大学治理理念的差异，即国家主义与自由主义大学理念的对撞。

在大陆法系，通常认为章程具有自治法的属性。这种属性定位强调章程的整合功能，借以突出大学的组织性和团体性。自治在大陆法系是一个具有深厚理论积淀的话题。19 世纪末，以 Paul Laband 与 Heinrich Rosin 为代表提出了法律意义上的自治理论，即团体自治理论。Laband 认为，自治是一个介于国家与个人之间的公法主体，被利用来履行国家任务[①]。Rosin 也以“团体”作为自治的法律特征，认为自治纯粹是一种组织的表现而已，是藉由一个组织的法人格地位的创设，去达成公共活动[②]。这种团体自治理念是日耳曼民族精神中最重要的团体主义元素的体现，目的是通过强调人的共存性，体现成员对团体的依附，以组织化、制度化的方式将自治纳入国家权力结构之中。具体到大学，组织性是大

① 赵相文：《由法律观点论自治制度》，载《中原财经法学》第 15 期。

② Hendler, Selbstverwaltung als Ordnungsprinzip, 1984, S. 116.

学作为独立主体的基础,通过内部意志的整合确立大学的独立法律地位,而团体性强调大学作为人合性组织整合意志的具体方式。推测制度的深层意义,隐含着现代国家把大学作为公共机构纳入国家掌控,以实现教育公共性的意图,因此,是国家主义政治理念在大学治理中的落实。在这一理念下,大学是一个团体,它有权制定团体法性质的章程,而作为团体自治法的大学章程承担着大学内部治理的组织功能。国家法律应尊重团体自治规范。同时,为了促成同类团体符合相似的团体法规则,国家应当规定团体法遵循的基本规则和框架,再由团体自行制定内部规则,而旨在约束团体成员的团体法,必须接受国家制定法的约束。凡是自治性团体法没有规定的事项,推定适用国家法律,由此形成凯尔森所说的"次级秩序",即"法律"只决定行为的属实因素,而将决定属人因素的任务留给构成社团的部分法律秩序,留给社团的法律。因此,"章程是整个国家法律秩序之内的一个次级秩序,章程不得违法乃不言自明之理。国家法律只决定社团法人可以干什么事,而社团章程所调整的独特内容是决定由哪些人去干这些事"[①]。这一理念反映了大陆法中法律与大学章程各自的制度空间与相互关系,也决定了章程的从属法律性。

基于自由主义的政治理念,英美法系认为章程具有契约性质,强调章程的合意和自由属性。1819 年,马歇尔大法官在"具有里程碑意义"的"达特茅斯学院案"[②]的判决中认定,法人的特许状就是法人与州政府之间的契约。契约效力仅及于授权与被授权的双方主体,因此具有很强的个性化特点,有助于体现个体大学自治的差异性,这种定位建立于大学的自发性、民间性和自律性上,强调大学自治中多元、自由因素,强调章程与合同的同质性,将章程视为自我管理、自我约束的文件,充

---

① [奥]凯尔森:《法与国家的一般理论》,沈宗灵译,中国大百科全书出版社 1996 年版,第 113 页。

② 1819 年,新罕布什尔州政府抓住达特茅斯学院院长和董事会产生争执的机会企图修改学院的特许状,目的是使公共部门的代表进入董事会。新罕布什尔州坚持认为尽管达特茅斯时代是作为私立机构而创立的,但却使新罕布什尔州的人民受益。因此,通过州立法机关,公共部门应获得学院办学中的发言权。作为美国高等教育历史上公共部门企图干预私立大学的一个重要事件,达特茅斯事件以州政府的失败而告终。这一法案也促使各州政府陆续撤销了对私立院校的资助,大力建设州立大学,从而促进了公立大学的发展。

分体现了当事人意志自治，不仅解释了大学结构的基本特征，而且还用私法上缔约各方的合意说明大学自治存在的合理性，洋溢着浓烈的自由主义色彩。契约属性强调个性化发展，强调通过章程来体现最具有个性的、最优的大学制度设计，但这种观念忽略了章程的组织法特征。随着大学治理中面临问题的共性化，目前，这两种学说渐次融合，强调章程的自由属性成为各国大学章程的共性理念。

2. 两种理念下章程效力基础的分化

大学自治的法律依据是大学章程的效力基础。特许状是中世纪大学法人地位的依据，是对其学术自律能力的确认书，是界定大学与政府之间权利义务关系框架的法律文件，是大学自治的保障，也是大学章程的效力基础。作为大学自治依据的特许状以个别授权的方式明确了特定大学的法人地位，但这种授权并不具有普遍性，有关授权条款的法律效力限于授权人与被授权大学之间，具有很强的个性化特征，有助于体现大学自治的个体差异性。因此，美国著名的“达特茅斯学院案”判决中认定特许状具有私法上的契约属性。随着民族国家的建立，出于确立共同价值标准、整合意识形态、为社会经济发展服务、教育民主化等多方面的现实需要，公立大学逐渐盛行。公私大学的分立、大学起源发展的历史差异以及各国文化传统和法律制度的不同，导致大学章程的效力渊源也不尽相同。

公立大学制度源于以柏林大学为代表的近代大学的建立，Marek Kwiek 认为“洪堡模式标志着大学现代性特征开始凸显，即一个大学国家主义时代的到来”[①]。国家主义强调大学接受国家的统一管理，强调国家在大学治理中的积极作用，强调大学自治的制度化、规范化、统一化。在这一理念下，公立大学成为为达成国家目的而建置的组织体，是实现政府公共政策的基本工具，同时，国家通过赋予自治权保障大学运转的客观规律性即学术自由，并希望通过制度化的安排寻找两者之间的协调，这种大学自治是国家的目的性创造物，国家通过法律赋予自治权，就特定领域的事项，自行规范与管理，并受国家监督，以确保大学任务履行

① 阎光才：《全球化：一种意识形态》，载《北京大学教育评论》2003 年第 3 期。

的合法性。因此，对于公立大学而言，治理核心是建立一个中央集权的和正式的官僚政治制度，同时协调这一制度与学术自由的关系，平衡、协调国家主义与大学自治之间的冲突。在这种高等教育模式下，私立大学几乎没有存在的空间。虽然最初大陆法系国家大学地位源于特许状，但严格的理性主义与大学国家主义相结合，加之秉承着对立法的一贯崇尚，最终体现为通过成文法的形式统一大学法律地位，明确大学自治的范围，如德国 1975 年颁布的《高等教育总法》中规定："大学既是公法上的社团,同时又为国家机构。在法律规定的范围内,大学享有自治权。"法国有关高等教育法案赋予了大学的教学、学术、行政与财政自治权力，规定"以科学、文化和职业为特点的公立机构为国立高等教育和科学研究机构，具有法人资格，在教学、研究、行政、财政方面享有自主权"[①]。1984 年正式生效的新的《高等教育指导法》，承认公立大学是科学、文化、职业的独立实体，具有教学科研、行政和财务的自主权。可见，在大陆法系，大学自治地位与法律人格确立的依据在于国家或地方政府专门颁布的教育法，而作为团体自治法的大学章程则根据国家成文法的规定，享有一定的章程自由，从而形成以制定法作为大学自治的基础，以章程作为自治具体实现手段的模式。

在英美法系，基于自由主义的大学理念，采用多元化的大学管理模式。由于历史因素、文化传统、法律制度的差异，大学章程的效力渊源也不尽相同。英国早期历史上，大学是私立的，主要靠信托财产制度或皇室授予的大学特许状而存在。随着政府将高等教育纳入公共领域意图的强化，大学地位确立的依据呈现多元化的趋势，在英国，大学按照设立的方式可以分为三类：第一类经由特许状设立的大学；第二类根据公司法注册成立，如伦敦政治经济学院、格林威治大学；第三类是通过议会法案（Act of Parliament）设立，如依据 1988 年教育改革法设立的大学。设立依据的分化意味着章程的效力来源呈现多元化的特点。在美国，殖民地时期学院的合法性源于当时英国王室或殖民地议会颁发的特许状，大学章程也是在特许状的基础上发展演变来的。美国建国之后，为

① 法国教育法典第 L. 711-1 条。

了实现国家的“政治目的”，几任总统都曾反复提出过“国立大学计划”。达特茅斯学院事件后，1862年颁布的《莫里尔法案》所推动的“赠地学院运动”使得美国现代公立大学体系开始形成，开创了公立与私立大学分立、并行的局面。这些公立院校通常由各州议会通过立法建立，大学章程的效力也源自联邦或州立法，如1863年成立的密歇根州立大学是根据莫里尔法案由州立法机构批准设立的赠地学院，其章程的法律渊源来自联邦政府的赠地法案及国会的补充条例，建于1865年的康奈尔大学是一所公私合营式大学，其最初的章程源于纽约州立法机构的授权，即1865法案的第585章的授权，现在该章程已成为纽约州教育法的第115章（第5701—5716节）。在美国，公立大学受政府直接资助，实行宪法自治或政府管治；而私立大学不受政府直接资助，故而具有更多的自主空间，实行基于契约或基于章程的自治，从而形成公立、私立大学在制度逻辑与治理系统上的分野。

二、章程是界分大学自治权与实现内部组织化的手段

在大陆法系国家，法人章程是一个统一概念，法律规定其为单一的法律文件，内容涉及内部的组织化以及外部的法律地位。英美法系虽然对于法人章程并未形成一种形式逻辑上的定义[①]，但对于章程的含义与大陆法系的观点趋同，都认同章程是约定和阐述独立主体使命，界定内部利益关系的责任和义务，书面写定的有法定意义的组织规程[②]。在规范意义上，作为大学治理依据的章程具有内外双重功能，即确定大学法人的外部法律地位以及整合大学法人内部意志。

（一）章程是实现大学组织化的必要手段

“社团法人为法律赋予以人格之自然人集合团体”[③]，传统大学是仿

① 即通过属加种差这种表述定义的形式，从界分对象中分离出若干要素，对这些要素进行抽象化的概括，从而形成一定的名词术语。

② 马陆亭、范文曜：《大学章程要素的国际比较》，教育科学出版社2010年版，第21页。

③ 史尚宽：《民法总则》，中国政法大学出版社2000年版，第208页。

照行会组织的师徒共同体，属于社团法人。作为人合性组织的社团法人是由多种异质性个体成员所组成的人的组织体。在罗马法中，社团（universitas 或 associazione）被视为一个观念单位（ideal unit），它必须通过获得特许状（charter）的明确授权才能够成立。“这种社团有着一个宗旨，而且其总体被承认为权利义务的主体，而不依单个人及其更替变化为转移”①。社团形成的标志在于具有独立于成员个体意志的团体意志，这种独立团体意志的形成使其具有法律上的人格，与自然人一样成为权利义务主体。从大学是一个拥有自治权的组织体的角度观察，自治的属性以及大学的组成性质决定了它需要整合成员的个体意志，通过内部的组织化形成团体意志。这种意志的形成将大学凝聚为一个整体，从而具备与外界产生法律关系的基础。因此，大学自治的本质是团体自治，而大学法律人格的形成既是自治的手段，也是自治的结果。

在大学法人格的形成过程中，章程发挥着组织功能，这一功能体现为整合、形成大学法人的意志。作为一个自治团体，成员是大学的构成基础，基于“自治的正当性来自于每一个利害关系人参与团体意志的形成与决定过程”②的理念，德国联邦大学基准法第 37 条明确“参与自治事务是所有大学成员的权利与义务”。因此，在大学内部所谓自治，在一定程度体现为团体成员通过参与，在该团体中形成意志，作出决定，并受组织制度的保障③，自治章程就是这种共同意志整合的组织制度与表现载体。章程作为发起或设立社员聚合为社团的协议与共同行为规则，其目的在于将组织中各种单项资源有机地结合，从而形成组织整体。立于大学内部的视角，组织因素必然包含章程在内，章程是大学内部组织化的手段，大学组织成员因组织章程而构建起共同的价值理念、体认组织认同感、营造组织文化氛围，在无序中实现有序创造与分享，从而更

① W. W. 布克兰德、阿诺德·D. 麦克尼尔：《罗马法与普通法》（W. W. Bukland and Arnold D. Mcnair, Roman Law and Common Law），剑桥大学出版社 1965 年版，第 56 页。

② Hendler, Das Prinzip Selbstverwaltung, in: HStR IV, 2. Aufl., 1999, Rn. 16.

③ 康育斌：《公立大学法人化之再思考》，中正大学法律研究所硕士论文，1992 年 6 月，第 20 页。

加有效地彰显大学的使命及其精神内核[①]，因此，大学依赖于章程将人合性的组织凝聚成一个权利载体。

作为一个人合性质的团体，内部凝聚力是组织体系化的基础，这种凝聚力主要体现为在团体内部规范、约束成员达成组织目标的手段，体现为在国家授权自治的范围内具有自主决策、自我管理的权力。章程作为适用于组织体系内部的规范性文件，不仅是组织体系内部利益整合的体现，亦是内部规制的依据。在凯尔森看来，社团的形成必须有规章制度，以及在此基础上的组织分工，这种秩序和组织分工就是社团的法律。英国的政治家、社会学家麦基弗也指出："任何一个团体，为了进行正常的活动以达到各自的目的，都要有一定的规章制度，约束其成员，这就是团体的法律。"[②]因为"社团及其法律、调整某些人行为的规范秩序以及由秩序所构成的联合体并不是两个不同的本体。联合或者共同体只是由秩序所决定的人的行为所组成，而这些行为只是当他们组成秩序规范的内容时才属于联合体或共同体"，所以，"社团只有通过它的法律才能在法律上是存在的"[③]。可见，担当着大学团体法角色的章程是大学自治必不可少的组织要素，是大学法人意志形成的标志，也是大学法人成立的一项法定形式要件，是实现大学内部组织化的重要手段，具有建构治理结构，调整团体意志构成的作用。

（二）章程体现着政府干预与大学自治的界分

大学"在其作为一个学术机构出现之后，就一直处于不同社会势力和力量的作用之下，最初是教会、皇帝、国王和城市的交互影响，之后是政府、市场和科学的相互作用"[④]，在大学的发展与演变中，始终与政府保持着千丝万缕的联系。基于国家主义政治理念的渗透，国家对大学

① 金家新、易连云：《论组织文化视域下的大学章程建设》，载《中国高等教育研究》2011年第2期。

② 邹永贤等：《现代西方国家学说》，福建人民出版社1993年版，第322页。

③ ［奥］凯尔森：《法与国家的一般理论》，沈宗灵译，中国大百科全书出版社1996年版，第111页。

④ 张斌贤：《关于大学史研究的基本构想》，载《北京大学教育评论》2005年第3期。

的影响日益加强，在这一背景下，如何保持学术自由，平衡大学自治和国家监督的关系成为大学制度的核心。这也使得自治成为具有一定维度的概念，而章程则担负着界分自治程度与范围的功能。

作为大学章程雏形的特许状是界定大学与教会、政府之间权利义务关系的法律性框架文件。其功能在于确立大学特许法人的法律地位，规定大学内部法人治理结构，纲领性地划分大学内部各方的权力、职责。因此，特许状是大学自治的法律保障。大学经由特许状而获得独立于出资人和举办人的独立法人地位，享有学术自由和独立的财产权，并享有独立于股东或发起人的永久存续权。在英美法系国家，特许状至今仍然是一些古老大学法律身份得以确立的依据。如伯明翰大学皇家特许状开篇即以皇室的名义对大学的成立加以许可，规定“大学自建立起，即以该大学的名称永久存续，并拥有完整的权利和能力”。特许状的契约性质也限制着政府任意改变大学的权利义务与性质的能力。在美国，1819年，马歇尔大法官在“达特茅斯学院案”这一著名的判例中将法人成立的特许状视为法人与州政府之间的契约，而依据《美国联邦宪法》第1条第10款关于州政府不得制定“损害契约义务”之法律的规定，州政府不得单方面损害该契约[①]。这一判例肯定了特许状赋予大学法人基本的,甚至可以对抗其创造者的法律权利,因此,是界分大学自治权的基础。

在大陆法系国家，大学法律身份的确立主要依据成文法，如德国的《大学基准法》、日本的《国立大学法人法》。法人身份赋予的目的在于肯定大学具有基于学术自由所拥有的自治权。在大学功能的范围内，国家予以授权自治，强调其以民主程序产生具有代表性的决策机关，并在民主基础上形成自治。自治作为大学存在的核心，要求国家的监督活动只能限缩在合法性监督（Rechtmäßigkeitsaufsicht）的范围之内。基于“与国家保持距离（Staatsdistanz）”的理念，一个具有自治权能的主体在其自治范围内，原则上不受合目的性监督（Zweckmäßigkeitsaufsicht），以防止国家侵害自治团体的核心领域。虽然，大陆法系国家大学的自治

---

① ［美］伯纳德·施瓦茨：《美国法律史》，王军等译，中国政法大学出版社1990年版，第74页。

地位大都来自法律的赋予，但法律仅仅只是做一般意义上的抽象规定，如何界定法律监督与大学自治之间的界限仍是大学与政府关系的纠结点。从大学自治的目的出发，确定对大学进行法律规制的界限在于“自治的核心领域”，例如依据德国大学基准法的规定，大学在保障学术自由的范围内享有自治权（大学基准法第一条）。学术自由保障的范围，即是立法者所设定的控制基准，而国家对于大学事务的监督，不能逾越此项由立法者所预设的基准，否则即是侵害大学自治的“核心领域”。反映到法律与章程的关系上体现为章程自由空间的界分。一方面，大学作为一个法人团体，它有权制定具有团体法性质的章程，法律应尊重团体自治规范。同时，为了促成同类团体符合相似的团体法规则，国家应当规定团体法遵循的基本规则和框架，再由团体自行制定内部规则，而旨在约束团体成员的团体法，必须接受法律的约束，凡是自治团体法没有规范的事项，推定适用法律的规定。

三、我国大学章程功能缺陷的根源与现实困境

从清末的西学东渐，到中华人民共和国成立初期的教育改革、知识分子思想改造等一系列运动，我国大学制度的发展经历了跌宕起伏。《国家中长期教育改革和发展规划纲要（2010—2020 年）》的通过，标志着中国高等教育改革开始探求“去行政化”之路，新的大学制度正在形成之中。

（一）我国大学章程的萌生、淡出与重塑

章程的发展与完善伴随着我国现代大学制度的建立与完善。中国现代意义上的大学始于 1898 年设立的京师大学堂。仿效西方，1902 年清政府颁布了《京师大学堂章程》，又称为“壬寅学制”。该章程规定了大学堂的办学宗旨、课程设置、管理体制、教学组织形式等内容。这是我国近代意义上的第一个大学章程。由于当时京师大学堂是全国最高学府，也是最高教育行政管理机构，所以存在着章程与当时国家教育法规混同的局面，但它无疑是我国大学章程的雏形，标志着近代高等教育制度在

中国的萌生。自辛亥革命到中华人民共和国成立期间，虽战事连连，国内动荡不安，但章程作为大学设立的形式要件得到了充分的发展。代表性的有：《东南大学组织大纲》《清华大学组织大纲》以及《北京大学章程》等。由于现代意义的大学并非源于我国，当时的大学章程大都借鉴了国外经验，例如：东南大学的组织大纲主要借鉴了德国经验，清华大学章程则来源于美国模式。虽然这一时期的大学章程在制定、实施上并不完善，但是先进大学理念的引进，对我国高等教育的发展起到了至关重要的作用。中华人民共和国成立后，我国对高等教育采取高度集中的计划管理体制，大学逐渐成为政府的附属机构，这种体制在特定的历史时期发挥着整合资源的重要作用，但没有办学自主权，意味着缺乏大学章程存在的制度空间。

随着我国市场经济体制的引入，这种高度行政化的管理体制已经不能适应高等教育发展的需要。20 世纪 80 年代以来，分权、放权成为我国高等教育体制改革的核心，并通过法律确立了高等学校的法人地位，逐步归还大学应有的办学自主权，进而着力于现代大学法人制度的建构。在这一背景下，建立和完善大学章程逐步提上日程。1995 年《中华人民共和国教育法》明确规定：设立学校及其他教育机构，必须具备“章程”等基本条件，学校按照章程自主管理。1998 年《中华人民共和国高等教育法》颁布后，大学章程被正式确定为大学成立的法定条件。1999 年 12 月，教育部在《关于加强教育法制建设的意见》中进一步提出，各级各类大学要“依据法律、法规的规定，尽快制定和完善大学章程，经主管教育行政部门审核后，按章程依法自主办学”。《教育部关于实施〈中华人民共和国高等教育法〉若干问题的意见》中也指出：“根据《中华人民共和国高等教育法》第 27 条的规定，今后设立高等学校者，必须向审批机关提交章程。在《中华人民共和国高等教育法》施行前设立的高等学校，未制定章程的，其章程补报备案工作由其教育主管部门制定规定逐步进行。”在这一背景下，2006 年，我国高校颁布了第一部大学章程——《吉林大学章程》，继此之后，上海交通大学、中国政法大学、东北农业大学、东北林业大学、北京化工大学、广东外语外贸大学、黑龙江大学等也陆续出台了章程。大学章程从无到有标志着建设现代大学制度这一目标在我国的确立，明确了我国高等教育改革的方向。

《国家中长期教育改革和发展规划纲要（2010—2020年）》明确提出“完善中国特色现代大学制度，加强章程建设，各类高校应依法制定章程，依照章程规定管理学校”。在政策推动下，目前，完善大学章程成为新一轮高等教育改革的标志，但观察我国大学章程建设的现状，一方面，大部分大学还尚未制定章程，存在章程缺失的现象；另一方面，已经颁布的章程大多采用统一、雷同的范本，存在效力不明、内容粗陋，表述过于抽象、空洞，缺乏客观、细致地操作规程的现状，造成章程泛形式化、千章一面的弊端，无法应对大学组织结构内部可能出现的矛盾冲突，难以发现自主的制度安排与创新，出现了“无章可依、有章难循”并存的现象。

（二）制度环境缺失制约着章程的效能

对于大学治理而言，章程既是目的又是手段。作为一种目的，章程是现代大学的制度载体，秉承着大学的传统，蕴含着大学的精神和本质，无章程则无现代大学；作为一种手段，章程是建构现代大学制度的必要条件，发挥着确立大学法律地位、整合大学组织的作用。章程功能的发挥标志着国家对大学的生成、管理与发展走向制度化。从管理学的角度来看，“制度条件”是大学运行中一系列准则的总和，“大学章程”仅仅是大学“制度条件”的载体。“制度是内生的”，它的形成和功能依赖于它们产生和发展的环境[①]，因此，章程的制度环境是章程价值确立的保障，探求章程功能的发挥必然离不开制度环境。章程是大学发展中成熟经验的规范和总结，作为载体，在章程文字的背后演绎着制度变迁、利益平衡、权力博弈，而它所凝聚着的大学精神，沉淀着的大学传统正是章程的制度形成机制和功能实现机制。在我国，正是由于大学精神与传统的缺失导致章程所依存环境的或缺，致使大学章程的作用始终游离于理想与现实之间。

① ［美］亚当·普热沃斯基：《制度起作用吗？》，晓健编译，载《经济社会体制比较》2005年第3期。

中华人民共和国成立以后，作为整合、动员社会资源的方式，单位体制迅速成为中国社会的组织调控手段。在这种体制下，整个社会组织按职能被区分成了行政、事业与企业单位，并纳入一定行政级别。这种管理模式导致各种类型的“单位”——实际上是作为国家政治组织的“延伸体”存在，成为国家公共职能的承担者和行政体制的基本单元。上令下从、高度隶属、层级节制是“单位”组织规制的共同性。在这种体制下，作为事业单位的大学具有浓烈的行政色彩，也渗透出很强的官僚主义弊端。政府对高等学校采取以行政命令为主的管理方式，包揽了从举办到管理、监督的一系列权力。虽经多次改革，大学行政化、官僚化的现象依然十分严重。改革以来，由于体制变革和社会发展动力机制的开发，我国单位体制开始分化。改革所引发的社会结构变迁反映到法律层面可以概括为由官僚化的单位治理模式向自主化的法人治理模式演变。在这一背景下，我国从 20 世纪 90 年代提出确立高等学校的法人地位问题。1985 年 5 月，中共中央作出《关于教育体制改革的决定》，指出我国高等教育体制中存在的弊端，强调要“改革管理体制，在加强宏观管理的同时，坚决实行简政放权，扩大学校的办学自主权”。1986 年《民法通则》从民事法律关系的角度明确了事业单位的法人地位。1992 年《国家教委关于直属高校内部管理体制改革的若干意见》首次正式提出，“国家教委直属高校是由国家教委直接管理的教育实体，具有法人地位”。1993 年 2 月中共中央、国务院颁布《中国教育改革与发展纲要》，提出：“在政府与学校的关系上，要按照政事分开的原则，通过立法明确高等学校的权利和义务，使高等学校真正成为面向社会自主办学的法人实体。”1998 年《中华人民共和国高等教育法》第 30 条规定，“高等学校自批准设立之日起取得法人资格”，从而对高等学校法人地位给予再次确认，但这种确认更多体现为民事主体地位的认可，并未从根本上明确高等学校与政府之间的关系，也未完全厘清科层管理与法人治理的具体差异。尽管高等教育法规定了七项办学自主权，但是由于现有法律规定过于笼统，权利的范围、尺度、规则不明，实施、监督缺乏相应的保障机制。加之，长期以来我国大学缺乏自治的传统与经验，校内缺乏有效机制来确保大学自主权的落实，官僚体制的制度惯性仍根深蒂固。

这使得法律仅仅从形式上完成了对学校法人制度的认定，距离大学以独立法人身份处理与政府、社会的关系仍相去甚远。在政府与大学的关系上，大学具有明显的附属性，办学自主权没有得到具体落实。在大学内部管理中，传统的行政管理模式并没有实质改变，大学的学术品质仍得不到充分显现。

这一现状标志着我国大学仍徘徊在传统体制之中，存在着大学精神不明，大学自治传统缺失，大学民主管理能力欠缺等弊端，意味着大学章程建构理念和基础尚存不足。“在法治化进程中，物质性与技术性的法律制度——即法治的‘硬件’系统——相对而言是比较容易构建或引进的。但它们若要真正发挥其应有的价值功效，必须有与之相适应的精神、意识和观念——即法治的‘软件’系统——予以奠基和支撑”[①]。可见，现代大学制度的完善并不止于章程的制订，章程的制订只是一种形式完备，章程功能的发挥还必须依托于相应的保障机制。正是由于目前大学存在的“内在”与“外在”的结构性及制度性矛盾，严重阻碍了我国公立大学章程“制度作用”的发挥。

（三）制度构建中章程作用的合理期待

制度形成机制和功能实现机制是章程作用的保障。英国著名的教育学家阿什比曾形象地将大学比喻成处于缓慢进化过程中的有机体，章程的制度环境正是在这一漫长的过程中逐渐萌生、发展、完善。如果脱离制度生成的环境依托，大学章程将无法走出效力不彰，千章一面、形同虚设的宿命，而这两种保障机制的确立是长期积淀的结果。这意味着单纯通过制订章程并不能解决我们所面临的大学治理问题。目前，我国高校去行政化改革的核心在于通过完善大学法人治理模式落实大学自主权，就路径而言，大有以章程建设促大学改革之势。无疑，章程的完善是促进大学改革的重心，但同时必须意识到在我国引入章程是政府推行大学改革的手段而非大学制度自然演进的结果，改革的阶段性与制度空间的有限性决定了现阶段章程建设并不能发挥决定性作用。因此，在今

① 姚建宗：《信仰：法治的精神意蕴》，载《吉林大学社会科学学报》1997 年第 2 期。

天方兴未艾的大学章程建设中，思考章程能否涵摄、统领我国现代大学制度建设，能否担当作为大学“基本法”，彰显大学办学理念、界分大学自主权、引领大学文化、凝聚大学组织力量的功能，即冷静思考我国特定背景下章程功能的有效性与有限性是大学制度建构路径选择的前提。

大学自治权的来源是大学章程的效力基础。反思我国章程建设的现实，解决章程功能困境的关键在于大学自主权确立的路径选择，这涉及大学章程的效力来源，关系大学治理中的政治理念以及改革的原动力，也决定着大学自治空间的大小。如前所述，出于确立共同价值标准、整合意识形态、服务社会经济发展，实现国家“政治目的”等多方面的需要，大陆法系国家推行以公立大学为主导的高等教育体制。在公立大学的制度体系中，章程效力源于法律，形成以法律为主导的大学自治模式。在这一模式中，大学自治乃是国家权力秩序架构下的产物，法律赋予大学法律地位，明确自治范围，决定章程的自由空间，设定章程遵循的基本规则和框架。在章程必须接受法律约束的基础上，法律尊重章程自由。凡章程没有规定的事项推定适用法律。法律既是自治的权力来源，又是自治的界限。章程的功能在于落实国家法律所意图实现的自治目标，填充为落实自治目标所给予的自由空间。以法律作为大学自治的权力来源，标志着大学被纳入政府公共机构的范畴，受到更多的政府管制，意味着国家在大学自治制度中处于决定性地位，是自治制度推行的主导力量。这种自治与基于契约的自治存在本质的区别，是国家主义大学治理理念的产物。因此，在大陆法系的德国、日本，新自由主义下的公立大学改革所遵循的路径都体现为国家主导，法律主导，而非大学主导，章程主导，推行一种自上而下的变革，将大学变革纳入政府行政体制改革，体现为国家在大学管理中的退步抽身。在这场变革中，公立大学无不体现出对传统体制的依赖，以及因这种依赖而产生的改革阻力。正是鉴于这种体制依赖，试图以带有自我突破性质的内部章程难以实现大学体制改革的突破。

不同大学自治模式的差异不仅是大学章程研究的内容，也是制度借鉴的前提。公立大学处于我国现行高等教育体系的主导，无论是我国大学的起源还是发展均具有浓烈的国家主义传统与色彩。这种传统使得大学制度生成无法摆脱对国家建构路径的依赖。在我国当前的高等教育改革中，围绕着现代大学制度的构建涉及大学与政府的关系、大学自主权的落实和规范、大学内部学术权力与行政权力的调适等时下理论界的热点问题。在外部关系中首要问题是处理好政府与大学之间的关系，合理界分大学自主权的范围；而内部关系的核心问题是通过组织体系的制度化落实大学自主权的行使。现实中，这两个层面的改革都无法摆脱对政府主导路径的依赖。

一方面，在我国，大学的生存与发展取决于自身能力的建构与政府的认可。积极争取和维持体制内资源，并在政治层面上与政府目标保持一致是公立大学的共性，虽然大学自主性不断加强，但资源来源的非社会化和单一性，使得获得政府体制内资源的稳定支持仍是大学生存、发展的根本，体现出强烈的“体制依赖”性。加之长期以来大学一直处于国家的影子里，自治机制没有得到充分地发育。因此，通过自上而下的政府行政改革改变政府与大学之间的传统关系，是我国现代大学制度建设的主导路径，在大学自治的制度建构上带有严重的政府主导性，即这意味着大学改革成为我国行政体制改革的组成部分，而不是通过个性化的章程而实现两者之间关系的契约化与规范化。

另一方面，“中国的大学治理是一个包含四种基本权力的权力结构体系，是一个要求四种权力在和谐关系中协同治理的权力关系架构。……在四种权力的博弈中，目前的问题是：政治领导权力和行政权力居于强势地位，学术权力和民主管理权力则处于相对的弱势处境。明晰的学术权力和有效的民主参与的缺失，是当前我国现代大学制度发展进程中的制度性瓶颈”①。在错综复杂的内部权力结构调整中，首要问题在于保障学术权力的合理地位，以确保学术自由这一大学精神的传承，这不仅关系科层体制的打破，同时涉及政治体制改革的深化，其目标远非一校章程所能承载，也决定着单纯通过大学章程根本无法实现大学内

① 秦惠民：《我国大学内部治理中的权力制衡与协调》，载《中国高等教育研究》2009 年第 8 期。

部治理结构的完善。

总之，如何协调分权自主与国家干涉是大学制度的核心，这一问题的解决关系到大学与国家不同关系模式的选择，也是大学定位的决定因素。在我国，大学自主权的扩大是政府职能转变的体现，因此，高等教育改革中大学制度形成中的政府主导性是不容忽视的。大学章程建设的功能定位无法脱离变革中的中国社会现实，无法回避改革的政府主导与大学自身对体制的依附。特殊的背景和目标决定着制度形成的必然之路，解析我国现阶段国家与大学的关系以及未来走向是构建与之相适应的法律制度的基础。

第二节 我国大学章程功能的合理定位

大学是现代社会的一种重要机构，章程是大学赖以独立存在的基础。我国当下正处于高等教育改革的重要阶段，大学章程作为大学自主治校的文本规范，对于明晰政府与大学关系，促进大学自治发展，平衡校内权力关系，规范大学内部治理的作用不言而喻。制度背景、大学使命都是影响大学功能定位的因素，在时代的发展中大学章程的功能也不断被赋予新的内涵和意义。因此，探讨我国大学章程功能的建构，就必须结合我国的实际国情、大学发展状况来谈，必须在坚持大学的公共职能属性的同时界分清楚国家主导与大学自治的空间，坚持大学法人化治理和去行政化改革，并在大学治理中加入社会性、民主性、市场性因素，实现大学的科学有效管理，汲取社会上各种资金与力量，发挥大学的无限潜力。

一、现代大学理念的引入是构建大学章程的基础

（一）近代大学的诞生与章程建设

在我国，从繁荣发展数百年的书院管理中我们可以捕捉到大学章程

最早的影迹。书院章程[①]是我国大学章程的特有渊源。朱熹制定的《白鹿洞书院训示》(又称《白鹿洞书院学规》《白鹿洞书院教条》)在中国书院发展史具有非常重要的地位，具有纲领性的作用，在这个训示之中，对于教育目的、教育教学过程都有明确规定，对于教育的要求为“修身、处事、接物”，并由此形成了完整、全面的书院型教育理论体系，最终影响着后世书院办学准则的确立，发展成为学规的范文。之后另一个具有代表性的就是南宋状元徐元杰的《延平郡学及书院诸学榜》[②],其中规定了每天的读书讲学内容，还规定了每月定期考试考核的内容，类似于今天的课程表、教学大纲。之后的《象山书院章程》《临津书院章程》《诗山书院章程》等书院章程，虽然没有现代大学章程严格意义上的形式和内容，书院也不属于大学这一特定主体，但是仍然是当时书院成立的依据，与大学章程的发展是一脉相承的。

1898年建立的京师大学堂是我国现代意义上的第一所大学，制定了我国第一个大学章程——《京师大学堂章程》。这是和当时特殊的历史背景分不开的，中日签订《马关条约》之后，列强进一步对中国进行宰割，领土被瓜分侵占，人民被侵略压迫，清政府的统治岌岌可危，以康有为、梁启超为代表的维新派人物主张变法，清政府实行了维新变法，京师大学堂的成立就以清政府教育改革为其特殊的历史背景。1898年京师大学堂成立了，并于1902年8月15日颁布了张百熙起草的《京师大学堂章程》[③]。此章程的《总则》中就规定，地方各省的学堂都应该接受大学堂的统筹管辖，可见，京师大学堂在当时不仅仅是国家直属的最高学府，而且还充当了教育行政机关的角色。“中学为体，西学为用”的办学理念使其在融合中西方大学管理模式时硬伤诸多，所以公布后遭到质疑反对，与维新变法一样仓促。之后，1904年，清政府公布了“癸

---

① 当时的书院章程也称为规程、学程、条例、馆例、馆规、洞规、日程、戒条、课程、课规，等等。

② 侯德华:《我国大学章程的发展历程》，载《延安教育学院学报》2008年第22期，第24页。

③ 《京师大学堂章程》包括了从小学到大学的各级学堂章程，是国家政府第一次制定颁布完整的教育学制。其中《京师大学堂章程》八章八十四节，对大学堂的办学纲领、科目设置、课程安排、招生办法、毕业分配、聘用教师、领导体制和教学纪律等内容都做了详细的规定。

卯学制”。以《奏定大学堂章程》代替《京师大学堂章程》,《奏定大学堂章程》比之前的《京师大学堂章程》更加烦琐复杂，在大学分科、修业年限、大学堂预科等方面的规定有一定变动，而这个章程一直沿用到了清朝末年。清末大学堂章程中也有关于办校宗旨、学科设置、修学年限、管理模式、学术来源、教学方式等内容的规定，这是与现代大学章程吻合的。当时京师大学堂举办者是清政府，而章程的制定者也恰恰是清政府，即使其具有法令功能，即使大学还扮演着行政主体的角色，但是《京师大学堂章程》和《奏定大学堂章程》仍然满足大学章程的主客观要求，符合大学章程的内涵，体现出现代大学章程的特有功能。

1912 年，清政府被民族资本主义推翻，中华民国成立，政权更迭也带来教育体制的改革。南京国民政府设立的教育部，在其成立之初就确立了民国新学制改革的工作目标，召集一批留学生拟定各种学校的规程。而最终确立的民国新学制的草案，是在参考日本学制方案的同时，结合中国当时的实际国情而拟制的。与此同时，中国的高等教育得到了积极地发展，各类高等学校如雨后春笋般出现，新学制有关于制定大学章程的要求,因此几乎每一所大学都会拥有自己的大学章程[①]。这些章程都是针对法政、工业、医学、外语、农业、商业等具体专科学校的，且章程的制定主体是国家教育主管部门，而不是学校本身。当时的高等学校大部分都是私立院校，举办者主要是个人，因此按照本书绪论部分所提到的大学章程的具体内涵而看，大学章程的制定主体应该是大学、大学举办者本身，而不应该是大学以外的任何机关、个人。教育部既非举办者，又非大学本身，所以教育部所颁布的规程只能算是针对专科院校的教育法令而不算大学章程。

在当时特定的历史时期，1912 年针对北京大学所颁布的“大学令”却与其他规程不同，因为北京大学是当时全国唯一国立大学，其举办者

① 如 1912 年 10 月 22 日教育部公布专门学校令；1912 年 11 月 14 日教育部公布公立、私立专门学校规程；1912 年 11 月 2 日教育部公布法政专门学校规程；1912 年 11 月 13 日教育部公布工业专门学校规程；1912 年 11 月 22 日教育部公布医学专门学校规程；1912 年 12 月 6 日教育部公布“外国语专门学校规程”和商业专门学校规程；1912 年 12 月 7 日教育部公布农业专门学校规程；1913 年 2 月 24 日教育部公布高等师范学校规程。

是国家，所以北京大学的“大学令”就可以视为北京大学基本章程，其内容中主要涵盖北京大学的教育方针以及其校内组织原则。此时的“大学令”与清末大学章程的不同点，也体现了此时大学章程功能定位的更加明确，体现了大学章程的时代性。第一，不再提及忠义孝悌为本，经史理学为基等封建教条思想，承认了大学的宗旨在于：教授高深学术、养成硕学宏材、应国家需要。章程有关学校宗旨的规定体现出要求教师自由追求高深的学术知识，积极的培养栋梁之材，为国家建设提供最新的技术、知识。北京大学的宗旨一方面体现了大学对于教授自由求知、教学的追求，即学术自由权，另一方面体现了国家对于公立北京大学公益性、服务性的要求。第二，增加了许多条赋予大学自主管理权的规定，如大学设校长，各科设学长，代替总监督及各科监督；要求大学内部设立评议会，由各学科科长协同教授们选举若干会员，议长由校长担任，负责全校行政事务的处理。要求各科都设立教授会，处理本科行政事宜；赋予校长、大学评议会、各科教授会权力，使其成为学校权力的执行者，有一定的自主管理空间。强调了在学术评议、学科建设方面大学的独立自主管理权。第三，学校机构在名称、数量上的变化，以及大学老师职称方面的规定。1917 年，北京大学在蔡元培校长的建议下，教育部对北京大学的大学令进行了修正，即 9 月公布的《修正大学令》,《大学令》和《修正大学令》都是由教育部颁布的继清末大学规程之后出现的北京大学大学章程。而由于其主体的特定性和章程的法律性，使其也具备了“高等教育法”的特征。

之后，一直到了 20 世纪 20 年代的“国立北京医学专门学校章程”、北京师范大学组织大纲、厦门大学大纲、上海大学章程等一系列章程的出现，我国才拥有了严格意义上的大学自主制定的大学章程。这些大学章程既不是以法令的形式存在，也不是由教育部门拟制的，而是由大学筹办者结合学校的特色自主制定的，起到的是大学内最权威自治法的作用。至此，大学独立自主办学的特征体现在章程功能中，大学具有了自由学术的权力，在我国大学章程的发展过程中意义重大。虽然当时的政治环境恶劣，战事频发，社会动荡，但是高等教育却得到了尊重和发展，大学章程随着大学的激增而纷纷出现，结合当时最为先进的大学理念，以正确的价值观为导向，使得大学章程成为我国现代化大学制度的重要构成，既保证了当时大学的蓬勃发展，又为今日大学章程的研究提供了依据，为今时大学章程的建设提供了借鉴。

（二）中华人民共和国成立后大学章程的发展历程

中华人民共和国成立以后，国家很长一段时间实行的是高度集中化的计划经济管理模式。在这样社会背景下，大学以一种高度集权的方式进行管理，大学没有任何自主办学权，政府主管大学与社会的沟通，大学不需要直接向社会选拔人才、招收学生，其所有事务都由国家运作打理，在计划经济的浪潮中学校只能被看作是国家政府的附属机构。此时，大学需要制定一些规章来响应教育部行政性立法的贯彻实施，大学章程存在的必要性并不大，但是这都不影响对大学治理的不断探索；于是 20 世纪 50 年代一个历史性的指导高校工作的《教育部直属高等学校暂行工作条例（草案）》颁布了，教育部同时还公布了《北京师范大学章程》，前者一共有十章六十条，被称为“高教六十条”，这是一部纲领性的文件，内容涉及高校管理的方方面面。按照条例的规定，第一，高等学校的任务是教学，目标是提高教学质量。教师在教学中处于主导地位，启发学生对知识的兴趣，启发学生求知的自发性、积极性，在这个过程中可以采用不同的教学方法，以达到因材施教、因人而异的效果。第二，需要“正确贯彻落实理论联系实际的原则、切实加强基础理论和基础课程教学、又要通过生产劳动以及试验、实习、社会调查，社会活动等、切实加强基本技能训练”[①]。第三，强调高等教育中党具有绝对的领导地位，高校的党委对校内具体工作进行统一领导，高校实行党委领导下的以校长为首的校务委员会负责制。按照条例的具体规定，校长就充当起大学行政负责人的角色，既是学校对外的代言，又负责学校日常性事务的管理。从以上表述中，我们可以看到“高教六十条”就已经确立了我国学校管理的基调，即校长为首的校务委员会负责制，国家对于高校的领导还是绝对的、全面的，但是开始强调学校教学求知的属性，允许学校在教学过程中有一定的自主权，而“高教六十条”还未在新中国教育改革中大显身手，“文化大

① 侯德华：《我国大学章程的发展历程》，载《延安教育学院学报》2008 年第 22 期，第 24 页。

革命”就开始了，这个时期法治环境恶劣，高等学校刚刚制定的章程、规章、条例瞬间变得没有任何价值，大学管理变得混乱无章。1978年，改革开放的春风吹满大地，高等教育也受到了新的重视，教育部对“高教六十条”重新润色修改，更名为《全国重点高等学校暂行工作条例（试行草案）》，从形式到内容调整和修改得并不多，值得注意的是将学校的领导体制表述为“党委领导下的校长分工负责制”，取消了原来的校务委员会设立学术委员会。“高教六十条”的制定者是教育部，而规范约束的对象恰恰是教育部直属的大学，大学的举办者正是教育部，因此，“高教六十条”可以说是国家为自己举办的大学所制定的章程。

近年来中国的综合国力不断提高，社会对于人才的需求十分迫切，高等教育承担起为社会主义现代化建设培养有用人才、为社会主义经济发展提供科学技术的任务，高等教育的发展关系国计民生。而改革开放以来大学的地位受到充分重视，高等教育事业的发展也十分迅猛，而大学治理者的目光并没有锁定到章程建设上，截至21世纪初，结合自己学校的特色制定本校章程的大学寥寥无几。自20世纪80年代以来，一些学校纷纷制定了大学章程，其目的在于落实大学办学自主权、促进大学自我发展、实现大学自我约束。为保障高等教育事业的健康有序发展，建立健全现代大学制度，1995年开始实施的《教育法》就明确规定学校应该有章程，学校拥有按照章程自主管理的权利。1998年颁布的《高等教育法》将大学章程作为大学申请审批的必须条件，并要求章程规定学校的办学宗旨、办学规模、学科门类设置、教育形式、内部管理机制、经费来源和财产以及财务制度、举办者与学校的权利和义务等事项，赋予大学更多自主权。可见制定章程是对大学本身十分有利的，不应该视其为政府的硬性要求，而应该是大学自我发展必由之路。吉林大学、中国政法大学、黑龙江大学、上海外国语大学等学校的章程文本，就体现了自己学校的特色，结合学校特色更加自主、积极、灵活的管理各项事务。私立学校虽不是本书的研究对象，但是根据我国《教育法》《民办教育促进法》以及《民办非企业单位登记管理暂行条例》的有关规定，私立学校申请注册登记的时候，就需要提交章程，因此，我国的私立学校都有自己的大学章程。章程是联结大学与社会联系的纽带，是大学自主治理的依据，对于我国现代大学的发展意义深远。

二、明晰政府与大学的关系，合理界分大学自治范围

（一）明晰大学的公共职能属性

1. 坚持政府对大学的主导

大陆法系国家推行以公立大学为主导的高等教育体制，就是为了确立共同价值标准、整合意识形态、服务经济发展，更有对国家政治目的的追求——我国也属于此种大学制度体系。章程的效力源自法律授权，大学自治是在国家权力秩序框架中的自治，法律赋予了其自治范围、自由空间，设定了其基本规则和基本框架。章程的功能服务于国家意图，以文本明确自由空间。法律给予自治的空间，又限制自治的范围，章程需要接受法律的约束，法律又充分尊重章程的自由。这也就标志着章程不可磨灭的公共职能属性，意味着国家对于大学自治的主导权力，彰显着国家是实现大学自治的推动力。时至今日，英美法系国家同样表现出此种属性，大学无论如何自治，都要受到政府的控制。大学表现出排斥政府、国家、社会干预的意志，可是始终又与政府关系暧昧不明，不得不接受干涉。大学作为传道授业的主体，承担着国家培养人才、科研创新的义务，其公共属性是无法磨灭的。国家对于大学的支持是为了国家的长足发展，大学在政府主导下生存，可以说是大学无奈但却合理的选择。大学章程作为大学的统领性规范，需要明确大学的公共职能属性，明确政府对于大学的主导地位，同时，对于政府权力边界的设置是必要的。

2. 正确调整国家、社会和公立大学的关系

在我国，公立大学主导高等教育的局面已经形成，我国无论从现代大学制度的起源还是发展都有浓烈的国家主义色彩，这也使得我国大学制度无法摆脱对于国家建构途径的依赖。既然政府在大学制度中主导性不容改变，就需要在章程中正确调整国家、社会和公立大学的关系，处理好三者的关系也是界定大学章程功能的前提。

中华人民共和国是工人阶级领导的、以工农联盟为基础的人民民主

专政的社会主义国家[①]；因此我国公立高等学校，是社会主义社会中一个基本“单位”。大学的公共属性决定了大学中起领导作用的党委应该坚决执行党的路线、方针、政策，大学应接受国家的领导，保证大学办学坚持社会主义方向，党对于大学的领导，应该集中在思想政治工作、德育工作等方面，留给学术、校内民主管理足够的空间。

公立大学是服务于社会主义建设的，在传授普遍真理之外，还有将知识应用化、社会化的任务，社会是检验知识价值的地方，但是如果一味强调社会需求，就会使大学的价值观念无法摆脱计划经济的束缚，学术方向也会因为缺乏持久性、纯粹性而受到错误的引领，阻碍大学章程引领大学自治、学术自由功能的发挥。因此必须明确社会与公立大学的关系是监督关系，监督学校内部治理的公平性、民主性，监督大学章程实施状况，监督学术研究的规范性、实用性、创新性，而非领导、引导作用。

（二）扩大大学自治权

反思我国章程建设的现状，解决章程功能困境的关键就在于大学自主权确立的路径，这关乎大学章程的效力来源，关系大学治理中的政治理念，设计现代大学改革的原动力，也决定着大学自治空间的大小。

1. 延续大学法人化治理之路

在新公共管理理论的影响下，各国教育部门、科教组织都开始关注到：政府、市场、行会对于大学影响过大，大学自主决策空间狭窄，呼吁管理学校的自主权必须回归于大学。正如前文提到，1988 年联合国教科文组织所倡导的“政府应该维护大学自主权力和法人地位”，这是 20 世纪 80 年代以来世界各国大学改革的聚焦方向。在这一背景下，日本国立大学法人化改革轰轰烈烈地进行着，正因为与我国国情的高度相似性，日本为我国大学法人化治理做出了表率。

我国公立大学法人化治理理论首先强调，大学不是国家行政部门的分支，而是市场主体，具有自主经营权，且公立高校在民法中的独立法

① 《中华人民共和国宪法》第 1 章第 1 条。

人地位已经确立。这样做的目的就是为了将封闭大学向市场开放，使其能动的适应市场需求。其次，引入竞争机制，提高大学自主办学实力，强调竞争获得社会资助，争取实现经费来源的多渠道化，减轻国家教育压力，保障大学旺盛生命力。再次，增加大学与企业合作的机会，产学结合提高知识的实用性。改变过去教师只关心论文发表漠视学术研究成果的现象，做好理论与实践的衔接问题，使科研与实际同步，促使科技产出最大化。公立大学法人化治理对于大学、企业发展都极其重要，大学需要主动帮助企业解决技术性问题，而通过这种方式不仅能够筹得资金，还能树立大学在地方产业中的权威地位。另外，法人化治理需要大学根据实际情况制定大学章程，充分利用地方、校内优势服务于社会，在促进经济发展的同时，深化教学改革，强化教育特色，增强公立大学办学竞争力。

2. 坚持大学去行政化改革

大学的“行政化”是指官僚科层制为特征的行政管理方式在大学中的泛化和滥用，把大学当作行政机构来运作管理，把学术事务当行政事务来管理①。我国大学学术腐败、官僚化气息严重等现象都是由大学行政化导致的，也使制定出来的章程不能发挥应有功能，甚至偏离了大学理念和大学使命②。大学的去行政化是大学治理的革新，是指改变行政与学术混同、行政过度干预学术的治理模式，目的是使行政与学术分离，实现责权分明，做到各司其职，这是对于传统大学理念的尊重，也是大学功能建构的良好方式。在这个过程中，不能让行政权力完全消失，否则会带来学术走极端的后果。大学去行政化最终是为了使学术与行政分离，是切合我国国情的，大学去行政化是一项革命性、渐进性、整体性的系统工程。此外，大学章程不仅确定了大学自治、学术自由、教授治校等大学理念，还明确了大学自主的空间和范围，阐述内部治理方式，因此，大学去行政化与大学章程的作用都在于为大学治理保驾护航，两者互相

① 陈合忠：《大学去行政化问题研究》，内蒙古农业大学出版社 2011 年版。

② 于雪燕：《试论大学章程与大学“去行政化”》，载《中国电力教育》2012 年第 25 期，第 7 页。

促进，实现教书育人的使命。正如伯顿·克拉克所说："有必要在大学层次帮助管理者确定他们的情境，和在系统层次明确管理的定义。"① 大学章程的功能就是为大学行政管理人员培养一种将行政权力与学术权力分离的能力，帮助保障师生的权益。可以说，去行政化与大学章程的功能要求不谋而合，试图将"行政服务于学术"的理念刻在管理人员的观念中。

坚持去行政化改革就需要：第一，法治国家建设。国家应该加快教育法的建设，章程建设工作的落实，以大学有章可依为基础，国家通过立法确立大学真正独立的自治权，拥有实际的办学自主权。国家法治环境的构建是大学改革必需的外部环境。第二，政府监管有度。政府的监管应该始终停留在"宏观调控"的层面，杜绝一切统治控制的想法，切实做到政校分离，管办分开。拟订的章程文本中必须具有明确政府与大学关系的条款，规定政府的权限范围，赋予大学独立的法人人格。第三，成员积极应用。大学章程在实施过程中，需要每位行政人员结合自己本职工作适用，实现章程价值，深刻、积极、主动地实现"去行政化"，实现章程的功能。第四，学术权力扩大。"学术"与"行政"是去行政化的关键词，行政权对学术权力长期压制，使学术权力失语，"去行政化"需要大学章程制定实施中提高学术人员的权力范围和学术管理地位，使学术权力发挥主导作用。综上，去行政化改革与大学章程的建设是相辅相成的，章程是去行政化的文本依托，而去行政化是章程功能实现的重要途径。

三、完善大学内部治理结构，平衡多元因素

（一）平衡内部各项权力因素

我国的大学治理可以说是包含在四种基本权力结构体系中，需要这四种权力在一种和谐关系中共同治理，协同运作。目前，这些权力的博弈中存在的问题是：政治领导权力和行政权力居于强势地位，相比较而

① ［美］伯顿·克拉克：《高等教育系统》，王承绪译，杭州大学出版社1994年版，第101页。

言，学术权力和民主管理权力处于弱势地位，我国现代大学制度建设需要提高学术权力的地位，加入民主参与的成分，平衡权力因素是大学章程的有效实施，也是大学章程功能实现之必然要求。

1. 限制政治领导和行政权力

为了保证大学章程的有效实施，章程功能的充分发挥，行政权力应该重新被定位，放下大学统治者和管控者的架子，重新标榜为学者和学术服务的理念，以全新的低姿态为学术发展提供人力、物力、财力的帮助，这是大学章程论域中我国行政权力存在的正当性基础。从目前的行政权过大来看，行政权力需要主动“瘦身”，机构数量要精简，办事效率要提高，摆脱官本位思想，放弃官僚主义的作态。现实中，行政权力运行方向是实现经济利益，行政管理方式也要求适应市场化逻辑和要求，因此就要警惕章程的内部行政管理过分强调市场因素，大学内部行政权力的市场化不能脱离知识生产、传播、使用的主题。前面提到，学术权力很大一部分是“披着学术外衣的行政权力”，本着服务为学术的理念，行政权力掌控的学术管理权，应该交还于教授、学者，放弃直接管控权，行使间接监督的职能。大学不是行政部门，高校的行政权力不同于政府的行政权力，行政权力必须从台前走到幕后，服务于学术，旨在实现学术自由的章程功能。笔者认为，政府的权力应限制在以下几方面：大学校内组织机构的设置、大学内部组织机构负责人的遴选、大学制度的创制性改革、大学基本管理制度的变化、对于学术管理的监督权。

2. 明确教授的学术权力

学术权力不仅仅是行政权力排挤和扩张的对象，它的有效运作同时还蕴含了抗衡行政权力扩张的可能性。大学章程功能的实现，有赖于学术权力的加强，一是遏制大学中党权、行政权滥用的现象，防止政治、行政权力的过度管控、取代学术权力的行为，提高教授学者对于学术事务的参加和治理；二是要使学术机构的学术作用得到切实地发挥，如学术委员会、教授委员会、教师职务评审委员会等，防止学术机构成为形式组织。

大学章程作为大学的宪法，想要实现指导作用，应该在制订过程中注意民主制度建设。章程应该建立学术组织机构制度、保障教师权益。

保障教授、教师、学者等重要利益相关者的权益诉求，使其充分参与到大学章程的制定过程中，章程文本中应该充分保护教授参与大学治理和大学决策的权力。另外还有行政组织服务意识的强化，大学是因为有了教授、专家、大师才是大学，学术才是大学的根本，大学的一切办学活动都要围绕着学术与教学展开，其他机构都是服务于学术，尤其是行政权力，必须让位于学术权力。

此外，教授的科研方向、学科领域、教学重点的不同使得学术权力具备了分散性特征，对于我国大学学术权力强化就要采用分散化的方式，将学术权力个别的、分化的、相对均匀地赋予所有的学术权力主体，必要的时候，可以用民主方法与法定程序将分散的学术权力整合起来，将个体之间、学科之间、学术任务之间联合成为横向的共同体，共同完成分散主体无法完成的任务，这是对于学术权力的充分尊重。

3. 融入民主参与的因素

现代大学中教职工的民主参与和民主监督意识空前提升，涉及教职工切身利益的人财物等管理体制中的问题受到质问，要求大学建立健全科学的管理制度。我国部分高校已经建立的大学章程中，有一些关于大学教代会制度的规定，教代会从形式、职能到设立目的都是主张科学管理制度，是教职工直接、广泛、有效地参与到校园民主管理、民主决策中的重要方式。大学最具有群众基础的教代会的作用就在于保障高校民主管理、民主监督，试图最大限度调动教职工的积极性和创造性，教职工根据章程的授权，直接或间接参与到大学事务管理中，提出意见和建议，指出问题和不足，有利于高校健康有序发展。章程是依法治校的载体，章程建设是高校管理民主化、制度化、法治化的有效途径，促进大学和谐发展。《中华人民共和国高等教育法》第 43 条规定：高校通过以教师为主体的教代会等组织形式，依法保障教职工参与民主管理监督，维护教职工的合法权益。教代会在使校内人员参与到大学治理的过程中，同样具有促进党员、行政权依法治校的功能，民主参与力量是对章程功能实现的促进和监督。

（二）适应多元化需求

1. 董事会的咨询监督权力

国内部分高校引入咨询型的董事会，南方科技大学更是试图建立掌握实权的理事会和董事会[①]，受到了社会各界的广泛关注。其实早在民国初期，就存在我国大学是否需要董事会的争议。当时，一些大学引入美国董事会治理模式，为了筹集经费，试图让出资者直接参与到大学管理中，而董事会却渐渐取得了大学管理实权，对于学科发展的判断从经济利益出发，取代学术群体的价值判断，东南大学一度停办工科即为一例。因此，必须注意的是董事会成员对于学术管理很可能缺乏专业性，假如将人事、财政或学术发展方向这些决策权都赋予董事会，未必能避免矛盾和纠纷发生。于是，学术科研在得不到充分尊重的情况下，就可能造成权力和价值观的另一种失衡；而且董事会成员需要充当的社会角色多样，多数人有自己的主业，仅靠小部分时间投入和指派外部人员参加治理，更无法保障董事会决策的质量和多元因素治校的效果。

大学章程的保证实施，需要社会的监督，也需要多元化因素的介入，董事会的决策权力一方面有利于吸引外部资金，另一方面为大学管理注入一股清泉。董事会制度在我国的建立也要有一个适应的过程，有人主张将其定位为“咨询型”或“监督指导型”，有人主张“决策型”。笔者认为，只要明确董事会决策的范围，规划董事会决策的空间，大学董事会就可以成为大学、社会或政府之间的隔离带，发挥沟通协调功能，解决大学与政府之间信息不对称的问题，董事会集体决策机制优于职能部门单方决策；进一步说，董事会作为大学治理的委托人，在保证学术自由、充分信任支持校长权力的基础上，止步于高校日常管理范围之外，只对涉及学校发展的重大事项决策，也是有利于大学“去行政化”，有利于保障大学自治、学术自由的表态。

---

① 按照《南方科技大学管理暂行办法》规定，南方科技大学的决策机构是理事会，成员包括政府代表、校长及其管理团队、教职工代表和社会名士等，理事会具有聘任或解聘校长、副校长，审定学校章程，审定和修改预算草案，审批年度发展规划和报告等权力。在性质上，理事会与国外董事会制度特别相似，响应教育部的规划纲要，在其他场合中“理事会”与“董事会”并列出现，可以说南方科技大学模仿国外大学而组建了拥有实际权力的董事会。

2. 校友会的建立

在现代大学章程功能建构中，校友会做出了突出性贡献。同样是外部人员参与治校，国家依法建立公立大学，希望领导大学，督促大学履行公共性、社会性责任；商人对大学注入资金，会要求参与到大学董事会决策中；校友会同样是现在大学中新兴、多元化的因素，校友会成员都是本校毕业生，与董事会通过资金投入参与大学治理不同，他们对学校的依恋、与学校共存的情结注定了在决策中的中立性和强烈的无私感。大学章程功能的发挥，有赖于各方权力衡平的和谐环境，而校友会存在的目的，就是为了大学更好地发展，在权力对抗中为大学争取自治范围，为大学学术发展争取宽松的政策空间，为大学经费筹集寻求更宽泛多元的来源。校友会是大学内部治理中，功利性最为淡薄的，也是对于章程功能实现极其有价值的力量。

总之，大学是现代社会的一种重要机构，章程是大学赖以独立存在的基础。我国当下正处于高等教育改革的重要阶段，大学章程作为大学自主治校的文本规范，对于明晰政府与大学关系，促进大学自治发展，平衡校内权力关系，规范大学内部治理的作用不言而喻。制度背景、大学使命都是影响大学功能定位的因素，在时代的发展中大学章程的功能也不断被赋予新的内涵和意义。因此，探讨我国大学章程功能的建构，就必须结合我国的实际国情、大学发展状况来谈，必须在坚持大学的公共职能属性的同时界分清楚国家主导与大学自治的空间，坚持大学法人化治理和去行政化改革，并在大学治理中加入社会性、民主性、市场性因素，实现大学的科学有效管理，汲取社会上各种资金与力量，发挥大学的无限潜力。

第三节　大学章程制定中几个难点的探析

近年来，关于制定大学章程的问题引起许多学者的关注。他们从多个角度对章程的必要性、章程的内容和章程的效力等进行了探讨。依据《中华人民共和国教育法》第 27 条之规定：设立学校及其他教育机构，必须具备以下基本条件：（一）有组织机构和章程；（二）有合格的教师……。教育法在本条第一款中即明确规定设立大学必须具备章程。根据 1999 年施行的《中华人民共和国高等教育法》第 27 条：申请设立高等学校的，应当向审批机关提交下列材料：（一）申办报告；（二）可行性论证材料；（三）章程；（四）审批机关依照本法规定要求提供的其他材料。《高等教育法》第 28 条还对学校的章程内容作了规定，要求章程包括校名、校址、办学宗旨、门类设置、内部管理体制、经费来源、举办者与学校之间的权利和义务以及章程修改程序等内容。在国家近期发布的《国家中长期教育改革和发展规划纲要（2010—2020）》中提到，各高等学校应依照法律加快章程建设，完善中国特色的现代大学制度。

从法律效果而言，这两部法律对学校章程的规定已经非常清晰。学校（大学）必须要有章程。因此，以这些法律条款为根据，章程是一所高校的必备条件。从时间角度分析，对于新设立的大学来讲，应当在设立之初就有章程。而那些在上述两法生效之前已经设立又没有章程的高校，则应依法予以“补办”。因此，即便不从理论角度分析制定大学章程的必要性，仅从法律规定而言，大学也应有“章程”。就事实情况来看，大陆地区的高校有数千所，到 2011 年 6 月为止，制定章程的却仅有几十所。

为什么各高校对制定章程如此没有积极性呢？难道他们对以此来保障自身的“办学自主权和建立现代大学制度”根本就不动心吗？答案恐怕是否定的。从现实情况出发，至少存在大学章程的“具体效力”和“权力配置”两个难点阻碍了高校的章程建设。

一、大学章程的效力问题

按照高等教育法，高校设立之初就应该具备章程。但具体由谁来制定章程却没有明确规定。按照中国的实际情况，公立高校都是各级政府出资建立的。按照这种事实分析，出资者在设立高校之初所制定的章程应该是其自身或者其委派的单位（如教育行政主管部门）制定的。当然，按照国内某些情况下“先上车、后买票”的做法，个别高校也可能在被批准设立的时候就没有制定章程。可是，只要是制定章程后才设立的高校，那这个章程应该不是高校自身所制定的。如果不是那样，就会因缺少“章程”而违反法律规定，应属缺少法律要件的“行政申请”，教育部有权据此否决其设立。这样来看，个别高校的章程应该是其举办者制定的。这种情况下，章程所反映的是举办者对高校的权利义务、内部治理和管理框架的意思表示。

2005 年，吉林大学通过《吉林大学章程》。很明显，吉林大学的章程是吉林大学自身制定的。不管是通过“党代会”还是“教代会”制定，这个章程应该是仅对吉林大学具有效力的一个规章，作为非由举办者制定的章程因而不具有更高的位阶效力。假如吉林大学与其直接管理者“教育部”在学校的内部管理上存在分歧，那么吉林大学是不能依照《吉林大学章程》来对抗教育部的。这也是很多学者所认为的“办学自主权或自治权”的问题表现之一。事实上，像吉林大学这样的高校，其真正的出资人和举办者应该是“中央人民政府”，教育部作为国务院专司教育行政管理的组成部门代表政府对这些高校行使管理权。这个管理权包括学校领导的调配权，财政支持的力度和方式，诸如基础设施建设等事关学校重大利害和干系的事项决定权等。

这种模式在大陆地区高校都是统一的，区别在于学校举办者的行政级别和地域差异。这和西方高校可以完全通过社会资金捐赠实现运转是存在重大区别的。因此，作为受财政支持的高校而言，在关键性的学校层面人事配备、财力支持和基础设施建设等都要仰赖于“举办者”，社会希望其能够在自主权或自治权上有所突破，那是难以想象的。而且，这种科层式管理模式是符合国家政体基本要求的，单纯某一高校试图在现有框架下实现制度或模式创新的突破，获得真正意义上的自主权或自治权，是不太现实的。

针对大学章程层级效力不够高的情况，有学者提出“立法”的思路，即“大学章程”的制定应该是国家各层级的立法机构，比如全国人大及其常委会或者地方人大及其常委会。按照《中华人民共和国立法法》的规定，中央和地方立法机构所通过的法律和法规是具有法律效力的，除宪法和法律以外，国务院行政法规和地方法规属于第二层级，紧随其后的是部门规章和地方政府规章。显然，通过这种立法模式所制定的大学章程的效力位阶是绝对高于大学自身制定的章程的，前者还具有国家强制力的保护。以此来对抗或者拒绝各种行政干预或者其他各种干涉是完全具有一定效果的。因此，这样的章程在一定程度上能够体现出很多学者所呼吁的“大学自治、学术自由”的精神。就国内的语境和社会环境而言，“自治”和“自主”存在一定的差异，但并没有根本性冲突或矛盾。为此，本书也对这两个词的含义不作专门的区分而是一起使用。

根据国内现行相关法律法规，由于缺少关于立法机构制定大学章程的明确规定，大陆地区高校对此当然无法做到。在这方面，最大的突破和创新则属于新筹办的南方科技大学的管理办法。虽然有学者极力呼吁南方科技大学由深圳市人民代表大会制定《大学条例》，深圳市也曾为此作出努力，但最后的结果是 2011 年 5 月由深圳市政府通过了《南方科技大学管理暂行办法》。这个办法的通过可以说是中国大陆高校管理模式创新的最大成果，此前从未有一所高校由政府机关或者专门立法机构专门为其制定法律文件。从实际效果来看，理论上而言，《南方科技大学管理暂行办法》是南方科技大学的举办者深圳市政府自己制定的，其效力高于南方科技大学一个学校内所通过的章程。但必须看到的是，深圳市政府所通过的这个管理办法在持续稳定性方面仍有可预见的较大缺陷，即深圳市政府随时都可能、也有权根据需要对“暂行办法”予以废除或者修改，这将导致管理办法在立法程序和稳定性方面逊色于专门立法机关立法。

作为一种探索路径，要使大学章程真正具有较强的效力，立法模式是可取的，但这样做的前提是必须修改有关法律或者新制定法律。短期内这一点又是难以实现的，因为至少这涉及国家政体的改革，而且具有很强的“示范”效应。此外，国家教育行政主管部门会通过各种行政干预、指令和检查等达到对大学的行政监督效果，确保其发展和运作符合政府的意图与目标。如果因为具有法定效力的大学章程对主管部门在宏观层面对高校人、财、物的配置权和发言权形成制约，那一定是教育主管部门所不希望甚至极力反对的。所以，即便政府认同这种立法模式并开始推动，这个博弈过程也将会是漫长的。深圳市政府为南方科技大学制定“暂行办法”的做法，具有现实折中的可行性，但这种做法也只是在规定内容无明显差异情况下的章程效力位阶提升，更何况在可预计的数年内都不太可能在大陆地区推广。

二、大学章程就大学内部的权力配置问题

这里所说的大学内部的权力配置问题，是指大学章程所承载的行政权力配置和学术权力配置的问题。行政权力是指高校的行政领导，例如书记、校长、院长和处长等。学术权力是指大学内部学术委员会的权力或者称为“教授治学”的问题。根据高等教育法的规定，大学章程必须包含管理模式，大学章程应当是学校各种规章制度的根本依据。所有规章的精神和原则均应参照学校章程。因此，在假定高校都将制定各自章程的条件下，如何配置好这两种权力是需要认真考虑的。提出这个问题的原因在于大陆高校的众多专家、教授和学者都认为学术权力在不断弱化并依附于行政权力，这和所谓的“教授治学”及“学术自由”所体现的学术权力是难以相提并论的。而作为一所高校，学术权力又是基础性并对学校学科发展具有决定性的力量。

就现状而言，高校也具有浓烈的行政色彩。究其主要原因，这和学校的设立和运转模式是休戚相关的，从根本上而言，是和上文所提到的国家政体具有同质性的。一所高校的党委书记和校长通常都是上级行政主管部门或政府任命而非公开选拔或者选举产生的，所以这些学校领导必须要服从和体现政府的意志。在这个条件下，学校领导具有一定的工作方法自主权。此外，学校领导的考核与评估也是上级部门或政府主管的。党委领导下的校长负责制就同样会体现“首长意志”，学校领导基本上决定了学校内部中层直到基层的干部人员选配和院长、处长等行政职位安排，他们能够决定教师职称的评聘和人员的聘用，他们还有足够的权力决定学校内部各学院和部门的经费安排。

权力配置难点中的另外一个内部难题是“学术自由”的问题。究竟

该如何理解学术自由，是个见仁见智的问题。但众多文章著述中所体现的多是“学术问题不受外来干预”。我们认为，这是一个比较理想化的方案。抛却道德与法律的考量,仅从学术出发也会面临现实的极大障碍。现在，随着大陆高校生源的减少和校际竞争的加剧，各高校都把“发核心期刊论文”“拿项目”“拼学位点”“争各种基地”作为头等大事来抓。与此相配套的是,很多高校把这些作为评聘职称与职务聘任的硬性条件。所以，在对行政权力和学术权力进行配置的问题上，也需要拿出比较合理可行的科学方案。既要防止“行政权力”的自我膨胀，又要避免“学术权力”取而代之及其可能的腐败和无为。如果能做到这一点，那么大学章程也就有望履行其使命，也能发挥其对高校事务指导性精神和原则的效果。

解决这个问题的办法之一是合理设定各种工作任务类型及其工作量，比如设定教学型、科研型、教学科研型、社会服务型等多种主导性的工作岗位，规定“保底性”工作任务，并在此基础上尊重教师个人的目标工作量，允许高低质量不同的工作成果相互折换补充，综合考虑工作年限在内的各种影响和评价决定教师的“学术自由与工作考核”。之所以认为这样可行，是建立在“教授治学”基础上的“科学合理量化和确定工作任务与目标”的假定。因为教授们本身熟悉高校教研事务的规律和情况，上述方案的可行性在于：在“教授治学”的运转基础上，教授们本身更熟悉高校教研事务的规律和情况，他们可以且应该在听取广大职工意见的基础上以全员投票或代表选择的方式对这样的方案做出选择。

大学章程的效力和章程对学校内部行政权与学术权的配置这两个问题，我们认为是决定中国高校今后能否以章程治校并走向现代大学制度和高层次发展的难点和重点。只有解决了这两个关键性难点，有对外效力的大学章程才会被重视，才能为通过章程实现学校内部权力的均衡和科学配置创造条件。而这些问题不是孤立于中国社会的法律、政治和社会环境的，很难单独将其剥离出社会系统而实现“质的飞跃”。因此，必须要进行更深入地研究，培育解决这些问题的“土壤”，通过系统和整体的方法予以梯级推进，直到积累条件成熟后达致新突破。

第四节　我国大学章程建设现实困境的根源

在我国，大学章程建设一直难以取得实质进展。究其原因在于章程的内生性特质与制度环境。内生性特质决定了章程建设的功效必须依赖于大学内部共同价值观的形成，以及外界环境对这种价值观的认同度，决定了章程建设难以通过外部嵌入产生实质的制度创新。从制度层级而言，章程的功能和内容必然受制于框架性制度，也决定了孤立的章程建设在现代大学制度建构中作用的局限性。当前，政府推动大学章程建设的意义在于以章程建设为契机培育、引导大学制度内生因素的成长、发育，通过章程建设发挥制度创生作用，进而推动我国高等教育框架性制度改革。

制度是“任何一定圈子里的行为准则”[①],是为实现某种功能和特定目标的社会组织的“一种公开的规则体系”[②],是组织赖以存在和发展的基础。“任何组织都与其相应的制度密不可分，组织要生存和运作就必须有制度化的安排”[③],大学的发展同样也依赖于制度供给与制度需求之间的平衡。作为大学治理的规则，章程是大学制度的载体之一，被称为大学“精神构造上的骨骼”，起着引领大学制度文明，明确大学目标、凝聚组织力量的作用。《国家中长期教育改革和发展规划纲要（2010—2020 年）》将建构现代大学制度确定为我国高等教育改革的目标，明确提出“完善中国特色现代大学制度，加强章程建设，依照章程规定管理学校”。这标志着经过多年大学改革的探索，我国逐步确立了以制度引领大学发展的根本思路，并将完善章程确定为现代大学制度建设的切入点。为贯彻落实这一目标，2011 年，教育部颁布了《高等学校章程制定暂行办法》。回顾历史，早在 1995 年，我国教育法就明确授权学校按照章程自主管理，但从成效而言，章程在大学体制改革中并没有发挥实

① ［德］马克斯·韦伯:《经济与社会(上卷)》, 林荣远译, 商务印书馆 1997 年版, 第 345 页。
② ［美］罗尔斯:《正义论》, 何怀宏等译, 中国社会科学出版社 1988 年版, 第 50 页。
③ ［美］理查德·斯格特:《组织理论》, 黄洋、李霞、申薇等译, 华夏出版社 2004 年版, 第 23 页。

质作用，存在着章程缺失与泛形式化的双重弊端。这使得人们对章程建设的实质功效产生强烈质疑，章程也面临着学界理论研讨的热议与现实大学管理的冷遇这两种强烈反差的境遇。

一、内生性特质决定了章程建设是长期性积淀的结果

雅斯贝尔斯曾说“大学只能作为一种制度化的实体才能存在”[①]。制度因形成的根据与本质不同又有内生与外生之分。内生性制度是基于人类长期生活经验积累而自然形成和演化的规则；外生性制度则是由政治权力自上而下设计，嵌入社会并付诸实施的规则。回顾大学发展史，大学自然演化所形成的自发秩序一直是大学存在的基础，也是大学区别于其他社会组织的根本，章程则被视为大学自发秩序的载体。这是典型的内生制度观点，揭示了章程的内生属性。内生性制度有着自身发展演进的逻辑，从源起、发展到成熟需要经历渐进性的变迁，方能形成整体的制度安排。因此，在大学章程的制度接纳与建设中需要长期积淀方能显现作用。

就章程的起源而言，虽然一直流传着巴黎大学的“查理大帝起源说”、牛津大学的“阿尔弗雷德起源说”、博洛尼亚大学的“奥德修斯二世起源说”等伟人通过颁布“立校宪章”创设大学的传说，但就史学考证：“在 1158 年之前博洛尼亚便已经隐约形成了一个拥有教师社群、施行双向选择教学模式的雏形大学；尽管此时的大学仍然还未能以拥有成文律例以及公共管理者推选的方式表露出显著的实体特征。”[②] 同样，巴黎大学也是先形成类似的教师行会组织，50 年后，才出现第一个成文的律例性质的章程。虽然，人们对大学产生的决定性因素的认识一直存在分歧，但可以肯定大学起源于依靠一系列不成文的习俗惯例或者类法律自愿结合在一起的松散组织，而章程的出现意味着大学组织与秩序的

① ［德］卡尔·雅斯贝尔斯：《大学之理念》，邱立波译，上海世纪出版集团 2007 年版，第 108 页。

② ［美］海斯汀·拉斯达尔：《中世纪的欧洲大学（第一卷）》，崔延强、邓磊译，重庆大学出版社 2011 年版，第 104 页。

成熟。这种组织与秩序的形成不能简单地归因于任何一个外部权威，即章程既不是世俗皇帝也不是教皇充当“大学的规划者”的结果，相反，大学秩序是在个人、组织、教会、市政当局、教师、学生们彼此之间的斗争与妥协中逐步成熟的。因此，章程所承载的大学制度是各方力量博弈的客观体现，是大学自然演化的产物和制度成熟化的结果。从松散的社群走向拥有体现内部秩序化和凝聚力律例（章程）的法团组织，这个过程是渐次而自发的。其中，章程也经历了从非正式的誓约、支离破碎的准规则到统一、正式法律文本的历程。因此，从缘起与历史而言，章程的形成与哈耶克“制度是自发形成的”的观念契合，是典型的自发秩序而非人的智慧预先设计的产物，是客观历史与现实环境的产物而非主观设计的结果，历史与现实不但催生章程，并且决定着章程的内容，章程的产生以及文本的背后始终演绎着制度变迁、利益平衡、权力博弈，承载着大学的内在需求与环境因素，体现着大学的组织化与制度化，是大学内生制度的客观化表现。

从词源而言，universitas 是一个抽象的古典拉丁词语，其含义是整体和全部，用 universitas 指代大学，目的在于强调大学中人的因素，代表组织化了的个人，同时暗含着某种程度的独立和内部凝聚力。章程作为发起或设立成员聚合为社团的协议与共同行为规则，其目的在于将组织中各种单项资源有机地结合，从而形成一个整体。因此，章程就是大学内部成员共有信念的凝聚和客观体现，是基于共享理念（shared belief）的自我实施制度。具体到大学章程，其内生性根据是基于学术本质所形成的大学团体的共同价值观，即“学术自由”。千百年来，共同价值观的恒定保持了大学组织与精神气质的永续性，并使大学具有了超越国界的世界品格，使得大学成为“唯一在历史过程中始终保持其基本模式和社会功能与作用不变的机构”[①]。自治是“学术自由”的制度保障。在大学内部，所谓自治体现为团体成员通过参与，在该团体中形成

① ［英］希尔德·德·里德—西蒙斯：《欧洲大学史》，张斌贤等译，河北大学出版社 2007 年版，第 8—9 页。

意志，作出决定，并受组织制度的保障[①]，自治章程就是这种共同意志的表现载体。在凯尔森看来，“社团及其法律、调整某些人行为的规范秩序以及由秩序所构成的联合体并不是两个不同的本体。联合或者共同体只是由秩序所决定的人的行为所组成，而这些行为只是当他们组成秩序规范的内容时才属于联合体或共同体”，因此，社团的形成必须有规章制度，以及在此基础上的组织分工，这种秩序和组织分工就是社团的法律，而“社团只有通过它的法律才能在法律上是存在的”[②]。英国的政治家、社会学家麦基弗也指出：“任何一个团体，为了进行正常的活动以达到各自的目的，都要有一定的规章制度，约束其成员，这就是团体的法律”[③]。可见，对组织而言，自治主要体现为在团体内部拥有规范、约束成员达成组织目标的权力，而章程作为适用于组织体内部的规范性文件，不仅是组织体内部利益整合的体现，亦是内部规制的依据，因此，章程是大学自治必不可少的组织要素，是实现大学内部组织化的重要手段，具有建构内部治理结构的作用。大学依赖于章程将人合性的组织凝聚成一个具有独立意志的法律主体，大学内部成员因组织章程而构建起共同的价值理念、形成组织认同感、营造组织文化氛围，在无序中实现有序创造与分享，从而更加有效地彰显大学的使命及其精神内核[④]。

内生性特质决定了章程建设的功效必须依赖于大学内部共同价值观的形成，以及外界环境对这种价值观的认同度，依赖于大学内在凝聚力的形成，这一特点决定了章程建设难以通过外部嵌入起到立竿见影的实际功效，或产生实质上的制度创新。这种内生属性也决定了现代大学制度的移植需要诸多因素的储备，绝非一朝一夕或一个规则的出台就能产生立竿见影的功效。在我国，当前大学对章程建设有一定的内在需求，但同时存在制度形成的环境因素尚未成熟的现状，通过立法、政策引导

① 康育斌：《公立大学法人化之再思考》，中正大学法律研究所 1992 年硕士学位论文。

② ［奥］凯尔森：《法与国家的一般理论》，沈宗灵译，中国大百科全书出版社 1996 年版，第 111 页。

③ 邹永贤：《现代西方国家学说》，福建人民出版社 1993 年版，第 322 页。

④ 金家新、易连云：《论组织文化视域下的大学章程建设》，载《中国高等教育研究》2011 年第 2 期。

大学章程建设体现出外生性制度的积极作用，但也形成了大学章程的内生特征与现阶段章程建设的外生路径之间的矛盾和冲突，这就是造成当前大学章程泛形式化的一个根本原因。

二、多层次制度的相互依存决定了章程功能的局限性

在大学制度的萌发和衍生中，既包括源于学术共同体长期共同生活的经验积累等内生性因素，也包括大量由国家、政党与社会组织设计，并通过一定的正式途径嵌入学术共同体的外生性因素。内生性因素是章程源起的原动力，而章程在大学治理中功能的发挥，无法脱离外围的相关制度，这些外围制度构成章程存在的制度环境。阿什比曾用“大学遗传环境论”来概括环境因素对大学的作用，指出“任何类型的大学都是遗传与环境的产物”。遗传特性把大学划进历史演化的范畴，明确自然进化中的承继对大学制度的影响；而环境因素又将大学归结为现实条件的产物。如果说分析章程的内生因素目的在于发掘大学制度变迁的内在动力，那么，强调制度的层次关系，以及制度相互之间的关联性，目的则在于明确制度环境对大学发展的制约，以及对章程建设功效的影响。如阿什比所言，大学是一个处于缓慢进化过程中的有机体，章程正是在这一漫长的过程中逐渐萌生、发展、完善。如果脱离制度生成的环境依托，大学章程将形同虚设。

大学制度与现象界的一切现象一样具有层次性，“当我们关注（分析）特定的制度时，我们把这一特定制度的层次纳入分析的范围，而把这一层次以上和以下的层次称为‘制度环境’。也因此，制度分析永远是‘中观’的，因为那个被分析的制度，它以上的制度层面是‘宏观’的，它以下的制度层面是‘微观’的。”[①] 任何一个成体系化的制度都是具有层次性的，存在着框架性制度与具体化制度，母制度与子制度的协调统一。其中，具体化制度与子制度是框架性制度与母制度的衍生与扩展，并在效力等级、调整范围、实施机制等方面严格受到后者的制约。

① 汪丁丁：《海的寓言》，中信出版社 2003 年版，第 2 页。

从制度层次性的角度而言，任何制度功效的发挥都必须依赖于其上层的宏观与下层的微观制度。制度的层次性决定了制度创生必须以框架性制度与母制度为逻辑架构的起点，必须关注多层次制度间改革的相互依存性和协调性。具体到大学这一庞大复杂的有机系统，章程只是制度载体之一，有关大学的框架性制度以及关联性制度构成章程的产生与发挥功能的基础与环境。

追溯源起，章程形成于中世纪欧洲特定的制度环境，是罗马法所蕴含的自治精神与自治制度的产物。罗马法赋予行业内部拥有组织权，任何一个行业或职业都自然拥有组建合议制社团并自主选举裁判官（magistrate）的权力，并赋予“执行管理理事会”或者 3 人以上社团组织不受政府其他特别权力机构制约的社团法人地位。这种当然的、内在的、相对独立的组织特权是团体自治的体现。依据法律赋予的内部组织权，由学者团体、政治团体抑或商业团体构成的行会，在组织结构上皆呈现“共和政体（a civitas in cavitate）”式的微型民主机构的特点，有权通过制定内部组织法的方式实施团体自治。与基于契约的现代俱乐部组织权不同，中世纪社团内部组织法效力的基础是内部成员的誓约。这种誓约具有准法律的属性，经过日益成熟后逐步形成了规范化、统一化的法律文本——章程。从组织形态而言，大学是行会组织的翻版。同样，作为学术自由制度保障的大学自治是以法秩序为前提的自由，必须依赖具体的法律规范才能得以贯彻和保障，章程正是通过规范性文件的形式将抽象的自治理念具体化为制度的结果。大学基于自治而产生的自我决定的权限，主要体现为“章程自主权”，即对于“自治领域”内的事项，大学拥有通过制定“章程”的方式予以规范的权力，体现为通过制定章程，大学可以订立规范、设立执行自治任务的机关，形成内部组织结构，规范大学成员的权利义务。因此，章程可谓是大学自治的制度载体，一方面，自治是章程得以存在的基础，无自治则无章程；另一方面，章程是大学自治理性化、制度化的体现，无章程则无以体现自治。章程作为大学自治的体现，其所显示的大学的独立主体地位，以及基于学术自由的自治权力都源自罗马法精神的传承，也只有在这种制度氛围中才能成就大学的源起。可见，中世纪罗马法所包容的自治精神是章程得以存在并发挥自治功能的制度环境和保障。

基于上述传统，大陆法系国家通常认为章程具有自治法的属性，并通过制定法明确大学自治权，赋予大学制订章程进行自主管理的权利。在制度的层级关系上，也明确界分了法律与章程的效力范围。一方面，法律赋予章程一定的自主权，尊重作为自治规范的章程；另一方面，为了促成同类团体符合相似的团体法规则，国家有权规定团体自治法应遵循的基本规则和框架。因此，“章程是整个国家法律秩序之内的一个次级秩序，章程不得违法乃不言自明之理。国家法律只决定社团法人可以干什么事，而社团章程所调整的独特内容是决定由哪些人去干这些事”[①]，即“法律”只决定行为的属事因素，而将决定属人因素的任务留给构成社团内部法律秩序的章程。作为旨在约束内部成员的“次级秩序”，章程必须接受法律的约束，凡是自治法没有规定的事项，推定适用法律。通过这种方式设定了作为框架性与母制度的法律与子制度章程在制度体系中各自的地位与层级。

从立法现状而言，章程仅仅只是我国高等教育制度的子制度，其功能和内容必然受制于框架性制度，受制于我国更高位阶的高等教育法律制度（如高等教育法）的限制。认识到这点是确定章程在大学改革制度创新的范围、功能定位的前提基础。目前，学界有关大学章程的法律位阶、效力范围等问题的争论，正是章程在大学制度体系中层级性问题的集中体现。这一问题的解决关系到我国大学章程建设能够在何种空间与范围内进行制度创新，也关系到我国大学章程的效力来源的问题。从权力运用的实际状况而言，大学治理结构的具体形式和作用机制取决于大学各种事务的决策权力在不同主体间的配置情况，但这种权力绝不是大学的自我赋予，而是来源于各个大学所在国家不同历史时期高等教育制度的整体环境，包括各种正式化制度和非正式化制度。大学制度的层次性决定了章程与其他制度之间的相互依存关系，也决定了孤立的章程建设在现代大学制度建构中作用的局限性。明确章程的外围制度的多层次

① ［奥］凯尔森：《法与国家的一般理论》，沈宗灵译，中国大百科全书出版社 1996 年版，第 113 页。

性及相互关系的复杂性是我们分析制度转轨和演进的内在逻辑起点，也是促进大学改革取得实质进展和成效的前提条件。

三、制度环境是限制大学章程建设实际功效的根本原因

从最初的政策引导到法律保障、制度建设，我国大学改革一直沿用着政府主导的模式。1985 年以前，大学参照国家行政机构的等级权力模式建立了严格的科层式治理结构，1985 年《中共中央关于教育体制改革的决定》以政策的形式提出以扩大办学自主权为核心的大学改革策略，1993 年《中国教育改革与发展纲要》明确指出："在政府与学校的关系上，按照政事分开的原则，通过立法，明确高等学校的权利与义务，使高等学校真正成为面向社会自主办学的法人实体。"此后，通过法律明确大学的法律地位，进而强调章程在大学治理中的作用成为大学制度建设的核心。1995 年《中华人民共和国教育法》明确规定：设立学校及其他教育机构，必须具备"章程"等基本条件，学校按照章程自主管理。1998 年《中华人民共和国高等教育法》颁布后，大学章程被正式确定为大学成立的法定条件。1999 年 12 月，教育部在《关于加强教育法制建设的意见》中进一步提出：各级各类大学要"依据法律、法规的规定，尽快制定和完善大学章程，经主管教育行政部门审核后，按章程依法自主办学"。《教育部关于实施〈中华人民共和国高等教育法〉若干问题的意见》也指出："根据《中华人民共和国高等教育法》第 27 条的规定，今后设立高等学校者，必须向审批机关提交章程。在《高等教育法》施行前设立的高等学校，未制定章程的，其章程补报备案工作由其教育主管部门制定规定逐步进行。"在这一背景下，2006 年，我国高校颁布了第一部大学章程——《吉林大学章程》，此后，上海交通大学、中国政法大学、东北农业大学、东北林业大学、北京化工大学、广东外语外贸大学、黑龙江大学等也陆续出台了章程。回顾总结这段时间章程建设的效果，客观地讲并不尽如人意，已有章程的主要价值仅体现为通过形式化的方式将大学内部各项管理制度化，但在如何遵循"学术"的自然规律，协调党的领导、民主参与、学术自由、行政管理，建立合理

的大学治理结构这一核心问题上，鲜有值得称道的制度创生。《国家中长期教育改革和发展规划纲要（2010—2020 年）》将建构现代大学制度确定为我国高等教育改革的目标，进而明确提出“完善中国特色现代大学制度，加强章程建设，依照章程规定管理学校”。首次将章程建设与现代大学制度建构的目标联系在一起。为贯彻落实这一目标，2011 年，教育部颁布了《高等学校章程制定暂行办法》。在政府的主导下，试图将章程建设定位为促进大学制度创生与改革的突破口。从目标而言，章程作为校内总纲领，体现着大学决策权力的制度安排，集中反映了大学内部权力的分配、协调与行使，以及大学与外部环境（如政府和社会等其他利益相关群体）的相互关系，因此，章程建设的价值绝非简单地实现校内管理规范化这一初级目标。在这一轮改革中，理论界对章程建设在完善大学内部治理，规范大学与政府、社会、市场关系两个方面都给予了强烈的关注和期待，但是，一方面，章程自主创制权行使的空间和实际功效取决于框架性制度的安排，取决于大学的整体制度环境；另一方面，对于章程这一具有强烈内生性特点的制度载体而言，制度创生还需要内在动力与团体共同理念的培植，这是一个长期的任务。因此，内外两方面因素的制约无疑增加了章程建设的复杂性与艰巨性，意味着无法立竿见影地实现改革的目标。

从发展历程可以看出，引入章程是我国政府推行大学改革的手段，即政府主导推动大学改革，促进章程这一内生性制度的自我创生和变迁。这使得当前我国大学章程建设呈现出一种“行政化”的色彩。形成这种局面的主要根源在于大学强烈的体制依赖性，以及自主改革原动力不足。在我国，虽经多次改革，大学行政化、官僚化的现象依然较为严重，政府包揽了高等学校从举办到管理、监督的一系列权力，行使着管理权、分配权和处置权。从目前教育主管部门和资源分配部门的政策指向看，这种自上而下按照行政意志设计分配方案和规则的模式并未改观，政府行政力量依旧占据着资源分配的最顶端，大量教育经费以各式各样工程（如“211 工程”“985 工程”等）的模式配置。这种境遇之下，大学的生存与发展取决于政府的认可，积极争取和维持体制内资源，并在政治层面上与政府目标保持一致成为公立大学的共性，虽然大学自主性不断加强，但资源来源的非社会化和单一性，使得获得政府体制内资源的稳定支持仍是大学生存、发展的根本。在这种情况下，大学无不体现出强烈的“体制依赖”性。由于我国高等教育资源配置中社会资本参与大学资源配置机制的落后，当前大学依然主要依赖于政府资本运行，并通过行政渠道拨付，形成大学资源的层级拨付分配模式，在这一模式中大学资源获得的渠道呈现单一性以及层级依赖性。这种模式决定了大学的党政官员在资源争取中处于优势位置，造成了学术权力对行政权力的依附，也造就了行政权力在校内权力结构中的强势地位。在这种带有依附性的层级关系中，大学内部权力者同样体现出强烈的体制依赖性，这也是导致当前试图通过章程建设打破大学现有权力格局原动力不足的根本原因。加之自治机制尚未得到发育等现状，使得我国大学制度建构中存在着严重的政府主导性，这意味着通过自上而下的行政改革改变政府与大学之间的传统关系是我国现代大学制度建设的主导路径，意味着大学章程建设的实际功效依赖于教育行政体制的改革。

对于大学改革而言，以政府为主导，通过立法以及行政手段等外生性方式促进现代大学制度的形成有着至关重要的作用。目前，德国、日本正在实施的公立大学改革所遵循的路径都体现为国家主导，推行一种自上而下的变革，将大学变革纳入政府行政体制改革中，表现为国家在大学管理中的退步抽身。这种外生性的政府主导也是当下中国大学章程建设的选择。在我国当前的高等教育改革中，围绕着现代大学制度的构建涉及大学与政府的关系、大学自主权的落实和规范、大学内部学术权力与行政权力的调适等时下理论界的热点问题。在外部关系中首要问题是处理好政府与大学的关系，合理界分大学自主权的范围；而内部关系的核心问题是通过组织体系的制度化落实大学自主权的行使。在错综复杂的内部权力结构调整中，首要问题在于保障学术权力的合理地位，以确保学术自由这一大学精神的传承，这不仅关系科层体制的打破，同时涉及政治体制改革的深化，现实中，这两个层面的改革都无法摆脱对目前政府主导的框架性制度改革的依赖。如前所述，章程的内生性特性决定了它很难在短期内通过外部制度创生的方式发挥实质作用，因此，在行政主导之下所进行的章程建设面临的最大问题在于如何培育大学内部制度创新的原动力，确定大学制度发展的方向，探索有效的发展路径。

从制度功能的角度而言，章程作为我国大学制度体系的一部分，其功能与作用的发挥必然受制于特定的制度环境。在法律上，建立于学术自由基础上的大学自治体现为取得一种受法律保护的自由和能力，使大学获得实现意志自主的可能性，这意味着大学具有型构自身制度的自由度，表现为大学拥有通过制定内部章程建构制度的空间。但在不同的制度环境下，章程自由度的空间是不同的，制度环境特别是框架性制度的设计决定着章程建设在多大范围内能够进行制度创生的实质能力。在我国，高等教育的弊端是现有框架性制度的必然产物，而不是利益相关者或权力拥有者主观设计和选择的结果。如果不改革框架性制度，仅仅按照主管部门预设的大学章程模板，简单地将高校治理结构改革等同于高校内部治理结构的改革，脱离对我国高等教育整体制度的理解与审视，章程建设的成效将十分有限。因此，要改革大学治理结构，建立现代大学制度，必须改革高等教育的整个制度体系。当前，以章程建设为契机培育、引导大学制度内生因素的成长、发育，通过章程建设发挥制度创生作用，进而推动我国高等教育框架性制度改革，是政府推动大学章程建设的意义所在。

四、我国现阶段大学章程的效力位阶与功能定位

制度是“任何一定圈子里的行为准则”①,是为实现某种功能和特定目标的社会组织的“一种公开的规则体系”②,是组织赖以存在和发展的基础。“任何组织都与其相应的制度密不可分，组织要生存和运作就必须有制度化的安排”③。《国家中长期教育改革和发展规划纲要（2010—2020 年）》将建构现代大学制度确定为我国高等教育改革的目标，明确提出“完善中国特色现代大学制度，加强章程建设，依照章程规定管理

① ［德］马克斯·韦伯:《经济与社会(上卷)》，林荣远译，商务印书馆 1997 年版，第 345 页。

② ［美］罗尔斯:《正义论》，何怀宏等译，中国社会科学出版社 1988 年版，第 50 页。

③ ［美］理查德·斯格特:《组织理论》，黄洋、李霞、申薇等译，华夏出版社 2004 年版，第 23 页。

学校”。这标志着经过多年大学改革的探索，我国逐步确立了以制度引领大学发展的根本思路，并将完善章程确定为现代大学制度建设的切入点。为贯彻落实这一目标，2011 年，教育部颁布了《高等学校章程制定暂行办法》。在教育部推动下，目前我国各类重点大学都公布了自己的章程，但距离现代大学制度的建成仍相差甚远。究其原因在于章程的功能定位不明，从法律角度而言，则表现为章程的效力位阶过低，无足够的创制立法权，无法承担制度创新的功能。

章程的效力位阶是章程自主权大小的法律表现，决定其创制大学自治制度的空间。在我国，如何确立大学章程的效力位阶关系到章程建设在大学制度改革的功能定位。目前，我国教育法与高等教育法中对大学规章的效力位阶并无明确规定。《高等学校章程制定暂行办法》第 23 条在章程制订程序中规定：地方政府举办的高等学校的章程由省级教育行政部门核准，其中本科以上高等学校的章程核准后，应当报教育部备案；教育部直属高等学校的章程由教育部核准；其他中央部门所属高校的章程，经主管部门同意，报教育部核准。从核准权配置的角度而言，被核准的章程效力位阶必然不会高于核准机关的规范性文件的效力。位阶不明则自主权的空间不明，自主权空间不明则功能定位不清；位阶越低，制度创新的空间则越小，功能越发有限。随着大学制度建设的深化，明确章程的效力位阶必然成为不可回避的问题。无论起源还是发展路径，我国大学均具有浓烈的国家主义传统色彩，因而，现阶段我国大学制度的生成无法摆脱对国家建构路径的依赖，大学的法律地位有赖法律赋予，并通过法律明确章程的自由空间，设定章程遵循的基本规则和框架。这决定了我国大学章程的功能应当如同大陆法系的德国与日本，限定于大学内部的组织与管理，进而形成以法律、行政法规为大学自治的基础，以章程为自治具体实现手段的模式。

具体到应当如何合理界定当下我国大学章程的效力位阶需要考虑两个方面的因素：一方面，鉴于目前以公立大学为主导的办学体制，应当明确法律、行政法规在形塑大学制度的主导与框架性作用，明确章程所拥有的是框架性制度赋权基础上的执行性立法与有限的创制性立法相结合的自主权；另一方面，合理界分章程自主权与教育行政权之间的关系。

目前，我国大学管理行政化的一个重要体现为教育行政权过大且边界不明，如果章程的效力位阶低于教育行政管理的规范性文件，实质上将教育行政权置于大学之上，将大学视为教育行政将无法形成行政权与大学自主权的制衡，进而实现大学制度的良性运转。因此，保障章程具有独立于行政干预的自主空间，在法律上就体现为章程的效力位阶不得低于教育部门的规范性文件，这一自主空间是章程建设是否能够实质发挥其功能的前提，如无此自主空间，所谓章程建设对于大学制度而言将毫无意义。